John Ortberg

Das Leben, nach dem du dich sehnst
Geistliches Training für Menschen wie du und ich

John Ortberg

DAS LEBEN, NACH DEM DU DICH SEHNST

GEISTLICHES TRAINING FÜR MENSCHEN WIE DU UND ICH

Projektion J

Titel der Originalausgabe: The Life You've Always Wanted
Published by Zondervan Publishing, Grand Rapids, Michigan 49530
© 1997 by the Willow Creek Association

© 1998 der deutschen Ausgabe
by Projektion J Buch- und Musikverlag GmbH,
Dillerberg 2, D-35614 Asslar-Berghausen

Auf der Grundlage der neuen Rechtschreibregeln.

Die Bibelstellen wurden der »Gute Nachricht-Bibel« entnommen.

ISBN 3-89490-243-4

Übersetzung: Annette Schalk
Umschlaggestaltung: Hanni Plato
Umschlagfoto: THE IMAGE BANK
Satz: Typostudio Rücker
Druck und Verarbeitung: Ebner Ulm

Für Windsor House

Hiermit löse ich ein vor langer Zeit
gegebenes Versprechen ein:
Für Chuck, Kevin, Jerry, Don, Tommy, Guy
und Rich.
Und für Nancy.

Inhalt

Vorwort

John Ortberg ist seit fünf Jahren mein Freund und arbeitet seit drei Jahren in Willow Creek mit mir zusammen. Noch bemerkenswerter als seine geistlichen Erkenntnisse und Einsichten ist die Art und Weise, wie er sie im Alltag umsetzt. Er ist wirklich ein Mann nach Gottes Herzen.

Wenn Sie sich von den Inhalten dieses Buches zum Handeln inspirieren lassen, werden Sie erleben, wie sich Ihr Verständnis von Leben und Glauben verändern wird. Sie sollten es voller Erwartung auf das Wirken Gottes lesen.

Bill Hybels
Pastor der *Willow Creek*-Gemeinde

Dank

Ich möchte den Menschen danken, die das Manuskript dieses Buches ganz oder teilweise gelesen und mich ermutigt und/oder Verbesserungsvorschläge gemacht haben, um daraus ein noch besseres Buch zu machen. Dazu gehören Max DePree, Scott und Laurie Pederson, Lee Strobel, Dieter Zander, Sam Reeves, Jodi Walle, Richard Foster, Bill Hybels, Mickey Maudlin und John Sen. und Kathy Ortberg.

Mein Dank gilt John und Linda Anderson, die mir großzügig einen wundervollen Ort zur Verfügung gestellt haben, an dem ich dieses Buch schreiben konnte. Meine Frau Nancy war ein geduldiger Resonanzboden für meine vielen spontanen Ideen.

Es hat mir sehr viel Spaß gemacht, mit Jack Kuhatscheck von Zondervan zusammenzuarbeiten, der mich immer wieder mit Feedback und neuen Anregungen versorgt hat. Ohne ihn wäre dieses Projekt ziemlich dürftig ausgefallen. Auch Jim Roark hat viel zu seiner Klarheit und Präzision beigetragen.

Besonders möchte ich Dallas Willard danken, dessen Gedanken zur geistlichen Entwicklung mein Leben und meinen Dienst stark geprägt haben. (Mein persönlicher Arbeitstitel für dieses Buch lautete übrigens »Dallas für Dummies«.) Auch wenn ich ihm die Unzulänglichkeiten dieses Buches nicht in die Schuhe schieben möchte, verdankt es ihm doch sehr vieles.

1

»Zeit zur Verwandlung«:
Die Hoffnung auf Veränderung

Mit Gottes Hilfe werde ich jetzt ich selbst werden.
(Sören Kierkegaard)

Ich kann den dumpfen Schmerz in meinem Herzen
nicht zum Schweigen bringen, den ich als den Schrei
nach Heimat diagnostiziert habe.
(Pat Conroy)

Ich bin über mich enttäuscht. Nicht so sehr über bestimmte
Dinge, die ich getan habe, als vielmehr über das, was aus mir geworden ist. Mich quält das Gefühl, dass nicht alles so ist, wie es
sein sollte.

Ein Teil dieser Enttäuschung ist trivial. Ich hätte nichts dagegen, wenn ich eine muskulösere Erscheinung wäre. Ich bin nicht
in der Lage, kleinere Reparaturen zu Hause selbst durchzu-
führen. Bisher habe ich mich nicht als Finanzgenie erwiesen.

Ein Teil meiner Enttäuschung ist auch neurotisch. Manchmal
mache ich mir zu viele Gedanken darüber, was andere Menschen
von mir denken, sogar Menschen, die ich nicht einmal kenne.

Ein Teil meiner Enttäuschung, das ist mir durchaus bewusst,
ist schlimmer als trivial. Sie entsteht dann, wenn ich mich um
mich selbst drehe. Ich besuche ein Klassentreffen und kann den
Wunsch nicht unterdrücken aufzufallen, indem ich attraktiver
aussehe als die anderen oder Leistungen vorweisen kann, die be-
eindruckender sind als das, was die anderen aus ihrem Leben gemacht haben. Ich unterhalte mich mit jemandem und möchte
meinen ganzen Charme spielen lassen, und dann drücke ich

mich unglaublich umständlich aus und bin verlegen. Ich bin enttäuscht darüber, dass ich so normal bin. Ich möchte, um es in den Worten von Garrison Keillor auszudrücken, »Sonnengott, König von Amerika, Idol von Millionen, Bringer des Feuers, der Große Haji, Thun-Dar, der Gigant« genannt werden.

Aber ein Teil der Enttäuschung in mir steckt tiefer. Wenn ich nachts zu meinen schlafenden Kindern ins Zimmer schaue, dann denke ich daran, was für ein Vater ich gerne wäre. Ich möchte in der Lage sein, magische Augenblicke mit den Kindern zu schaffen. Ich würde sie gerne zum Lachen bringen, bis ihnen die Tränen kommen. Ich würde gerne erleben, dass die Bücher, die ich ihnen vorlese, zum Leben erwachen und in ihnen die Liebe zum Lesen wecken. Ich wünschte mir ruhige, herzerwärmende Gespräche mit ihnen vor dem Einschlafen. Ich möchte mit ihnen Glühwürmchen jagen, ihnen Tennis spielen beibringen, Wettessen veranstalten und sie so in den Arm nehmen und für sie beten, dass sie sich liebevoll umsorgt fühlen.

Ich schaue nachts bei ihnen herein, wenn sie schlafen, und denke daran zurück, wie der Tag in Wirklichkeit abgelaufen ist: Ich erinnere mich, wie sie sich beim Spielen gestritten haben und ich aus dem Zimmer gegangen bin, weil ich nicht die nötige Energie aufgebracht habe, um ihnen zu erklären, wie man Konflikte richtig löst. Ich erinnere mich, wie meine Tochter beim Essen Kirschsaft verschüttet hat und ich sie angebrüllt habe, dass sie gefälligst aufpassen soll, als ob sie gerade einen schrecklichen Charakterfehler offenbart hätte. Ich habe sie angebrüllt, obwohl auch ich manchmal etwas verschütte und mich dann keiner dafür anbrüllt. Ich habe sie – um die Wahrheit zu sagen – ganz einfach angebrüllt, weil ich groß bin und sie klein ist und ich ungestraft davon komme. Und dann sah ich die Verletzung und Verwirrung in ihren Augen und wusste, dass ich ihr eine winzige Wunde im Herzen geschlagen habe. In diesem Augenblick wünschte ich mir, dass ich die letzten sechzig Sekunden ungeschehen machen könnte. Ich erinnere mich, dass wir am Abend keine geruhsamen Unterhaltungen hatten, sondern ich die Kinder hastig ins Bett getrieben habe, um mehr Zeit für mich alleine zu haben. Ich bin von mir enttäuscht.

Und es ist nicht nur mein Leben als Vater. Ich bin genauso

enttäuscht über mein Leben als Ehemann, Freund, Nachbar und Mensch ganz allgemein. Ich denke an den Tag meiner Geburt, an die Verheißung, die alle Babys in sich tragen. Ich denke an das kleine Baby und an das, was hätte sein können. Ich denke daran, wie ich mich geistig, körperlich und geistlich hätte entwickeln können. Ich denke an die Gedanken, die ich hätte denken können, an die Freude, die ich hätte schaffen können.

Ich bin darüber enttäuscht, dass ich Gott immer noch nur so wenig liebe und immer noch so viel sündige. Als Kind hatte ich immer die Vorstellung, dass Erwachsene so sind, wie sie sein möchten. Aber die Wahrheit ist, dass ich einfach beschämend viel sündige. Ich bin in der Lage, unvorstellbare Berge von Neid aufzutürmen, wenn ein anderer sichtlich mehr Erfolg hat als ich. Ich bin darüber enttäuscht, dass ich nicht damit fertig werde, klein und unbedeutend zu sein. Ich kann nicht längere Zeit beten, ohne dass meine Gedanken abschweifen und ich entweder Rachepläne für eine Beleidigung schmiede, die ich eigentlich schon längst verziehen zu haben glaubte, oder ich davon träume, irgendwelche großen Dinge zu leisten. Ich kann andere davon überzeugen, dass ich sehr beschäftigt und produktiv bin, und dabei verschwende ich Stunden vor dem Fernseher.

Das ist nur ein Teil der Enttäuschungen, die in mir stecken. Ich bin über andere, dunklere Bereiche enttäuscht, die ich dem Papier noch nicht anvertrauen kann. Es ist schon irreführend, alleine diese Worte zu schreiben, weil das den Eindruck vermittelt, ich wäre mir meiner Fehlerhaftigkeit bewusster, als ich dies tatsächlich bin. Selbst wenn ich merke, wie weit ich hinter meinen Erwartungen zurückbleibe, stört es mich oft nicht einmal. Und dann bin ich über meine mangelnde Enttäuschung enttäuscht.

Woher kommt diese Enttäuschung? Die übliche Antwort heute ist, dass es am fehlenden Selbstbewusstsein liegt, daran, dass man sich nicht selbst so annehmen kann, wie man ist. Das ist vielleicht ein Teil der Antwort, aber bei weitem nicht die ganze. Die ältere und weisere Antwort lautet, dass das eigentliche Problem nicht das Gefühl der Enttäuschung ist, sondern dass diese Enttäuschung ein tiefer liegendes Problem widerspiegelt: Mein Scheitern an dem Versuch, die Person zu sein, die ich nach

Gottes Vorstellung sein sollte. Das ist der »dumpfe Schmerz« in meinem Herzen, der danach schreit, zu Hause beim Vater zu sein.

Die universelle Enttäuschung

Eine der tiefsinnigsten Aussagen, die ich je über das Menschsein gehört habe, begegnete mir bereits im Alter von fünf Jahren. Sie stammte von meinem Lieblingshelden, von Popeye, dem Matrosen. Wenn er frustriert war oder sich unfähig fühlte, dann nuschelte Popeye einfach mit der Pfeife im Mundwinkel: »Ich bin, was ich bin.«

Popeye war kein sonderlich kultivierter Mensch. Er war nie in Therapie und war bedauerlich schlecht in Kontakt mit seinem wahren Ich und seinem inneren Kind. Soweit wir wissen, war er nicht besonders gebildet. Aber er wusste, wer er war: Ein einfacher Seemann, der Spinat kalt aus der Dose aß, Pfeife rauchte und nichts anderes sein wollte. Er war mit sich im Reinen. »Ich bin, was ich bin.«

Aber ich hatte immer das Gefühl, dass in Popeyes Ausspruch etwas traurig Fatalistisches lag. Er bot sich im Allgemeinen als Erklärung für seine Fehler an. Er erwartete nicht viel Wachstum oder Veränderung. Er ließ sich keine Möglichkeit, etwas zu werden, was er nicht war. »Mach dir nicht zu viele Hoffnungen«, schien er zu sagen. »Erwarte nicht zu viel. Ich bin, was ich bin – und (das würde er in seinen trostlosesten Momenten hinzufügen) das ist alles, was ich bin.«

Das ist der traurige Aufschrei des Menschen. Sie haben so etwas in Ihren eigenen Worten schon ausgesprochen und ich auch. Darin zeigt sich der Kampf zwischen Enttäuschung und Hoffnung.

Gott enttäuschen

Ich schaffe es nicht, das Leben zu führen, das ich nach Gottes Vorstellung hätte leben sollen – ich habe meine

Berufung verfehlt. Und ich habe dadurch Gott ent-
täuscht. Ich habe ihm die zentrale Rolle, die er so gerne
in meinem Leben spielen würde, entzogen. Ich habe mich
geweigert, »Gott Gott sein zu lassen« und seinen Platz
selbst eingenommen. Ich bin, was ich bin.
Aber das ist nicht alles, was ich bin. Ich bin dazu berufen,
die Person zu sein, die sich Gott vorgestellt hat, als er
mich erschaffen hat. Das steht hinter Kierkegaards
Gebet »Mit deiner Hilfe, Herr, werde ich jetzt ich selbst
werden.«

In diesem Buch geht es um geistliches Wachstum. Es geht um
diesen heiligen und geheimnisvollen Prozess, den der Apostel
Paulus beschreibt, wenn er sagt, er »erleide von neuem Geburts-
wehen, bis Christus in euch Gestalt annimmt« (Galater 4,19).
Das Ziel solchen Wachstums ist es, so zu leben, als ob Jesus un-
gehinderten Einfluss auf uns hätte. Natürlich leben wir immer
noch selbst. Wir sind von Gott dazu berufen, als einzigartige
Persönlichkeiten zu leben – mit unserem ganz eigenen Temperament, unserer Erbmasse und unserer Geschichte. Aber geistlich
zu wachsen bedeutet, immer mehr so zu leben, als ob Jesus an
unserer Stelle leben würde. Das wahrzunehmen, was Jesus durch
unsere Augen wahrnehmen würde, so zu denken, wie er denken
würde, zu fühlen, wie er fühlen würde, und folglich auch so zu
handeln, wie er handeln würde.

Dieses Buch will Ihnen helfen, geistlich zu wachsen. Aber es
ist schwer, so über geistliche Veränderung zu schreiben, dass die
Dringlichkeit dieses Themas deutlich wird. Zu oft denken Menschen an ihr »geistliches Leben« als einen Aspekt ihres Lebens,
neben und überwiegend getrennt von ihrem »sozialen Leben«
oder ihrem »Berufsleben«. Von Zeit zu Zeit versuchen sie vielleicht, ihr »geistliches Leben auf die Reihe zu bringen«, indem
sie regelmäßiger beten oder versuchen, eine andere geistliche
Übung zu beherrschen. Das ist das religiöse Pendant zu einer
Diät oder dem Versuch, ein bestimmtes Haushalts-Budget einzuhalten.

Der Begriff »geistliches Leben« ist aus Gottes Perspektive
einfach eine Möglichkeit, das Leben eines Menschen zu be-

zeichnen, und zwar jeden Augenblick und jede Facette dieses Lebens. Man könnte es auch folgendermaßen ausdrücken: Gott ist nicht an Ihrem sogenannten geistlichen Leben interessiert. Gott ist ganz einfach an Ihrem Gesamtleben interessiert. Er möchte es erlösen.

Gottes Kunstwerk

Eines der größten Kunstwerke der westlichen Welt ist die *Pietá* von Michelangelo, die Marmorstatue einer von Kummer gezeichneten Maria, die den gekreuzigten Jesus in den Armen hält. Vor einigen Jahren stürzte sich ein fanatischer Nationalist auf dieses Meisterwerk und zertrümmerte es mit einem Vorschlaghammer. Obwohl der Schaden erheblich war, gelang es den Restaurateuren im Vatikan, die Statue fast perfekt wiederherzustellen.

Sie und ich wurden erschaffen, um ein Meisterwerk Gottes zu sein. Paulus schreibt: »Wir sind ganz und gar Gottes *poiema*« (Epheser 2,10) – ein Wort, das »von Gottes Hand gemacht« oder auch »Kunstwerk« Gottes bedeuten kann. Gott hat Sie zur Einheit mit ihm und mit anderen Menschen erschaffen. Er hat uns als seine Mitregenten geschaffen – um »die Erde zu bevölkern« und sie zu »unterwerfen«, um über die Schöpfung unter Gottes Herrschaft und mit seiner Hilfe zu »herrschen« (Genesis 1,28). Gottes Güte, die er darin bewiesen hat, dass er uns erschaffen hat, macht unser Gefallensein so tragisch. Deshalb trifft mich die Enttäuschung über mich selbst so tief.

Aber Gott möchte die Verunstaltung seiner Bilder wieder rückgängig machen. Er hat nicht vor, uns einfach nur halbwegs wieder hinzubiegen. Er möchte uns zu neuen Geschöpfen machen. Deshalb ist die Geschichte des Menschen nicht nur eine Geschichte der universellen Enttäuschung, sondern auch eine Geschichte der unauslöschlichen Hoffnung.

Unauslöschliche Hoffnung und das Evangelium

Frederick Buechner schrieb einmal (in »Telling The Truth: The Gospel as Tragedy, Comedy and Fairy Tale«, San Francisco 1997), dass jedes Zeitalter Märchen hervorgebracht hat. Irgendetwas in uns möchte glauben, dass die Welt, wie wir sie kennen, noch nicht alles ist. Wir sehnen uns nach einer Verzauberung der Wirklichkeit. Wir hoffen, dass der Tod nicht das Ende ist, dass das Universum mehr ist als eine Art großes Terrarium. Also erfinden und wiederholen wir Geschichten, die die Verheißung einer anderen Welt in sich tragen.

Aber diese Geschichten verkünden nicht einfach, dass eine andere Welt existiert. Ein wichtiges Merkmal von Märchen ist, dass die verzauberte Welt nicht weit weg ist. Man tritt in einen Kleiderschrank und ist in Narnia. Man spaziert durch einen Wald und stolpert über eine Hütte mit sieben Zwergen. Diese andere Welt scheint viel näher zu liegen, als man bisher dachte.

Die Geschichten, die uns im Gedächtnis bleiben, sind diejenigen, die diese Sehnsucht tief in uns anrühren. Buechner zitiert J. R. R. Tolkien: »Es ist Kennzeichen eines guten Märchens, eines höher entwickelten oder vollständigen Märchens, egal, wie wild oder fantastisch oder schrecklich die Handlung und die darin beschriebenen Abenteuer sind, dass es dem Kind oder dem Mann, der es hört, am Wendepunkt den Atem stocken lässt, den Puls beschleunigt und zu Tränen rührt. In diesem Maß gelingt das keiner anderen Literaturgattung.«

Darüber hinaus sind Märchen nicht einfach nur Geschichten über die Umgestaltung der Welt um uns herum. In ihnen geht es normalerweise um die Veränderung der Hauptpersonen: Frösche werden zu Prinzen, hässliche Entchen werden zu Schwänen, hölzerne Marionetten werden zu Jungen aus Fleisch und Blut. George MacDonald gibt seinem Helden Curdie die Gabe zu erkennen, in was ein Mensch sich verwandeln wird, wenn er dessen Hand berührt (»The Princess and Curdie«, Baltimore 1976).

Diese Merkmale stimmen nach Buechner im Märchen und im

Evangelium von Jesus Christus überein – mit einem großen Unterschied: Das Evangelium ist wahr.

Die Botschaft Jesu ist einfach die Verkündigung der Existenz und der Verfügbarkeit einer anderen Dimension, einer anderen Welt. »Das Reich Gottes ist nahe«, sagte er. »Kehrt um und glaubt an das Evangelium.« Das Evangelium, die gute Nachricht, lautet, dass diese gefallene Welt, wie wir sie kennen, nicht alles ist. Es gibt noch eine andere Realität. Sie ist so real wie der Stuhl, auf dem ich sitze, und das Buch, das Sie lesen.

Diese Worte Jesu künden den großen Wendepunkt in der Geschichte an. Der Deckel des Terrariums ist offen. Jedes Mal, wenn jemand diese Worte Jesu hörte – wirklich hörte –, dann ließen sie ihm den Atem stocken, beschleunigten seinen Puls und manchmal flossen auch Tränen. Und das geschieht heute immer noch.

Die gute Nachricht ist vor allem, dass diese Welt – das Reich Gottes – viel näher ist, als Sie denken. Sie steht ganz normalen Männern und Frauen offen. Sie steht Menschen offen, die sich selbst nie für religiös oder geistlich gehalten haben. Sie steht Ihnen offen. Sie können in dieser Welt leben – und zwar jetzt.

Das heißt zum Teil, dass Ihre Geschichte eine Geschichte der Veränderung ist. Sie werden nicht immer so sein, wie Sie jetzt sind; es wird der Tag kommen, an dem Sie unvergleichlich besser – oder schlechter – als heute da stehen.

C. S. Lewis drückte diese Hoffnung in folgenden Worten aus (in: »The Weight of Glory«, New York, 1980): »Es ist eine ernsthafte Angelegenheit, in einer Gesellschaft aus lauter potenziellen Göttern und Göttinnen zu leben, sich daran zu erinnern, dass der langweiligste und uninteressanteste Mensch, mit dem man sich unterhält, eines Tages ein Wesen sein kann, bei dem man (...) den Wunsch hätte, es anzubeten, oder aber ein Schrecken, den man sich heute nur in seinen schlimmsten Alpträumen vorstellen könnte. Jeden Tag bringen wir uns gegenseitig zu einem bestimmten Grad einer dieser Bestimmungen näher. Es gibt keine gewöhnlichen Menschen. Sie haben sich noch nie mit einem rein Sterblichen unterhalten. Nationen, Kulturen, Künste, Zivilisationen – sie sind sterblich, und ihre Existenz ist für unser Leben so wichtig wie die einer Stechmücke. Aber wir machen unsere Witze mit Unsterblichen, wir arbeiten mit Unsterblichen, heiraten, brüskieren und beuten Unsterbliche aus – unsterblichen Schrecken oder ewigen Glanz.«

Deshalb kam Jesus. Darum geht es im geistlichen Leben – das zu werden, was Lewis »ewigen Glanz« nennt.

Das Bedürfnis,
sich etwas aus der Nähe anzusehen

Gott bietet uns die Möglichkeit zur Veränderung an. Als die Menschen einmal sehr lange kein Wort der Hoffnung mehr von Gott gehört hatten, ging ein Mann namens Mose an einem Dornbusch vorbei. Er hatte diesen Strauch schon vielleicht hundertmal zuvor gesehen. Aber dieses Mal war es anders. Dieses Mal kam der Wendepunkt; dieses Mal öffnete sich der Schrank nach Narnia; dieses Mal stand der Busch durch die Gegenwart Gottes in Flammen.

Und Mose sagte: »Das ist doch seltsam. Warum verbrennt der Busch nicht? Das muss ich mir aus der Nähe ansehen« (Exodus 3,3). Alles begann damit, dass Mose sich etwas aus der Nähe ansehen wollte, dass er bereit war, seine Alltagsroutine zu unterbrechen und der Gegenwart Gottes seine Aufmerksamkeit zu schenken. Er hätte es nicht tun müssen. Er hätte in die andere Richtung schauen können, wie es die meisten von uns wohl tun würden. Er hätte damit einfach den Auszug aus Ägypten, das Volk Israel, seine Berufung und den Grund für seine Existenz verpasst. Er hätte es verpasst, Gott zu begegnen.

Aber er verpasste es nicht. Er hielt an und schaute sich die Sache aus der Nähe an.

Gott sagte, er wolle eine neue menschliche Gemeinschaft gründen, und Mose solle sie leiten. Er wollte, dass Mose zum Pharao ging, zum höchsten Herrscher einer Supermacht, und ihm sagte, dass ihm die gewaltige israelitische Arbeitskraft nicht länger zur Verfügung stünde.

Mose erschien Gottes Gespür für Timing etwas fragwürdig zu sein. Vielleicht vierzig Jahre früher – vor vierzig Jahren war er jung und stark gewesen, das Produkt der besten Erziehung und Bildung, die die fortschrittliche ägyptische Zivilisation hervorbringen konnte. Vor vierzig Jahren hatte er mächtige Verbindungen und große Hoffnungen gehabt. Aber jetzt war er ein Niemand, ein unbekannter Hirte in einer vergessenen Wüste, von seinem eigenen Volk abgelehnt und von den Ägyptern verfolgt.

»Wer bin ich, dass ich zum Pharao gehen kann?«, fragte Mose. »Keiner kennt mich. Ich bin kein großer Redner. Ich bin enttäuscht von mir selbst. Ich bin, was ich bin.«

Gott sagte zu Mose, was er auch zu Ihnen und zu mir und zu Millionen anderen Moses dieser Welt sagt: »Ich weiß das alles, und es ist eigentlich ziemlich unwichtig. Denn ich bin mit dir. Deine Schuld und deine Unfähigkeit ist nicht mehr alles, was dich definiert. Du bist, was du bist, aber das ist nicht alles, was du bist. Du bist, was du bist, aber du bist noch nicht das, was du sein wirst. Ich werde mit dir sein.«

Darauf antwortete Mose logischerweise: »Und wer bist du? Was ist, wenn ich zu den Leuten gehe und ihnen sage, dass mich der Gott unserer Väter geschickt hat, und sie fragen nach seinem Namen – was soll ich ihnen dann sagen?«

Und Gott antwortete: »Ich bin, was ich bin.« Gott wollte mit seinem Namen gekannt werden. Derselbe Gott war schon in der Geschichte der Menschheit aktiv, bereit, den einen oder anderen zu verändern, der willens war, sich die Sache aus der Nähe anzuschauen: »Ich bin der Gott Abrahams und Sarahs, der Gott Isaaks und Rebekkas; ich bin der Gott, der für sein Volk sorgt. Ich habe die Not meiner Kinder gesehen, als sie dachten, ich würde sie nicht sehen. Ich habe ihr Stöhnen gehört, als sie dachten, ich würde sie nicht hören. Ich bin der Gott, der dich im Schilf gesehen hat, als du versteckt warst, der dich in der Wüste gesehen hat, als du vor den anderen geflohen bist.« Das ist der Gott, der sich in brennenden Dornbüschen verbirgt und immer noch mit leiser Stimme spricht.

»Setze deine Hoffnung auf mich!«, sagt Gott. »Du kennst mich. Ich bin, was ich bin.«

Verwandlung als Ziel

Vor ein paar Jahren richtete sich das Interesse aller Sechsjährigen in den Vereinigten Staaten auf eine Gruppe von Fernseh-Superhelden, die sich »Power Rangers« nannten. Die Sendungen waren ein unwahrscheinlicher Erfolg – sehr billig in Japan produziert und dann schlecht ins Englische synchronisiert.

Der Schlüssel für die Anziehungskraft der Sendungen war die Fähigkeit der Darsteller, ihre Gestalt zu verändern. Eigentlich waren sie ganz gewöhnliche junge Erwachsene, aber bei Bedarf konnten sie zu martialischen Helden für den Kampf um Gerechtigkeit werden. Ihr Schlachtruf in Krisensituationen lautete: »Zeit zur Verwandlung!« Dann verwandelten sie sich und hatten die Fähigkeit, außergewöhnliche Dinge zu vollbringen.

Die Sendung war so ein Renner, dass der Schlachtruf in Zeitungsartikeln und den Alltagsgesprächen auftauchte und schließlich Teil unseres geläufigen Wortschatzes wurde. Er wurde in unserer Familie zum Standardbegriff, wenn jemand seine Einstellung ändern musste: »Zeit zur Verwandlung!«

Natürlich wollen sich nicht nur Sechsjährige verändern. Der Wunsch zur Veränderung liegt tief im Herzen jedes Menschen. Er ist der Grund dafür, dass Menschen sich in Therapie begeben, Mitglied im Fitnessclub werden, an Gesprächsgruppen teilnehmen, Selbsthilfebücher lesen, Motivationsseminare besuchen und Vorsätze zum neuen Jahr fassen. Die Möglichkeit zur Verwandlung ist der Kern der Hoffnung. Der Psychologe Aaron Beck sagt, dass die einzige Überzeugung, die Gift für eine Beziehung ist, die Überzeugung ist, dass der andere sich nicht verändern kann (»Love Is Not Enough«, New York, 1988).

Im Griechischen heißt Veränderung »morphoo«. Es ist einer der bedeutungsreichsten griechischen Begriffe im Neuen Testament und in gewisser Weise ist dieses kleine Wort die Grundlage für dieses ganze Buch. »Morphoo« bedeutet »die innere und reale Verwandlung des Wesens einer Person«. Dieser Begriff wurde normalerweise verwendet, wenn man die Entstehung und Entwicklung eines Embryos im Mutterleib beschreiben wollte.

Paulus verwendete dieses Wort in seinem Brief an die Galater: »... bis Christus in euch Gestalt annimmt.« Er litt so lange, bis Christus in diesen Menschen geboren war, bis sie seinen Charakter und seine Güte in ihrem ganzen Sein ausdrückten. Paulus sagte, dass sie – wie auch wir – sich in einem Prozess geistlicher Schwangerschaft befinden. Wir sind mit der Möglichkeit geistlichen Wachstums und moralischer Schönheit schwanger, die nur angemessen mit der »Gestaltwerdung Christi« in unserem Leben beschrieben werden kann.

Eine andere Form dieses Wortes verwendete Paulus, als er den Christen in Rom schrieb, dass Gott sie dazu vorherbestimmt hatte, »in das Bild seines Sohnes verwandelt zu werden« (Römer 8,29). Dieses Wort, »summorphizo«, bedeutet, dieselbe Form wie etwas anderes zu haben, etwas so umzugestalten, dass es einem anderen dauerhaft ähnlich ist. Geistliches Wachstum ist ein Formungsprozess: Wir sollen uns zu Christus so verhalten, wie sich ein Porträt zu seiner Vorlage verhält.

Eine weitere Form dieses Wortes erscheint im Brief an die Römer, als Paulus sagt, wir sollen uns nicht dieser Welt angleichen, sondern »durch die Erneuerung unserer Sinne verwandelt werden« (Römer 12,1). An dieser Stelle verwendet Paulus den Begriff »metamorphoo«, von dem sich das Wort »Metamorphose« ableitet. Eine Raupe verwandelt sich in einen Schmetterling, der zum Himmel aufsteigt – doch als Kinder Gottes werden wir einer Verwandlung ausgesetzt, die das völlig in den Schatten stellt.

Wenn Veränderung geschieht, dann handle ich nicht einfach so, wie Christus gehandelt hätte; ich merke, dass ich so handeln will. Es erscheint mir ansprechend. Es erscheint mir sinnvoll. Ich versuche nicht einfach, richtig zu handeln; ich werde zu einem Menschen, der richtig handelt.

Das sind kühne Behauptungen. Gewöhnliche Menschen können die Kraft zu außergewöhnlichen Veränderungen bekommen. »Zeit zur Verwandlung«, sagt Paulus.

Um den Leuten in meiner Gemeinde zu helfen, sich das immer wieder ins Bewusstsein zu rufen, habe ich so etwas wie einen liturgischen Antwortruf entwickelt. Ich rufe der Gemeinde zu: »Zeit zur Verwandlung!« Und die Gemeinde antwortet: »Wir werden uns verwandeln!«

Das vorrangige Ziel geistlichen Lebens ist Veränderung.
Es geht nicht darum, Menschen die Gewissheit zu geben,
wo sie nach dem Tod hingehen, oder ihnen zu einem rei-
cheren Innenleben zu verhelfen oder ihnen eine Menge
Informationen über die Bibel zukommen zu lassen, auch
wenn das alles gute und wichtige Dinge sind. Aber man
sollte das Wichtigste zuerst machen. Und das vorrangige
Ziel geistlichen Lebens ist die Wiederherstellung des Men-
schen. Es ist Zeit zur Verwandlung.

Dieses Ziel ist ein Vollzeitziel. Eine lange Zeit meines Lebens
spielte sich etwas sehr Unschönes ab: Ich hatte meine »Werk-
zeuge für geistliches Wachstum« auf ein paar wenige Aktivitäten reduziert, wie Gebet und Bibelstudium oder ein paar Augenblicke am Tag, die ich als »Stille Zeit« deklarierte. Ich brauchte
beschämend lange um herauszufinden, dass *jeder Augenblick*
meines Lebens eine Möglichkeit ist, von Gott zu lernen, wie ich
wie Jesus leben kann, wie ich im Reich Gottes leben kann. Ich
musste entdecken, dass es praktische, konkrete Möglichkeiten
gab, die mir halfen, »näher heranzugehen«. Elisabeth Barrett
Browning schrieb:

Die Erde ist voller Himmel,
Und jeder gewöhnliche Busch steht mit Gott in Flammen,
Aber nur wer sieht, zieht seine Schuhe aus –
Die anderen sitzen drum herum und pflücken Blaubeeren.

Dieses Buch will Ihnen helfen zu lernen, wie Sie jeden Augenblick, jeden Aspekt Ihres Lebens als Chance zur Veränderung
nutzen können.

Eine Fallstudie: Die Verwandlung von Mabel

Manchmal kann es ganz hilfreich sein zu sehen, wie Gott Veränderung im Leben gewöhnlicher Menschen schafft. Aus diesem Grund möchte ich Ihnen eine Freundin eines meiner

Freunde vorstellen. Ihr Name ist Mabel. Mein Freund Tom Schmidt schrieb mir Folgendes über sie:

»Das staatliche Pflegeheim ist kein angenehmer Ort. Es ist groß, hat zu wenig Personal und ist überfüllt mit senilen, hilflosen und einsamen Menschen, die auf den Tod warten. Selbst an den hellsten Tagen scheint es innen dunkel zu sein, und es riecht nach Krankheit und Urin. Ich bin vier Jahre lang ein- oder zweimal pro Woche dorthin gegangen, aber ich wollte nie hingehen und bin auch jedes Mal wieder mit einem Gefühl der Erleichterung dort weggegangen. Es ist nicht gerade ein Ort, an den man sich gewöhnt.

An diesem Tag ging ich einen Flur entlang, den ich vorher noch nie besucht hatte. Ich schaute mich vergebens nach ein paar Leuten um, die noch lebendig genug waren, um eine Blume und ein paar ermutigende Worte entgegenzunehmen. Auf diesem Flur schienen einige der schlimmsten Fälle untergebracht zu sein. Sie waren festgeschnallt auf Karren oder saßen in Rollstühlen und sahen völlig hilflos aus.

Als ich ans Ende dieses Flures kam, sah ich eine alte Frau in einem Rollstuhl. Ihr Gesicht war der absolute Horror. Der leere Blick und die weißen Pupillen zeigten, dass sie blind war. Die große Hörhilfe an einem Ohr sagte mir, dass sie fast taub war. Eine Seite ihres Gesichts wurde vom Krebs aufgefressen. Eine verfärbte und eiternde Wunde bedeckte einen Teil einer Wange, drückte ihre Nase auf die Seite, hatte ihr Auge fast erreicht und ihren Kiefer so verdreht, dass das, was eigentlich ihr Mundwinkel war, jetzt die untere Hälfte des Mundes war. Folglich sabberte sie unaufhörlich. Später erzählte mir jemand, dass alle Krankenschwestern, die neu in dieses Pflegeheim kamen, zuerst zu dieser Frau geschickt wurden, um sie zu füttern. Wenn sie diesen Anblick aushielten, dann konnten sie alles andere in diesem Haus ertragen. Später erfuhr ich auch, dass diese Frau 89 Jahre alt war und dass sie seit 25 Jahren hier war, bettlägerig, blind, fast taub und allein. Das war Mabel.

Ich weiß nicht, warum ich sie angesprochen habe. Sie sah von den Leuten auf diesem Flur noch am wenigsten danach aus, dass sie reagieren würde. Aber ich drückte ihr eine Blume in die

Hand und sagte: ›Hier ist eine Blume für Sie zum Muttertag.‹ Sie hielt sich die Blume vor ihr Gesicht und versuchte, daran zu riechen. Und dann sprach sie. Zu meiner Überraschung waren ihre Worte, auch wenn sie durch die Deformation ihres Gesichtes nicht leicht zu verstehen waren, ganz offensichtlich von einem klaren Verstand geformt. Sie sagte: ›Danke schön. Das ist sehr nett. Aber kann ich die Blume jemand anderem weitergeben? Ich kann sie nicht sehen, wissen Sie? Ich bin blind.‹

Ich sagte: ›Ja, natürlich.‹ Dann schob ich sie in ihrem Rollstuhl den Gang hinunter, wo ich dachte, dass sie vielleicht ein paar aufgewecktere Patienten finden würde. Ich fand einen und hielt den Rollstuhl an. Mabel streckte ihm die Blume hin und sagte: ›Hier, das ist von Jesus.‹

In diesem Augenblick begann es mir zu dämmern, dass dies keine gewöhnliche Frau war. Ich brachte sie später zurück in ihr Zimmer und erfuhr noch mehr von ihrer Geschichte. Sie wuchs auf einem kleinen Bauernhof auf, den sie allein mit ihrer Mutter bewirtschaftete, bis diese starb. Bis 1950 führte sie den Betrieb allein weiter, bis sie wegen ihrer Blindheit und Krankheit ins Pflegeheim musste. 25 Jahre lang ging es konstant bergab mit ihr, sie wurde immer schwächer und kranker, hatte permanent Kopfschmerzen, Rückenschmerzen, Bauchschmerzen, und dann kam der Krebs dazu. Ihre drei Zimmergenossen vegetierten vor sich hin, sie schrien von Zeit zu Zeit, aber sprachen nie. Sie nässten oft das Bettzeug, und da das Heim immer zu wenig Personal hatte, war der Gestank vor allem am Sonntag, wenn ich kam, kaum zu ertragen.

Mabel und ich wurden Freunde, und ich besuchte sie die nächsten drei Jahre ein- oder zweimal pro Woche. Gewöhnlich bot sie mir als erstes Bonbons aus einer Schachtel neben ihrem Bett an. An manchen Tagen las ich ihr aus der Bibel vor, und wenn ich aufhörte, dann trug sie den Abschnitt weiter vor, aus dem Gedächtnis und Wort für Wort. An anderen Tagen nahm ich ein Liederbuch und sang mit ihr, und sie kannte die Texte der ganzen alten Lieder auswendig. Für Mabel waren das nicht einfach Übungen für ihr Gedächtnis. Sie hörte oft mitten in einem Lied auf und kommentierte einen Text, der ihr besonders passend für ihre Situation schien. Ich habe sie nie von Einsamkeit oder Schmerz sprechen hören, außer durch die Inbrunst, die sie in manche Liedtexte legte.

Nach ein paar Wochen hatte ich weniger das Gefühl, ihr zu helfen, als vielmehr das Wissen, dass ich Anteil an einem Wunder hatte. Während einer hektischen Woche während meines Abschlussexamens war ich frustriert, weil mein Verstand in zehn Richtungen gleichzeitig gezogen wurde, weil ich an so viele Dinge denken musste. Da tauchte in mir die Frage auf: ›Woran denkt Mabel die ganze Zeit? Stunde für Stunde, Tag für Tag, Woche für Woche, ohne zu wissen, ob nun Tag oder Nacht ist?‹ Also ging ich zu ihr und fragte sie: ›Mabel, an was denkst du, wenn du hier liegst?‹

Und sie sagte: ›Ich denke über meinen Jesus nach.‹

Ich saß da und dachte daran, wie schwer es mir fiel, auch nur fünf Minuten über Jesus nachzudenken, und so fragte ich sie: ›Und was genau denkst du dann?‹ Sie erwiderte langsam und überlegt, während ich mitschrieb:

›Ich denke darüber nach, wie gut er zu mir war. Er war schrecklich gut zu mir in meinem Leben, weißt du ... Ich gehöre zu den Leuten, die meistens zufrieden sind ... Eine Menge Leute würden sich nicht um das kümmern, was ich denke. Eine Menge Leute würden denken, ich bin altmodisch. Aber das ist mir egal. Ich habe Jesus lieber. Er ist für mich alles in der Welt.‹

Und dann sang Mabel ein altes Lied:

Jesus ist alles für mich,
mein Leben, meine Freude, mein Alles.
Er ist meine Stärke Tag für Tag,
ohne ihn würde ich fallen.
Wenn ich traurig bin, gehe ich zu ihm,
niemand sonst kann mich so aufmuntern.
Wenn ich traurig bin, macht er mich froh.
Er ist mein Freund.

Das ist nicht erfunden. So unglaublich es klingen mag, aber ein Mensch konnte wirklich so leben. Ich kannte sie und ihre Geschichte, ihre Schmerzen, ihr Schicksal. Wie konnte sie so leben? Sekunden tickten und Minuten verstrichen, und Tage und

Wochen und Monate und Jahre vergingen, in denen sie Schmerzen litt, keine menschliche Gesellschaft hatte und keine Erklärung dafür, warum das alles passierte. Und sie lag da und sang Loblieder. Wie konnte sie das tun?

Die Antwort ist vermutlich, dass Mabel etwas hatte, von dem Sie und ich nicht sonderlich viel haben. Sie hatte Kraft. Sie lag da in diesem Bett, konnte sich nicht bewegen, konnte nicht sehen, konnte nicht hören, konnte mit niemandem reden, und doch hatte sie unglaubliche Kraft.«

Sie war ein gewöhnlicher Mensch, der übernatürliche Kraft bekommen hatte, um außergewöhnliche Dinge zu tun. Ihr ganzes Leben bestand darin, Jesus nachzufolgen, so gut es in ihrer Situation möglich war: Durch geduldiges Aushalten ihres Leidens und ihrer Einsamkeit, durch Gebet, Nachdenken über die Bibel, Gemeinschaft mit anderen, wenn es möglich war, durch Geben, wenn sie eine Blume oder ein Bonbon hatte, das sie anbieten konnte.

Stellen Sie sich vor, Sie wären in ihrer Situation und würden sagen: »Ich denke darüber nach, wie gut er zu mir war. Er war schrecklich gut zu mir in meinem Leben, weißt du ... Ich gehöre zu den Leuten, die meistens zufrieden sind.« Das ist der lebendig gewordene 23. Psalm: »Der Herr ist mein Hirte, mir wird nichts fehlen.«

Für jeden, der Mabel wirklich sah – der bereit war, sie sich »näher anzusehen« – für den wurde ihr Krankenbett zum brennenden Dornbusch; zu einem Ort, an dem diese gewöhnliche und von Schmerz gezeichnete Welt von Gottes Anwesenheit beehrt wurde. Wenn andere das Leben in diesem Krankenhausbett sahen, hatten sie das Bedürfnis, ihre Schuhe auszuziehen. Der Deckel vom Terrarium war offen. Dann kam der Wendepunkt, der Atem stockte, der Puls beschleunigte sich, die Tränen kamen. Sie standen auf heiligem Boden.

Glauben Sie, dass gewöhnliche Menschen so ein Leben führen können? Glauben Sie, dass Sie so ein Leben führen können? In der Bibel finden wir diese Verheißung – die gute Nachricht, die Jesus verkündet hat: »Das Reich Gottes ist nahe; kehrt um und glaubt an das Evangelium.«

Die gute Nachricht, die Jesus predigte, lautet, dass es für gewöhnliche Menschen möglich ist, in der Gegenwart Gottes zu leben. In der guten Nachricht, die Jesus predigte, geht es nicht um die Mindestanforderungen, die man erfüllen muss, um in den Himmel zu kommen. Es geht um die großartige, atemberaubende Erlösung menschlichen Lebens – Ihres Lebens.

Es ist Zeit zur Verwandlung.

2

Überrascht von der Veränderung:
Das Ziel geistlichen Lebens

Wenn Sie Ihr persönliches geistliches Leben
ermüdend finden, könnte es sein,
dass auch Gott es ermüdend findet.
(Frank Laubach)

Falsch verstandene oder praktizierte »Spiritualität«
ist eine der Hauptursachen für menschliche Qualen
und Rebellion gegen Gott.
(Dallas Willard)

Der Mann, der sich nie veränderte

Frank, wie wir ihn hier nennen wollen, war ein griesgrämiger
Kerl. Er lächelte nicht oft, und wenn, dann hatte dieses Lächeln
meist eine grausame Komponente und ging auf Kosten anderer.
Er hatte das Talent dazu, die Inseln der schlechten Nachrichten
in einem Ozean der Glückseligkeit zu entdecken. Er fand immer
eine Wolke, wenn andere einen Silberstreif am Horizont sahen.

Frank gab nur selten jemandem Recht. Er war der Meinung,
dass es den Leuten nur zu Kopf steigt, wenn man ihnen Komplimente macht, deshalb setzte er alles daran, dass die Leute
demütig blieben. Er hatte die Gabe, andere einen Kopf kürzer zu
machen.

Seine Muttersprache war die Beschwerde. Er trug Verurtei-
lung und Missbilligung mit sich, wie ein Gefangener Kugel und

Kette am Bein hinter sich herschleppt. Obwohl er sein Leben lang zur Kirche ging, wurde er nie von seinen Fesseln befreit.

Ein Diakon der Gemeinde fragte ihn einmal: »Frank, bist du glücklich?«

Frank überlegte einen Augenblick, dann antwortete er ohne ein Lächeln: »Ja.«

»Dann solltest du das mal deinem Gesichtsausdruck erzählen«, sagte der Diakon. Aber soweit bekannt ist, erfuhr Franks Gesichtsausdruck nie etwas davon.

Es gab eine Zeit, in der sich seine Beschwerden vor allem auf die Musik in der Gemeinde konzentrierten. »Sie ist zu laut!«, protestierte Frank – gegenüber den Mitarbeitern, den Diakonen, dem Begrüßungsdienst und schließlich sogar gegenüber irgendwelchen unschuldigen Gottesdienstbesuchern.

Wir mussten Frank schließlich beiseite nehmen und ihm erklären, dass es nicht in Ordnung war, sich gegenüber völlig fremden Menschen über seine Gemeinde zu beschweren, und dass er seine Beschwerden auf einen Kreis vertrauter Freunde beschränken sollte. Und damit war die Sache erledigt. Dachten wir zumindest.

Ein paar Wochen später meldete mir meine Sekretärin, dass ein Beamter vom Gesundheitsamt da wäre und mich sprechen wollte. »Ich bin hier, um eine Beschwerde nachzuprüfen«, erklärte er. Während ich noch überlegte, wer von den Mitarbeitern das Gesundheitsamt wegen eines Problems in der Gemeinde verständigen würde, fing er an, über Dezibelwerte in Flughäfen und auf Rockkonzerten zu sprechen.

»Entschuldigen Sie«, unterbrach ich ihn, »sind Sie sicher, dass jemand von den Mitarbeitern der Gemeinde Sie verständigt hat?«

»Nein«, erklärte er. »Wenn uns irgendjemand verständigt – egal, ob er hier arbeitet oder nicht –, dann müssen wir der Beschwerde nachgehen.«

Plötzlich dämmerte es mir: Frank hatte sich an das Gesundheitsamt gewendet und erklärt: »Die Musik in meiner Gemeinde ist zu laut.« Und daraufhin wurde dieser Beamte losgeschickt, um die Beschwerde zu überprüfen.

Inzwischen hatten sich die restlichen Mitarbeiter der Gemeinde in meinem Büro versammelt, um den Mann vom Gesundheitsamt zu sehen.

»Wir wollen das nicht auf die leichte Schulter nehmen«, sagte ich ihm, »aber so etwas ist hier noch nie passiert.«

»Sie müssen sich nicht entschuldigen«, antwortete er. »Können Sie sich vorstellen, was bei mir im Büro los war, als bekannt wurde, dass ich ausziehen würde, um eine Kirchengemeinde auf zu laute Musik zu überprüfen?«

Manchmal endete Franks Freudlosigkeit in einer Komödie, aber meistens produzierte sie Traurigkeit. Seine Kinder kannten ihn kaum. Sein Sohn konnte eine wunderschöne Geschichte erzählen, wie er seine Frau bei einer Tanzveranstaltung kennengelernt hatte. Aber er erzählte diese Geschichte seinem Vater nie, weil Frank nichts von Tanzveranstaltungen hielt.

Frank konnte seine Frau, seine Kinder oder Menschen außerhalb seiner Familie nicht lieben. Er war leicht reizbar. Er verachtete Arme und hatte für Menschen, deren Sprache oder Hautfarbe sich von seiner unterschieden, nur beiläufige Verachtung übrig. Sollte er jemals die Fähigkeit gehabt haben, sich zu freuen, zu staunen oder dankbar zu sein, so waren sie inzwischen restlos verkümmert. Er kritisierte, verurteilte und beschwerte sich, und seine Seele wurde Jahr für Jahr immer kleiner.

Erwarten wir Veränderung?

Frank veränderte sich nicht. Er war ein griesgrämiger junger Mann und wuchs zu einem griesgrämigen alten Mann heran. Schlimmer noch als die Tatsache, dass er sich nicht veränderte, war die Tatsache, dass eigentlich niemand davon überrascht war. Es schien so, als ob jeder einfach erwartete, dass er von Jahr zu Jahr, von Jahrzehnt zu Jahrzehnt vertrockneter und saurer werden würde. Keiner schien sich an diesem Zustand zu stören. Es war keine Anomalie, die Kopfschütteln und Befremden auslöste. Wir haben keine Berater zugezogen. Wir haben keine Notstandssitzungen abgehalten, weil der seltene Fall eingetreten war, dass ein Mensch den Richtlinien der Gemeinde für geistliches Leben folgte und doch nicht verändert wurde.

Die Mitarbeiter der Gemeinde hatten bestimmte Erwartungen. Wir erwarteten, dass Frank bestimmte religiöse Überzeugungen teilte. Wir erwarteten, dass er die Gottesdienste besuchte, die Bibel las, die Gemeinde finanziell unterstützte, regelmäßig betete und bestimmte Sünden nicht beging. Aber wir erwarteten vieles auch nicht: Wir erwarteten nicht, dass er immer mehr so würde, wie Jesus an Franks Stelle wäre. Wir erwarteten nicht, dass er jedes Jahr mitfühlender, fröhlicher, dankbarer und sympathischer werden würde. Wir erwarteten nicht, dass er dabei war, eine Quelle der Freude und Höflichkeit zu werden, die »von Strömen lebendigen Wassers überfloss«. Also waren wir nicht im Geringsten schockiert, als all dies nicht geschah. Wir wären im Gegenteil sehr überrascht gewesen, wenn es passiert wäre!

Die meisten von uns wünschen sich Veränderung, sie wollen Christus ähnlicher werden. Laut einer Meinungsumfrage sagen neun von zehn Amerikanern, dass sie täglich beten, und etwa ein Drittel der Gesamtbevölkerung der Vereinigten Staaten sagt von sich, dass sie Jesus Christus als Erlöser angenommen hätte. Aber wie William Iverson (»Christianity Today«, 6. Juni 1980, S. 33) schreibt, »würde sich ein Pfund Fleisch sicher der Wirkung eines Viertelpfundes Salz nicht entziehen können. Wenn es hier um wahres Christsein geht, um ›das Salz der Erde‹, wo bleibt dann der Effekt, von dem Christus sprach?«

Weil wir überwiegend nicht erwarten, dass Menschen eine echte, dauerhafte Veränderung erleben, kommen wir nicht auf den Gedanken, die Standardraster für geistliches Wachstum in unseren Gemeinden zu hinterfragen. Wir fragen nicht, ob sie wirklich dazu geeignet sind, Menschen zu einem Lebensstil hinzuführen, der sich durch ständiges Verändertwerden auszeichnet.

Ich bin davon überzeugt, dass dieser Zustand einfach nicht akzeptabel ist. Er entspricht nicht Gottes Vorstellung von Gemeinde und Gemeinschaft. Wie C. S. Lewis in einem anderen Zusammenhang schreibt (»The Weight of Glory«, New York 1980), sind wir »wie ein unwissendes Kind, das weiterhin Matschkuchen im Sandkasten machen will, weil es sich nicht vorstellen kann, was sich hinter dem Angebot eines Urlaubs am Meer verbirgt. Wir sind viel zu leicht zufrieden zu stellen.«

Franks Problem liegt nicht einfach darin, dass er es nicht schafft, sich zu verändern. Sein Problem – und das Problem von uns allen, die wir zu leicht zufrieden zu stellen sind – ist, dass wir uns unter Umständen auch zum Schlechteren verändern könnten.

Die Gefahr der »Pseudo-Veränderung«

Wenn wir keine echte Veränderung erfahren, besteht die große Gefahr darin, dass wir uns in einem Zustand einrichten, den man »Pseudo-Veränderung« nennen könnte. Wir wissen, dass wir als Christen dazu berufen sind, irgendwie anders zu sein, einen Unterschied zu machen. Aber wenn wir uns nicht durch größere und immer mehr wachsende Liebe und Freude auszeichnen, werden wir uns unvermeidlich nach einem Ersatzverhalten umsehen, durch das wir uns von den Menschen unterscheiden können, die sich nicht als Christen bezeichnen. Diesem Verhaltensmuster können religiöse Menschen praktisch nicht entgehen:

Wenn wir uns nicht von innen nach außen verändern, sind wir der Versuchung ausgesetzt, uns äußerliche Methoden zu suchen, mit denen wir unser Bedürfnis befriedigen können, uns anders als die Menschen zu fühlen, die unseren Glauben nicht teilen. Wenn wir nicht verändert (transformiert) werden, dann geben wir uns damit zufrieden, informiert oder konformiert (angepasst) zu werden.

Grenzpfosten-Spiritualität

Im ersten Jahrhundert vor Christus konzentrierten sich viele rabbinische Schriften auf die Themen Beschneidung, Speisevorschriften und Sabbatgebote. Auf den ersten Blick scheint dies seltsam zu sein, weil kein frommer Rabbiner behauptet hätte, dass diese Punkte den Kern des Gesetzes ausmachen. Im Zentrum stand: »Höre, Israel: Der Herr ist unser Gott, der Herr allein. Du sollst den Herrn, deinen Gott, lieben mit ganzem Herzen, mit ganzer Seele und mit ganzer Kraft« (Deuteronomium 6,4-5). Warum dann die Konzentration auf diese drei Praktiken?

Die Antwort hängt mit der Neigung einer Gruppe zusammen, sich eine Identität zu schaffen und sich abzugrenzen. Gruppen möchten exklusiv sein. Die Insider möchten sich von den Outsidern unterscheiden. Also stellen sie Grenzmarkierungen auf. Diese Markierungen sind gut sichtbare und relativ oberflächliche Dinge – sie betreffen das Vokabular, die Kleiderordnung oder den Stil –, deren Ziel darin besteht, eine klare Grenze zwischen den Menschen innerhalb einer Gruppe und den Außenstehenden zu ziehen.

Stellen Sie sich beispielsweise vor, Sie wären in den sechziger Jahren durch San Francisco gefahren. Wenn Sie an einer roten Ampel neben einem VW-Bus zum Stehen gekommen wären, der mit »Peace«- und »Make Love Not War«-Aufklebern gepflastert war und von einem langhaarigen Menschen mit gebatikten Klamotten und einer randlosen Brille gefahren wurde, dann hätten Sie gewusst, dass Sie neben einem Hippie stehen. Wenn Sie in den achtziger Jahren einen BMW gesehen hätten, dessen Fahrer Gucci-Schuhe, eine Rolex-Uhr und Gel in den Haaren hätte, dann wüssten Sie, dass Sie neben einem Yuppie stehen. Auch Rocker sind an ihrer Vorliebe für eine bestimmte Farbe (schwarz), ein bestimmtes Material (Leder), für Hautschmuck (Tattoos) und ein bestimmtes Getränk (»viel Geschmack, wenig Inhalt«) zu erkennen. Bauern, Ärzte, Politiker und Rockstars haben jeweils ihre eigenen Kriterien, an denen man erkennt, wer zu ihnen gehört.

In diesem Zusammenhang wird dann auch die Bedeutung von Beschneidung, Speisevorschriften und Sabbatgeboten im ersten Jahrhundert vor Christus deutlich. Es waren die Grenzmarkierungen; die gut sichtbaren, relativ oberflächlichen Praktiken, die den Menschen zu erkennen halfen, wer innerhalb und wer außerhalb der Familie Gottes stand. Schlimm ist nur, dass die Insider stolz wurden und die Outsider verurteilten. Sie praktizierten einen »grenzorientierten Ansatz«: Schau die Leute einfach an, dann weißt du, wer zu den Schafen und wer zu den

Böcken gehört. Das ist Konformation: Anpassung; Pseudo-Veränderung.

Geistliches Leben, durch das Wesentliche definiert

Bei Jesus war es anders. Die Botschaft Jesu sprach die tiefste Sehnsucht der Menschen an, sich nicht einfach an eine religiöse Subkultur anzupassen, sondern zu völlig neuen Geschöpfen verwandelt zu werden. Statt sich auf die Grenzen zu konzentrieren, konzentrierte Jesus sich auf das Wesentliche, auf das Herz des geistlichen Lebens.

Als Jesus nach dem wichtigsten Gebot gefragt wurde, antwortete er einfach: »Liebe Gott, liebe die Menschen.« Er führte ein völlig neues Kriterium ein, anhand dessen man die Kinder Gottes identifizieren konnte: »Lieben sie Gott, und lieben sie die Menschen, die Gott so wichtig sind?«

Die ersten Menschen, die Jesus nachfolgten, verstanden dies. Der Apostel Paulus schrieb an die Gemeinde in Korinth, was es bedeutet, viele geistliche »Grenzpfosten« zu haben, aber nicht durch das Wesentliche bestimmt zu sein: »Wenn ich in den Sprachen der Menschen und der Engel redete, hätte aber die Liebe nicht, wäre ich ein dröhnendes Erz oder eine lärmende Glocke. Und wenn ich prophetisch reden könnte und alle Geheimnisse wüsste und alle Erkenntnis hätte; wenn ich alle Glaubenskraft besäße und Berge damit versetzen könnte, hätte aber die Liebe nicht, wäre ich nichts« (1 Korinther 13,1-2). Johannes formulierte es noch deutlicher: »Jeder, der liebt, stammt von Gott und erkennt Gott. Wer nicht liebt, hat Gott nicht erkannt; denn Gott ist die Liebe« (1 Johannes 4,7-8).

Das ist der Grund, warum die religiösen Führer zur Zeit Jesu so oft mit Jesus über Beschneidung, Speisevorschriften und Sabbatgebote stritten. Jesus hatte nicht nur eine andere Ansicht, wie man das Gesetz interpretieren sollte. Er bedrohte ihr Selbstverständnis als Volk Gottes.

Grenzpfosten heute

Die Suche nach Identifikationsmerkmalen starb nicht im ersten Jahrhundert aus. Die Gemeinde, in der ich aufgewachsen bin, war eine tolle Gemeinde, und ich stehe tief in ihrer Schuld, aber wir hatten dort auch unsere eigenen Grenzpfosten. Der Pastor konnte vor Stolz oder Wut platzen – solange seine Predigten orthodox waren und die Gemeinde wuchs, war sein Job vermutlich nicht in Gefahr. Aber wenn er an einem Sonntagmorgen eine Zigarette geraucht hätte, während er die Leute nach dem Gottesdienst verabschiedete, wäre er beim Abendgottesdienst sehr wahrscheinlich nicht mehr da gewesen. Warum? Niemand in der Gemeinde hätte gesagt, dass das Rauchen einer einzigen Zigarette eine schlimmere Sünde ist als ein von Stolz und Wut beherrschtes Leben. Aber für uns war Rauchen ein Grenzpfosten. Auf diese Weise konnten wir die Schafe und die Böcke auseinanderhalten.

Deshalb ist die emotionale Bedeutung dieser Merkmale weit höher als ihre theologische Bedeutung. Wenn der Pastor eine Zigarette geraucht hätte, hätte er damit einen Skandal ausgelöst. Und zwar nicht, weil wir so naiv waren, dass wir es für Sünde hielten, sondern weil er damit eine unausgesprochene Grenze verletzt hätte. Er hätte unser Identitätsgefühl verletzt.

Natürlich werden viele Überzeugungen und Werte ganz unausweichlich die Menschen, die sich für Christus entscheiden, von denen trennen, die sich nicht für ihn entscheiden. Jesus selbst sagte, dass er nicht gekommen sei, »um Frieden zu bringen, sondern das Schwert«. Doch ein Grenzpfosten wird erst dann zu einem Grenzpfosten, wenn er von einer Gruppe aufgerichtet und als Gelegenheit betrachtet wird, sich überlegen zu fühlen und andere auszuschließen.

Religiöse Grenzmarkierungen verändern sich von Generation zu Generation. Die christliche Universität, die ich in den siebziger Jahren besuchte, hatte in ihren Statuten noch immer das Verbot von Jazzmusik auf dem Campus; dieses Verbot stammte vom Anfang des 20. Jahrhunderts. Fünfzig Jahre später war niemand bereit, es aufzuheben, weil jeder Angst hatte, wesentliche Überzeugungen zu kompromittieren. Paradoxerweise durften die Studenten ohne weiteres »harte« Musik wie Punk oder Heavy Metal hören – aber Louis Armstrong war nicht erlaubt. An Sonntagen war der Tennisplatz abgesperrt, aber aus irgendeinem Grund, den niemand kannte, war das Volleyballfeld zugänglich.

Wenn Sie darüber nachdenken, werden auch Sie vermutlich eine Reihe von Identifikationsmerkmalen finden, egal, ob Ihr religiöser Hintergrund eher liberal oder konservativ ist, egal, ob Sie protestantisch oder katholisch sind.

Ein grenzorientierter spiritueller Ansatz konzentriert sich auf den Standort von Menschen: Stehen sie innerhalb oder außerhalb der Gruppe? Man investiert eine Menge Energie um festzulegen, was als Grenzmarkierung zählt und was nicht.

Doch Jesus konzentrierte sich auf das, was bei den Menschen im Zentrum ihres Lebens stand: Orientierten sie sich auf das Zentrum geistlichen Lebens hin (Liebe zu Gott und zu Menschen) oder bewegten sie sich davon weg? Damit schockierte er viele Menschen, weil er sagte, dass viele religiöse Leiter – die die ganzen Grenzmarkierungen überwachten – außerhalb des Reiches Gottes standen. Sie wurden – wie Frank –, immer unempfänglicher für Liebe. Deshalb sagte Jesus, dass die Steuereinnehmer und die Prostituierten, die Millionen Meilen von der religiösen Subkultur entfernt, aber umgekehrt waren und sich an Gott und seiner Liebe orientierten, schon Anteil am Reich Gottes hätten.

Das war die große Ironie: Die »Gerechten« hatten sich mit ihrer Gerechtigkeit mehr geschadet als die Sünder mit ihrer Sünde.

Die Verdrehung der Spiritualität

Das Missverstehen echter Spiritualität hat den Menschen immensen Schaden beigebracht. Tragischerweise können wir davon überzeugt sein, geistlicher zu werden, während wir in Wirklichkeit nur selbstgefälliger und verurteilender werden. Pseudoveränderung bedeutet, das zu werden, was Mark Twain einen »guten Mann im schlimmsten Sinn des Wortes« nannte. Winston Churchill, dem man erzählte, dass ein politischer Kontrahent, der allgemein wegen seiner Selbstgefälligkeit unbeliebt war, aufgehört hatte, Zigarren zu rauchen, kommentierte dies: »Zu schade. Diese Zigarren waren sein letzter Kontakt zur Menschlichkeit.« (Eine andere Version der Geschichte lautet, dass dieser Politiker an Churchill vorbeiging und Churchill bemerkte: »Da geht Gott, Gott sei Dank.«)

Sich darüber klar zu werden, was geistliches Leben im Kern ausmacht, ist keine nebensächliche Angelegenheit. Es geht um Leben oder Tod für unsere Seele. Das stärkste Argument für den christlichen Glauben sind Christen, wenn sie ihr Leben von Gott bekommen. Und das stärkste Argument gegen den christlichen Glauben? Christen, die exklusiv, selbstgerecht und selbstgefällig sind.

Dallas Willard schreibt: »Wie viele Menschen fühlen sich radikal und permanent durch Christen abgestoßen, die gefühllos, steif, unnahbar, langweilig, leblos, zwanghaft und unzufrieden sind? Doch gibt es überall solche Christen, und was diese Menschen vermissen, ist das volle Leben, das aus einer Ausgewogenheit und Freiheit durch Gottes liebevolles Gesetz entspringt ... Falsch verstandene und praktizierte Spiritualität ist einer der Hauptgründe für menschliches Elend und Rebellion gegen Gott.«

Wie merke ich nun aber, dass ich mich mit Pseudo-Veränderung zufrieden gebe, statt mich nach echter Verwandlung auszustrecken? Im Matthäus-Evangelium finden wir eine Liste von Warnschildern, die Jesus aufgestellt hat. Im Folgenden stelle ich Ihnen einige vor, die ich hilfreich finde:

1. Bin ich geistlich »unecht«?

»Wehe euch... Ihr haltet Becher und Schüsseln von außen sauber, innen aber sind sie voll von dem, was ihr in eurer Maßlosigkeit zusammengeraubt habt« (Matthäus 23,25).

Ein Kennzeichen unauthentischer Spiritualität ist, dass sie ständig darum besorgt ist, nach außen hin geistlich zu scheinen.

Ich wurde einmal gefragt, ob ich die Gemeinde, in der ich arbeitete, nicht für sehr weltlich halte.

»Was meinen Sie mit ›weltlich‹?«, fragte ich zurück.

»Na ja, Sie setzen dort Theaterstücke ein, und das ist doch etwas, was die Leute aus der Welt kennen. Außerdem spielen Sie zeitgemäße Musik, die man auch in der Welt hört. Woher sollen die Leute also wissen, dass Sie anders sind? Jeder weiß, dass wir als Christen uns von den Menschen in der Welt unterscheiden sollten. Wir sollten liebevoller und freundlicher sein, aber jeder weiß, dass wir es nicht sind. Brauchen wir dann nicht irgendeinen Bereich, in dem wir beweisen können, dass wir anders sind?«

In anderen Worten: »Wenn wir schon nicht heilig sein können, dann sollten wir wenigstens seltsam sein«!

Ich verhalte mich so. Kürzlich las ich einen Brief, den ich vor einigen Jahren an einen Freund geschrieben hatte. Der Großteil des Briefes enthielt einen Überblick über meine derzeitigen Aktivitäten und klang ungezwungen und natürlich. Dann schrieb ich am Ende noch ein paar Zeilen über Gott und mein geistliches Leben. Aber dieser Abschnitt hörte sich ganz und gar nicht natürlich an. Er klang gezwungen und künstlich, als ob ich Dinge schrieb, die ein geistlicher Mensch meiner Ansicht nach sagen sollte.

Ich merke, dass es mir sogar schwer fällt, mit Gott zu sprechen, ohne dabei gleichzeitig andere Menschen davon überzeugen zu wollen, wie »geistlich« ich doch bin. Ich versuche, meine Sünde zu verstecken. Ich verwende mehr Zeit und Energie darauf, Menschen davon zu überzeugen, dass ich ein liebevoller Mensch bin, statt sie tatsächlich zu lieben.

Ein kleiner Junge ging zur Sonntagsschule. Er wusste, welche Art von Antworten dort von ihm erwartete wurde. Der Sonntagsschullehrer fragte: »Was ist braun, pelzig, hat einen buschigen Schwanz und sammelt Nüsse für den Winter?«

»Na ja«, murmelte der Junge, »ich schätze, die Antwort heißt Jesus, aber eigentlich klingt es für mich eher nach einem Eichhörnchen.«

Ich verhalte mich so. Ich bemühe mich, geistlich klingende Dinge zu sagen, auch wenn ich nicht weiß, was ich sage: »Ich schätze, die Antwort heißt Jesus ...«

2. Werde ich verurteilend, exklusiv oder stolz?

»Bei jedem Festmahl möchten sie den Ehrenplatz und in der Synagoge die vordersten Sitze haben« (Matthäus 23,6).

Stolz ist ein potenzielles Problem für jeden, der geistliches Wachstum ernst nimmt. Sobald wir uns bemühen, tugendhaft zu leben, fangen wir an, uns zu wundern, warum die anderen nicht so tugendhaft sind wie wir. Der große Mystiker Johannes vom Kreuz schrieb einmal: »Wenn sich Novizen ihrer eigenen Leidenschaft und Sorgfalt in ihren geistlichen Werken und ihren Andachten bewusst werden, lässt dieser Reichtum in ihnen verborgenen Stolz aufsteigen ... Sie erfahren eine gewisse Befriedigung im Nachdenken über ihre Werke und über sich selbst ... In ihrem Herzen verurteilen sie andere, wenn sie sehen, dass diese ihre Frömmigkeit nicht auf dieselbe Weise praktizieren.«

Lee Strobel, mein Kollege in der *Willow Creek*-Gemeinde, erzählt gerne, welche Antwort ein Fundamentalist gab, als er von seinem Nachbarn gefragt wurde, wie er sein Wochenende verbracht hat: »Wir waren auf einer christlichen Freizeit. Dort haben wir gelernt, wie wir andere besser verurteilen können.«

Wo findet diese Freizeit statt? Und warum ist sie so gut besucht?

Ich befand mich in einer kleinen Gruppe von Menschen, die ich gerade erst kennen gelernt hatte. Und plötzlich merkte ich, wie ich anfing, diese Leute zu kategorisieren: »Der dort ist bedürftig und abhängig – Abstand halten. Der da ist intelligent und hat viel zu bieten – Kontakt suchen.« Warum bewerte ich Menschen ständig, als ob sie Anwärter auf olympische Medaillen wären und man mich zum Preisrichter erkoren hätte? Warum vergleiche ich mich so oft mit ihnen, als ob wir im Wettkampf miteinander stünden?

Weil wir dazu neigen, ist Gott manchmal so gnädig und verbirgt unsere eigenen Fortschritte vor unseren Augen. Jean Caussade sagt, dass Gott immer an uns arbeitet, oft aber Wachstum schenkt und dieses Wachstum heimlich ohne unser Wissen vonstatten geht (in: »The Sacrament of the Present Moment«, San Francisco 1987).

3. Werde ich leicht zugänglich oder nicht?

»Sie lassen sich von den Leuten gern Rabbi (Meister) nennen«
(Matthäus 23,7).

Zur Zeit Jesu mussten Aussätzige, Prostituierte und Zöllner
besonders sorgfältig Abstand von den Rabbis halten, die Gott
angeblich besonders nahe standen. Die Rabbis gingen fälschli-
cherweise davon aus, dass ihre Spiritualität von ihnen verlangte,
Abstand von Menschen zu halten. Paradoxerweise stellte sich
dann heraus, dass der einzige Rabbi, den die Ausgestoßenen
berühren durften, Gott selbst war.

*Jesus war der am leichtesten zugängliche Mensch, den
sie jemals gesehen hatten. Die religiösen Führer hatten
eine Andersartigkeit an sich, die die Menschen von ihnen
abstieß. Jesus hatte eine Andersartigkeit an sich, die die
Menschen zu ihm hinzog. Das ist echte Spiritualität.*

4. Werde ich es überdrüssig,
mich um geistliches Wachstum zu bemühen?

»Sie schnüren schwere Lasten zusammen und legen sie den
Menschen auf die Schultern« (Matthäus 23,4).

Das Streben nach Gerechtigkeit ist immer dann anstrengend,
wenn man dabei ein verzerrtes Ziel im Blick hat. Steven Mosley
spricht davon, wie wir Güte trivialisieren können, indem wir »zu
eigentümlichen Menschen werden, die an den entlegensten
Orten der Welt anzutreffen sind, statt attraktive Lampen zu sein,
die die Welt ausleuchten. Das Ergebnis ist, dass unsere Moral-
aufrufe ziemlich kläglich klingen. Sie quengeln aus der Ecke
eines Altarraums; sie unterbrechen Dinge, die Spaß machen; sie
murmeln Entschuldigungen bei Partys; sie schlurfen durch die
Gegend und sind immer hinter der Zeit zurück ... Unsere säku-
laren Mitmenschen finden sie oft engstirnig, manchmal auch
einfach unbedeutend« (aus: »A Tale of Three Virtues«, Sisters
1989).

Er beschreibt die Dynamik der Suche nach Grenzmarkierungen: »Es ist tragisch, dass konventionelle Religiosität gleichzeitig sowohl abschreckend als auch unglaublich langweilig ist.«

Gleichzeitig abschreckend und unglaublich langweilig. Das ist das Kennzeichen geistlichen Lebens, das sich selbst durch Grenzmarkierungen definiert. Abschreckend, weil es vielleicht 39 verschiedene Regeln allein zum Sabbat enthält. Und unglaublich langweilig, weil wir unser Leben danach ausrichten können, diese ganzen Regeln einzuhalten, und unser Herz niemals für die Liebe oder die Freude öffnen.

Das ist der Grund, warum Menschen innerhalb der Kirche so oft müde werden. Grenzmarkierungen einzuhalten und sich an eine religiöse Subkultur anzupassen ist einfach keine Vision, die ausreichend motivierend ist, um den Geist des Menschen gefangen zu nehmen. So sollte es auch nicht sein.

5. Messe ich mein geistliches Leben an Oberflächlichkeiten?

»Blinde Führer seid ihr! Ihr siebt Mücken aus und verschluckt Kamele« (Matthäus 23,24).

Angenommen, es fragt Sie jemand: »Was macht Ihr geistliches Leben zur Zeit?« Ganz spontan – was fällt Ihnen als Erstes ein?

Viele Jahre lang dachte ich im Zusammenhang mit geistlichem Leben nur an irgendwelche Aktivitäten. Wenn mich jemand nach meinem geistlichen Leben gefragt hätte, wäre mein erster Gedanke gewesen, wie meine Stille Zeit aussieht – ob und wie lange ich jeden Tag bete und in der Bibel lese. Wenn ich es gerade geschafft hätte, das an mehreren aufeinanderfolgenden Tagen zu tun, dann hätte ich vermutlich geantwortet, dass es meinem geistlichen Leben gut geht. Wenn nicht, hätte ich mich vermutlich schuldig und niedergeschlagen gefühlt. So wurden für mich Gebet und Bibelstudium zur Messlatte für meinen geistlichen Zustand. Solange ich diese beiden Dinge tat, konnte ich durch den Tag gehen und mir der Anerkennung Gottes sicher sein.

In meiner Stillen Zeit führe ich oft so etwas wie ein Tagebuch.

Aber mir ist aufgefallen, dass ich manchmal, wenn ich in Eile war und eigentlich keine Lust hatte, mir Zeit für Gott zu nehmen, einfach mein Tagebuch genommen und ein paar Sätze hineingeschrieben habe, nur um einen Eintrag für diesen Tag vorweisen zu können. (Ich bin mir nicht ganz sicher, warum ich das gemacht habe. Dachte ich, ich muss dieses Tagebuch irgendwann mal bei irgendeinem Komitee einreichen?) Ich merkte, dass ich mein geistliches Leben an der Regelmäßigkeit meiner Tagebucheinträge maß. Ich entwickelte sogar eine Strategie für den Fall, dass es einmal eine peinlich lange Pause zwischen zwei Tagebucheintragungen geben würde: Ich könnte zwei Tagebücher führen und in eins immer schreiben: »Siehe anderes Buch.«

Aber Gott beurteilt unser Leben nicht nach der Anzahl unserer Tagebucheinträge. Mir ist vor kurzem ein Buch in die Hände gefallen, dessen erklärtes Ziel es war, den Leser zu »340 bis 350 Stillen Zeiten im Jahr« zu bringen. Als ob es darum ginge!

Ich vermute, dass der Apostel Paulus oder der Apostel Johannes, hätte man sie nach ihrem geistlichen Leben gefragt, sich zuerst die Frage gestellt hätten: »Nimmt meine Liebe zu Gott und zu den Menschen zu?« Es geht darum, zu was für einer Art von Menschen wir werden. Geistliche Übungen wie Bibel lesen oder beten sind wichtig, nicht weil sie beweisen, wie geistlich wir sind, sondern weil Gott sie gebrauchen kann, um uns ins Leben zu führen. Wir sind dazu berufen, jeden Tag wieder neu zu erfahren, was Paulus an die Gemeinde in Ephesus geschrieben hat: »Aber Gott ist reich an Erbarmen. Er hat uns seine ganze Liebe geschenkt. Durch unseren Ungehorsam waren wir tot; aber er hat uns mit Christus zusammen lebendig gemacht« (Epheser 2,4).

Vor einigen Jahren bin ich mit einer unserer Töchter ins Kino gegangen. Es war ihr erster Film: »Schneewittchen und die sieben Zwerge«. Für eineinhalb Stunden lebten wir in einer anderen Welt. Ich hatte vergessen, wie düster Filme für Zweijährige sein können. Meine Tochter weinte bei der bösen Stiefmutter, bei dem Biss in den Apfel, beim Eintreten des Fluches.

Meine Tränen kamen an einer anderen Stelle. Schneewittchen machte die Hütte der Zwerge sauber und sang dabei: »Eines

Tages wird mein Prinz kommen.« Plötzlich war es, als ob meine kleine Tochter da auf der Leinwand sei, und ich dachte an den Tag, an dem ihr »Prinz« – wer auch immer das sein mochte – kommen und sie weggehen und mit ihm zusammen sein würde.

In diesem Augenblick konnte ich mich gut in die Zwerge hineinversetzen. In diesem Märchen stellen sie ihr Haus zur Verfügung und riskieren ihr Leben für dieses dumme Mädchen, das verbotenes Obst isst, in Tiefschlaf fällt und ihr Herz bricht. Und dann kommt der Prinz, weckt sie mit einem Kuss auf, und sie geht ohne Bedauern mit ihm weg. Aber natürlich muss die Geschichte so gehen. Das ist ihr Schicksal. Und unseres auch.

Jeder von uns hat von der verbotenen Frucht gekostet. Jeder von uns hat in den Apfel gebissen. Wir stehen unter dem Fluch. Und jeder von uns ist gewissermaßen bei lebendigem Leib tot.
Aber der Prinz kommt, um uns von diesem Fluch zu befreien, um uns Leben zu bringen, um seine Braut zu küssen. Und ab und zu wacht irgendwo jemand auf. Und wenn das passiert, dann kommt das Leben.

»Wach auf, du Schläfer!
Steh auf vom Tod!
Und Christus, deine Sonne,
geht für dich auf.« (Epheser 5,14)

3

Trainieren statt Probieren:
Die Wahrheit über
geistliche Übungen

Christlicher Glaube ohne Nachfolge ist immer
christlicher Glaube ohne Christus.
(Dietrich Bonhoeffer)

Stellen Sie sich vor, plötzlich stehen ein paar Leute bei Ihnen im
Wohnzimmer und unterbrechen Sie bei Ihrem allabendlichen
Programm von Chipsessen und Fernsehen mit einer dringenden
Nachricht: »Gute Nachrichten! Wir kommen vom Deutschen
Olympischen Komitee. Wir haben jemanden gesucht, der bei
den nächsten Olympischen Spielen den Marathon laufen kann.
Dazu haben wir statistische Daten zu allen Bürgern in Deutschland ausgewertet. Wir haben alle Leistungen überprüft – bis hin
zu den Bundesjugendspielen in der Schule, dazu Körpertyp,
Knochenstruktur sowie den momentanen Prozentsatz an Körper-
fett. Und Sie sind derjenige, der unter allen Bundesbürgern die
größte Chance hat, die Goldmedaille im Marathonlauf zu gewinnen. Deshalb gehören Sie jetzt zur deutschen Olympiaaus-
wahl. Sie werden das Rennen laufen. Das ist die Chance Ihres
Lebens.«

Sie sind darüber etwas überrascht, weil die längste Strecke,
die Sie bisher gelaufen sind, die Distanz zwischen Sofa und
Kühlschrank war. Aber nach dem ersten Schock realisieren Sie,
was da in Ihrem Leben geschieht. Sie stellen sich vor, wie Sie
sich unter die Elite-Athleten der Welt mischen. Sie gestatten
sich, sich vorzustellen, dass Sie das schaffen, was man von

Ihnen erwartet. Nachts träumen Sie davon, dass Sie nach dem Rennen auf dem Siegerpodest stehen und die Nationalhymne hören. Sie sehen, wie die Flagge aufgezogen wird und wie Sie das Haupt neigen, um die Goldmedaille in Empfang zu nehmen.

In Ihnen steigt ein Gefühl der Dringlichkeit auf. Es wird Ihr Körper sein, der diese Rennklamotten trägt, von einer Milliarde Menschen im Fernsehen beobachtet. Aber größer als jeder äußere Druck ist der innere Antrieb, der sagt: »Das ist das Rennen, für das ich geschaffen wurde. Das ist meine Bestimmung. Dazu wurde ich geboren. Hier ist meine Chance!«

Dieses Rennen wird die große Leidenschaft Ihres Lebens. Es dominiert Ihren Verstand. Es beschäftigt Sie in jedem wachen Augenblick. Das Rennen gut zu laufen – und nach Möglichkeit zu gewinnen – wird zum Zentrum Ihrer Existenz. Dafür leben Sie. Es ist die Chance Ihres Lebens.

Dann dämmert es Ihnen: In Ihrem jetzigen Zustand können Sie keinen Marathon laufen. Um es noch mehr auf den Punkt zu bringen: Sie können auch keinen Marathon laufen, selbst wenn Sie sich wirklich sehr bemühen. Mit ernsthaften Bemühungen ist schon viel gewonnen. Aber wenn Sie diese Chance Ihres Lebens wirklich wahrnehmen wollen, dann müssen Sie hart *trainieren.* Sie müssen Ihr Leben nach bestimmten Dingen ausrichten, die Sie dazu in die Lage versetzen werden, das zu schaffen, was Sie mit Willenskraft alleine nicht schaffen können. Wenn Sie wirklich einen Marathon laufen wollen, dann müssen Sie trainieren, nicht nur probieren.

Nicht nur Sportler brauchen Training. Jeder, der ein Musikinstrument spielen, eine neue Sprache lernen oder eine Geschäftsidee verwirklichen will, braucht Training. Jede wichtige Herausforderung unseres Lebens braucht Training – einschließlich unseres geistlichen Lebens.

Trainieren statt probieren, Jesus ähnlicher zu werden

Ich möchte dieses Kapitel dem hilfreichsten Prinzip widmen, das ich im Zusammenhang mit geistlicher Veränderung kenne.

Es stammt nicht von mir. Weise Menschen, die die Wege geistlichen Wachstums verstanden haben, kennen dieses Prinzip seit Jahrhunderten. Ich bin darauf in einer Zeit meines Lebens gestoßen, als ich über mein stagnierendes Leben mit Gott frustriert war. Dieses Prinzip gab mir die starke Hoffnung, dass ich wirklich geistlich wachsen konnte. Gott sprach durch dieses Prinzip zu mir, auch wenn ich das zu dieser Zeit noch nicht erkannte. Das Prinzip lautet: Es besteht ein immenser Unterschied zwischen Trainieren, um etwas zu tun, und Probieren, etwas zu tun.

Ich wünschte, ich könnte die Hoffnung beschreiben, die in mir aufstieg, als ich dieses Prinzip zum ersten Mal verstand. Ich fand es in dem Buch »The Spirit of the Disciplines« von Dallas Willard, und der Großteil dieses Kapitels ist auf sein Werk zurückzuführen. Wenn ich früher Predigten zum Thema Nachfolge hörte, dachte ich immer, dass ich mich nur sehr bemühen müsste, um so zu werden wie er. Wenn ich also am Sonntag eine Predigt zum Thema Geduld hörte (oder selbst hielt), wachte ich am Montag auf und nahm mir vor, ein geduldigerer Mensch zu sein. Haben Sie sich schon einmal bemüht, geduldig mit einem dreijährigen Kind zu sein? Ich habe es probiert – und im Allgemeinen funktionierte es nicht besser, als wenn ich versucht hätte, einen Marathon zu laufen, für den ich nicht trainiert hatte. Am Ende war ich erschöpft und niedergeschlagen. Wenn man bedenkt, dass wir dazu neigen, »Nachfolge Jesu« so zu beschreiben, ist es ein Wunder, dass es überhaupt jemand versuchen möchte.

Geistliche Veränderung hat nichts damit zu tun, dass man sein Bestes zu geben versucht, sondern damit, dass man weise trainiert. Das meinte auch der Apostel Paulus, als er den jungen Timotheus ermutigte: »Übe dich darin, Gott zu gehorchen« (1 Timotheus 4,7). Dieser Gedanke steht auch hinter dem Rat, den er der Gemeinde in Korinth gibt: »Jeder, der an einem Wettlauf teilnehmen will, nimmt harte Einschränkungen auf sich. Er tut es für einen Siegeskranz, der verwelkt. Aber auf uns wartet ein Siegeskranz, der niemals verwelkt« (1 Korinther 9,25).

Sport war den Lesern dieses Paulusbriefes vertraut. In Korinth fanden die Isthmischen Spiele statt, die im antiken Griechenland nur von den Olympischen Spielen an Bekanntheit übertroffen wurden. Paulus selbst war vermutlich zu den Spielen von 51 n.Chr. in Korinth und hat vielleicht sogar Zelte für die Besucher und die Wettkämpfer gemacht, die eine Unterkunft brauchten. Dass ein Wettkämpfer einfach nur *probierte,* den Sieg zu erringen, war undenkbar. Jeder Sportler, der an den Wettkämpfen teilnahm, musste sich zehn Monate lang einem strikten Training unterziehen und konnte disqualifiziert werden, wenn er es nicht tat. Paulus schrieb, dass auch er sein Leben dem Training widmete: »Ich möchte nicht andere zum Wettkampf auffordern und selbst als untauglich ausscheiden« (1 Korinther 9,27).

Der Unterschied zwischen Trainieren und Probieren ist der Schlüssel für Veränderung in jedem Lebensbereich. Man denkt manchmal, dass es der »harte« Weg ist, wenn man Bach auf dem Klavier spielen lernen will und dazu jahrelang Tonleitern und Akkorde üben muss. Dabei ist es gerade das Gegenteil. Jahrelang Tonleitern zu spielen ist der leichte Weg, um Bach spielen zu lernen. Stellen Sie sich vor, Sie sitzen an einem Flügel vor einer gefüllten Konzerthalle und haben in Ihrem Leben noch nie Klavier gespielt. Wenn Sie es jetzt einfach mal probieren, sind Sie zum Scheitern verurteilt (es sei denn, es geschieht ein Wunder). Das ist der harte Weg.

Training ist auch nötig, wenn es darum geht, die Kunst der Vergebung, Freude oder Mut zu lernen. Es gehört zu einem gesunden und lebendigen geistlichen Leben genauso wie zu körperlicher und intellektueller Aktivität. Lernen zu denken, zu fühlen und zu handeln wie Jesus ist mindestens so herausfordernd wie dafür zu üben, einen Marathon zu laufen oder Klavier zu spielen.

Für mich hat diese Wahrheit Licht in die Dunkelheit gebracht. Zum ersten Mal wurde die Vorstellung, Jesus nachzufolgen, eine reale, konkrete und greifbare Möglichkeit. Ich konnte es schaffen. Jesus nachzufolgen heißt einfach, von ihm zu lernen, wie ich mein Leben so um bestimmte Aktivitäten herum einrichte, dass ich in seinen Spuren leben kann.

Der traditionelle Begriff für solche Aktivitäten ist »geistliche Übungen«. Doch viele Menschen assoziieren mit diesem Begriff

Gesetzlichkeit, den Versuch, sich Gottes Wohlwollen zu verdienen oder so etwas wie die guten Vorsätze zum neuen Jahr – gute Absichten, die weder praktisch sind noch die Welt verändern.

Vor vielen Jahren habe ich das Buch »Nachfolge feiern« von Richard Foster gelesen, das sich mit zwölf solchen »heiligen Gewohnheiten« beschäftigt, die geistliches Wachstum fördern. Meine spontane Reaktion war: »Ich fühle mich schon schuldig, dass ich nicht genug bete und in der Bibel lese. Das Letzte, was ich jetzt brauche, sind zehn andere Dinge, wegen denen ich Schuldgefühle bekomme, weil ich sie nicht tue.«

Meine zweite Reaktion war, einen sehr ehrgeizigen Plan für mein geistliches Wachstum aufzustellen, der alle zwölf Übungen ab sofort in mein Leben integrierte, damit ich mich nicht mehr schuldig fühlen musste. Ich versuchte es ein paar Wochen lang, aber ich fühlte mich schon bald überfordert und erschöpft. Daraufhin gab ich das ganze Projekt auf und hielt es höchstens für Mönche oder Heilige umsetzbar.

Bevor wir uns damit beschäftigen wollen, was geistliche Übungen sind, möchte ich mit Ihnen über einige Dinge nachdenken, die geistliche Übungen nicht sind:

1. Geistliche Übungen sind kein Barometer für Geistlichkeit

Viele Menschen denken, dass Gott ihre geistliche Leistung anhand bestimmter Übungen misst. Die Wahrheit ist gleichzeitig herausfordernd und befreiend.

Martin Luther beginnt sein Buch »Die Freiheit des Christen« mit folgendem Paradox:

»Ein Christ ist vollkommen freier Herr über alle, niemandem untertan.«

»Ein Christ ist vollkommen gehorsamer Diener aller, allen untertan.«

Dies gilt nirgendwo mehr als bei geistlichen Übungen. Wie wir gesehen haben, ist die Fähigkeit, Gott und andere Menschen zu lieben, der eigentliche Indikator für geistliches Wohlbefinden. Wenn wir das schaffen, ohne bestimmte geistliche Übungen zu praktizieren, dann weg damit! Wir sind davon frei, Gott oder Menschen mit unserer geistlichen Hingabe beeindrucken zu müssen. Geistliche Übungen sind für das Leben, was Trainingswürfe für ein Spiel sind. Wenn das Spiel erst einmal begonnen hat, bekommen Basketballspieler keine Bonuspunkte, wenn sie viele Freiwürfe im Training in Treffer verwandelt haben. Sie haben die Würfe im Training nur geübt, damit sie sie im Spiel anwenden können.

Man kann jeden wachen Augenblick damit verbringen, »geistliche Übungen zu praktizieren« – aber so, dass man dadurch *weniger* fähig wird, andere zu lieben. In diesem Fall wäre es sicher besser, man würde auf die geistlichen Übungen komplett verzichten.

2. Geistliche Übungen sind nicht notwendigerweise unangenehm

Ob etwas eine Übung ist, hängt immer davon ab, worauf wir hin trainieren. Wenn wir für einen Triathlon trainieren, werden wir ein bestimmtes Übungsprogramm absolvieren. Aber wenn wir für ein Kuchenwettessen trainieren, wird unsere Vorbereitung anders aussehen – sie wird vermutlich vor allem darin bestehen, riesige Mengen an Kuchen zu essen. Wenn wir lange genug durchhalten, werden wir irgendwann erstaunt feststellen, wie viel mehr Kuchen wir verglichen mit vorher essen können. Was als »Training« zählt, können wir nur festlegen, wenn wir wissen, wofür wir trainieren.

Viele von uns haben den Eindruck, dass nur etwas als geistliche Übung zählt, was wir lieber nicht tun würden. Wenn wir für ein Leben trainieren, das durch Freude, Frieden und Zuneigung gekennzeichnet ist, dann sollten wir aber davon ausgehen, dass uns einige der Übungen geradezu Spaß machen werden. Wir werden vielleicht Übungen entdecken, wie beispielsweise das Feiern, die in uns immer wieder Staunen und Dankbarkeit hervorrufen.

3. Geistliche Übungen sind nicht dazu da, Gottes Gunst zu erwerben

Bei geistlichen Übungen geht es nicht darum zu versuchen, möglichst gut zu sein, um sich Gottes Vergebung und Wohlwollen zu verdienen. Sie sind nicht dazu da, um uns einen Sonderkredit zu verschaffen oder um Gott zu zeigen, wie tief unsere Hingabe an ihn ist. Sie existieren um unsretwillen, nicht um Gottes willen. Sie haben nur dann einen Wert, wenn sie uns helfen, geistlich zu wachsen.

Geistliche Übungen stehen nicht im Gegensatz oder in einem gespannten Verhältnis zur Gnade. Menschen, die unter der Gesetzlichkeit leiden und die Botschaft der Gnade hören, argwöhnen manchmal, dass dieses ganze Gerede über geistliche Übungen nur zu einer anderen Form von religiösem Druck führt.

Aber geistliche Übungen sind einfach ein Mittel, sich dem Leben anzunähern, das Gott uns in seiner Gnade anbietet. Deshalb nennt man sie manchmal auch »Mittler der Gnade«. Dietrich Bonhoeffer schien dies im Hinterkopf zu haben, als er Folgendes in »Der Preis der Nachfolge« schrieb: »Wir müssen deshalb versuchen, die wechselseitige Beziehung zwischen Gnade und Nachfolge zu verstehen ... Wohl denen, die wissen, dass Nachfolge einfach das Leben ist, das der Gnade Gottes entspringt, und dass Gnade einfach Nachfolge bedeutet. Wohl denen, die Christen in diesem Sinne geworden sind. Für sie erweist sich Gnade als eine Quelle der Barmherzigkeit.«

Ein paar Schlüsselfragen

Wodurch wird eine Übung zur Übung?

Eine Übung ist jede Aktivität, die ich durch direktes Bemühen bewerkstelligen kann und die mir dabei hilft, etwas zu tun, was ich im Moment nicht durch direktes Bemühen bewerkstelligen kann.

Manchmal hört man, dass sich Menschen in Demut oder in Geduld »üben«. Streng genommen sind solche Dinge keine geistlichen Übungen; sie sind das *Ziel* unserer Übungen, die Dinge, die wir durch unsere Übungen erreichen wollen.

Im Kinderbuch »Frosch und Kröte« entdecken die beiden Charaktere die Grenzen des guten Willens, als der Frosch eine Menge Kekse bäckt. »Wir sollten aufhören zu essen«, sagen sie und essen weiter. »Wir müssen aufhören zu essen«, sagen sie, während sie noch ein paar Kekse essen. »Wir brauchen Willenskraft«, sagt der Frosch schließlich und nimmt sich den nächsten Keks.

»Was ist Willenskraft?«, fragt die Kröte und kaut dabei.

»Willenskraft ist, sich sehr zu bemühen, etwas zu tun, was man unbedingt tun will«, erklärt der Frosch.

Der Frosch diskutiert eine Menge Möglichkeiten durch, wie man diese Willenskraft fördern könnte – die Kekse in eine Dose stecken, die Dose fest verschließen und sie hoch oben in einem Baum festbinden –, aber jedes Mal weist die Kröte (zwischen zwei Bissen) darauf hin, dass sie ja in den Baum klettern und die Dose aufmachen könnten. In völliger Verzweiflung wirft der Frosch die restlichen Kekse schließlich auf den Boden: »Hallo, Vögel!«, ruft er. »Hier sind Kekse für euch!«

»Jetzt haben wir keine Kekse mehr«, sagt die Kröte traurig.

»Ja«, antwortet der Frosch, »aber eine Menge Willenskraft.«

»Du kannst deine Willenskraft behalten«, erwidert die Kröte. »Ich gehe jetzt nach Hause und backe einen Kuchen.«

Übungen sind hilfreich, weil sie uns ermöglichen, das zu tun, was wir durch Willenskraft alleine nicht schaffen. Diese Erkenntnis steht im Zentrum der Arbeit der Anonymen Alkoholiker. Der erste der zwölf Schritte ist die Erkenntnis, dass ich nicht durch Willenskraft allein aufhören kann zu trinken. Dann muss ich mein Leben rund um bestimmte Übungen oder Praktiken organisieren – wie schonungslose Ehrlichkeit und das Zugeben von Fehlern –, die mich dazu befähigen, das zu tun, was die Willenskraft alleine nicht schafft. Ich muss trainieren, um nüchtern bleiben zu können.

Wodurch wird etwas zur geistlichen Übung?

Geistliche Übungen sind einfach Aktivitäten, die mir dabei helfen, auf meinem Weg in Jesu Fußstapfen zu wachsen.

Eine geistliche Übung ist eine Aktivität, durch die ich die Kraft gewinne, so zu leben, wie es Jesus gelehrt und vorgelebt hat.

Wie viele geistliche Übungen gibt es? So viele, wie wir uns vorstellen können. Bestimmte Übungen sind grundlegend, wie Einsamkeit, Dienen, Bekenntnis und Nachdenken über die Bibel. In den folgenden Kapiteln dieses Buches werden wir uns mit diesen Übungen beschäftigen. Aber zusätzlich kann fast jede Aktivität zu einer Trainingsrunde für unser geistliches Leben werden.

Woher wissen wir, welche geistlichen Übungen wir praktizieren sollen?

Die Antwort erschließt sich, wenn man gewissermaßen rückwärts denkt:

Erstens müssen wir verstehen, was es bedeutet, im Reich Gottes zu leben. Jesus verbrachte den Großteil seiner Zeit damit, Menschen verständlich zu machen, wie echte Spiritualität aussieht.

Zweitens müssen wir erkennen, welche konkreten Hindernisse uns von dieser Art zu leben abhalten.

Drittens müssen wir entdecken, welche Übungen, Erfahrungen oder Beziehungen uns dabei helfen können, diese Hindernisse zu überwinden.

Beispielsweise wissen wir, dass wir dazu berufen sind, andere Menschen zu lieben. Als ich einmal versuchte, einen Tag lang bewusst liebevoll zu sein, merkte ich, dass Liebe einen enormen Energieaufwand kostet. Und ich war viel zu müde, um diese Energie aufbringen zu können. Also realisierte ich, dass ich – so ungeistlich das klingen mag – mehr schlafen musste, um ein liebevollerer Mensch zu werden.

Ich habe gemerkt, dass es mir sehr schwer fällt, so zu denken, zu fühlen und zu handeln wie Jesus, wenn ich nicht genug Schlaf habe. In einem Zeitungsartikel stand, dass Amerika ein Schlafdefizit hat, das schlimmer ist als das nationale Finanzdefizit und das für alles mögliche verantwortlich ist, von einer zunehmenden Gewalttätigkeit bis hin zu schlimmen Autounfällen.

Ich war überrascht, dass die Bibel viel zum Thema Schlaf zu sagen hat. Schlaf ist eine Gabe Gottes:

»In Frieden leg' ich mich nieder und schlafe ein; denn du allein, Herr, lässt mich sorglos ruhen« (Psalm 4,9; Einheitsübersetzung).

Es ist ein Akt des Vertrauens: Wenn ich mich zum Schlafen hinlege, werde ich daran erinnert, dass die Welt in Gottes Händen liegt und nicht in meinen. Die Welt wird sich weiter drehen, auch wenn ich nicht wach bin und versuche, alles unter Kontrolle zu halten. Zur rechten Zeit werden sich meine Augen öffnen und ich werde wieder wach sein.

»Ganz ruhig kann ich mich schlafen legen, weil du mich beschützt, bis ich morgens erwache« (Psalm 3,6).

Haben Sie schon einmal versucht zu beten, wenn Sie zu wenig Schlaf hatten? Bevor Elia auf dem Berg Horeb eine längere Zeit in Einsamkeit und Gebet verbringen sollte, ließ ihn der Engel des Herrn erst einmal ausgiebig schlafen. Und denken Sie dagegen an die Jünger im Garten Getsemani, die nicht beten konnten, weil sie immer wieder einschliefen. Schlaf ist eine Gabe von Gott.

»Es ist umsonst, dass ihr früh aufsteht
und euch spät erst niedersetzt,
um das Brot der Mühsal zu essen;
denn der Herr gibt es den Seinen im Schlaf« (Psalm 127,2, Einheitsübersetzung).

Vielleicht ist das Geistlichste, was Sie jetzt gerade machen können, dieses Buch aus der Hand zu legen und eine Runde zu schlafen.

Was ist ein »disziplinierter« Mensch?

Der Zusammenhang zwischen Übung und Disziplin liegt auf der Hand. Aber es ist sehr wichtig, diesen Begriff richtig zu definieren, da seine Anwendung sonst starr und mechanisch wird.

Ein disziplinierter Mensch ist jemand, der das Richtige zur richtigen Zeit auf die richtige Weise im richtigen Geist macht.

Beachten Sie, was ein disziplinierter Mensch *nicht* ist: Ein disziplinierter Mensch ist nicht jemand, der einfach nur sehr viele Übungen absolviert. Ein disziplinierter Mensch ist kein sehr systematischer, starr geplanter, Rekorde aufstellender Frühaufsteher. Die Pharisäer waren rigide und organisiert, aber sie waren nicht in dem Sinne diszipliniert, wie es für echte Nachfolger notwendig ist.

Disziplinierte Menschen können tun, was der Augenblick erfordert. Sie können das Richtige zur richtigen Zeit auf die richtige Weise und aus der richtigen Motivation heraus tun.

Diese Definition trifft auf Künstler, Sportler und Astronauten genauso zu wie auf Menschen, die Jesus nachfolgen wollen. Ein disziplinierter Nachfolger Jesu ist nicht jemand, der alle Übungen gemeistert hat und nie seine tägliche »Diät« aus geistlichen Übungen verpasst. Ein disziplinierter Nachfolger Jesu ist ein Mensch, der erkennt, wann Lachen, Freundlichkeit, Schweigen, heilende Worte oder prophetisches Reden gefordert ist und dies umgehend, wirkungsvoll und in Liebe umsetzen kann.

Kennzeichen von weisem geistlichen Training

Weises Training respektiert die Freiheit des Geistes

An diesem Punkt fragen Sie sich vielleicht, was Gottes Rolle in diesem Prozess geistlichen Wachstums ist. Schließlich spricht die Bibel davon, dass Veränderung vom Wirken Gottes abhängt.

Es ist immer ein Wunder, wenn Veränderung geschieht. Von geistlichem Wachstum nur als Produkt unseres Trainings zu sprechen, könnte die Vermutung aufkommen lassen, dass es etwas ist, was wir selbst produzieren können. Jedes Mal, wenn sich ein Frosch in einen Prinzen verwandelt – oder zumindest in einen netteren Frosch –, ist etwas Geheimnisvolles und Ehrfurchtgebietendes am Werk. Das Geheimnisvolle an geistlichem Wachstum ist das Wirken des Heiligen Geistes. Jesus sagt: »Der Wind weht, wo es ihm gefällt. Du hörst ihn nur rauschen, aber du weißt nicht, woher er kommt und wohin er geht. So ist es auch bei denen, die vom Geist geboren werden« (Johannes 3,8).

Denken Sie an den Unterschied, ob man ein Motorboot oder ein Segelboot fährt. Jeder von uns kann ein Motorboot fahren. Wir können den Tank füllen und den Motor starten. Wir haben alles unter Kontrolle. Aber bei einem Segelboot ist das etwas anders. Wir können die Segel hissen und das Ruder halten, aber wir sind völlig vom Wind abhängig. Der Wind macht die eigentliche Arbeit. Wenn kein Wind bläst, bleibt das Boot ruhig im Wasser liegen, egal, wie verzweifelt wir uns bemühen. Das Einzige, was wir tun können, ist, die Voraussetzungen zu schaffen, um den Wind einzufangen.

So funktioniert geistliche Veränderung. Wir können uns mit allen Kräften darum bemühen, aber wir können sie nicht einfach ein- und wieder ausschalten.
Wir können uns mit Hilfe bestimmter Übungen offen für Veränderung machen, aber wir können sie nicht selbst organisieren. Wir können den Verdienst für unsere Veränderung nicht für uns in Anspruch nehmen.

Das zu sehen ist sehr nützlich. Dieses Wissen bewahrt uns vor Stolz und fehlgeleitetem Eifer. Vor Anstrengung die Fäuste zu ballen und die Zähne zusammenzubeißen ist normalerweise wenig produktiv. Vielmehr ist es ein sicheres Anzeichen, dass wir vom Kurs abgekommen sind, wenn wir permanent das Gefühl haben, unter Spannung zu stehen und eine Last zu tragen. Jesus bot müden und erschöpften Menschen sein »Joch« an – seinen Lebensstil –, und er sagte, dass sein Lebensstil Gelassenheit und Leichtigkeit und »Ruhe für eure Seelen« bringen würde. Dieses Thema beschäftigt viele Christen. Frank Laubach schreibt (in: »Letters from a Modern Mystic«, Syracuse, N.Y. 1990): »Das Gefühl, von einer unsichtbaren Hand geführt zu werden, die meine Hand nimmt ... wird täglich in mir stärker. Ich muss mich nicht anstrengen, um vorwärts zu kommen ... Eigene Anstrengung scheint zu nichts zu führen.«

Eine weitere Analogie zum Segeln: Weise Segler wissen, dass ihre Hauptaufgabe darin besteht, den Wind zu »lesen«. Ein erfahrener Segler muss einen See nur anschauen und kann sagen, wo der Wind am stärksten weht; er schaut den Himmel an und kann eine Wettervorhersage geben. Ein weiser Segler weiß, wann er welches Segel wie setzen muss, um den Wind am effektivsten einzufangen.

Auch geistliches Wachstum erfordert ein feines Gespür. Wir müssen lernen, richtig auf den frischen Wind des Heiligen Geistes zu reagieren. Mose hat um den brennenden Dornbusch nicht gebeten oder diese Begegnung irgendwie arrangiert. Aber als der Dornbusch da war, musste er sich entscheiden, ob er näher kommen und sich auf das Wirken Gottes einlassen wollte.

Gott ist dafür verantwortlich, brennende Dornbüsche aufzustellen. Wir sind nur dafür verantwortlich, innezuhalten und näher heranzugehen. Das vergesse ich oft.

Vor einiger Zeit kaufte ich mir ein Andachtsbuch und steckte mir das Ziel, dieses Buch bis zum Ende des Jahres durchzuarbeiten. Einige Male merkte ich beim Lesen, dass in meinem Herzen etwas geschah. Ich hatte das Gefühl, dass ich innehalten und einen bestimmten Abschnitt ausführlicher studieren sollte. Aber solche Verzögerungen hätten dazu geführt, dass ich das Buch nicht bis zum Jahresende schaffte. Also las ich weiter.

Ich hätte realisieren müssen, dass es nicht der Sinn der Sache war, »pünktlich« mit dem Buch fertig zu werden. Mein Ziel hätte sein sollen, mich in einen Zustand zu versetzen, in dem Veränderung möglich war. Wenn Gott durch einen Abschnitt zu mir sprechen wollte – egal, ob ich überführt, geheilt oder herausgefordert wurde –, dann wäre meine Aufgabe, an dieser Stelle zu bleiben, bis der Wind sich gelegt hat. Erst dann ist es Zeit weiterzugehen. Ich fuhr ein Motorboot statt ein Segelboot.

Ich schaffte es nicht, mir Zeit zu nehmen und Gott näher zu kommen.

Einer meiner Freunde war vor kurzem in einem Freizeitheim, in dem eine Gruppe einen Tag lang Schweigen übte. Eine der Frauen achtete nicht auf ihren Weg und rannte meinen Freund über den Haufen. Aber da sie den ganzen Tag lang schweigen sollte, sagte sie kein Wort, nicht einmal »Entschuldigung«. Doch das praktische Ziel dieser Schweigeübung besteht nicht darin zu zeigen, wie lange man den Mund halten kann; das Ziel ist, Jesus mehr Raum in unserem Leben zu schaffen, damit wir lernen zu leben wie er. Dazu gehört auch, höflich zu Menschen zu sein, die wir über den Haufen rennen.

Wir sollten nicht zuerst damit beschäftigt sein auszurechnen, wie viele Bibelverse wir lesen oder wie viel Zeit wir im Gebet verbringen. Wir sollten solche Dinge vielmehr nutzen, um Raum für das Wirken Gottes zu schaffen. Was dann geschieht, liegt an ihm. Wir setzen die Segel, aber »der Wind weht, wo er will ...«

Weises Training berücksichtigt unser einzigartiges Temperament und unsere Gaben

Es gibt eine gute Nachricht: Egal, welches Temperament Sie von Natur aus haben – es steht Ihrem geistlichen Wachstum nicht im Weg.

Sind Sie eher spontan, oder organisieren Sie lieber alles und planen voraus? Menschen, die eher spontan reagieren, denken oft, dass dies ein Nachteil für ihr geistliches Wachstum sei, weil es für sie schwierig ist, nach einer bestimmten Routine zu leben. (Wenn Sie immer noch versuchen zu entscheiden, welcher Typ Sie sind, dann können Sie höchstwahrscheinlich den spontanen Typ ausschließen.) In vielerlei Hinsicht haben eher spontane Menschen einen Vorteil, weil sie unmittelbar reagieren können.

Die besondere Kombination von praktischen Übungen, Beziehungen und Erfahrungen, die für geistliches Wachstum nötig ist, sieht für jeden Menschen anders aus. Das Leben von Abraham Lincoln gilt im Allgemeinen als erstaunliches Beispiel für

Charakterbildung. Und doch war er total chaotisch. Er hatte in seinem Büro sogar ein Fach mit der Aufschrift: »Wenn du es sonst nirgendwo findest, dann probier es hier.«

Wir müssen uns die Freiheit nehmen zu entdecken, wie *wir* nach Gottes Vorstellung wachsen sollen. Gottes Design sieht für jeden Menschen anders aus. Vielleicht spricht uns Gott durch die Natur an. Vielleicht hat er uns so geschaffen, dass wir uns durch Musik verändern lassen. Vielleicht können wir überdurchschnittlich gut schweigen und beten. Oder wir lassen uns am stärksten durch Bilder, Symbole und die schönen Künste ansprechen. C. S. Lewis mutmaßte einmal, dass jeder Mensch eine andere Facette von Gottes Schönheit sehen kann – eine Facette, die kein anderer Mensch auf dieselbe Weise erkennen kann – und daß er folglich alle Christen aller Zeiten mit einem Aspekt von Gott bekannt machen soll, den sie sonst nicht sehen könnten.

Weises Training trägt unseren Lebensumständen Rechnung

Es gibt noch eine gute Nachricht: Unsere Lebensumstände sind kein Hindernis für geistliches Wachstum.

Eine Mutter in unserer Kleingruppe erklärte, dass es für sie viel leichter war, »an ihrem geistlichen Leben zu arbeiten«, als sie noch keine Kinder hatte. Im Verlauf des Gesprächs wurde deutlicher, was sie meinte. Für sie zählten nur Bibellesen und Beten als »geistliche Aktivitäten«. Aber als Mutter war für sie »Zeit allein« so etwas wie ein Widerspruch in sich.

An diesem Punkt hatte die Gemeinde versagt. Sie hatte ihr nie beigebracht, dass die Versorgung von zwei kleinen Kindern und ständiges Gebet um Hilfe und Geduld bei Problemen eine Schule für Veränderung hin zu echtem Dienen sein kann, das über alles hinausgeht, was sie jemals erlebt hatte. Aber irgendwie zählte für ihre geistliche Hingabe nur, eine »Stille Zeit« zu haben, aber für zwei kleine Kinder zu sorgen zählte nicht.

Diese Mutter musste eine Menge kreative Energie aufwenden, um sich Zeiten zu erkämpfen, in denen sie allein sein konnte. Aber auch dann hatte sie immer noch viel weniger Zeit als früher. Doch sie hatte jetzt als Mutter Gelegenheiten zum Wachstum, die sie früher nicht hatte.

Unsere Lebensumstände, egal wie sie aussehen, hindern Jesus niemals daran, Veränderung und Wachstum in uns zu bewirken. Nicht im Geringsten.

Alle Lebensumstände bieten ihre eigenen Möglichkeiten und Herausforderungen für geistliches Wachstum.
Statt uns zu wünschen, in einem anderen Lebensabschnitt zu stehen, sollten wir lieber herausfinden, was der momentane Lebensabschnitt an Möglichkeiten zu bieten hat.

Unser Leben zählt, und zwar ganz. Jeder Augenblick ist potenziell eine Gelegenheit, von Gott in seinen Lebensstil hinein geleitet zu werden. Jeder Augenblick ist eine Chance, von Jesus zu lernen, wie wir im Reich Gottes leben können.

Weises Training berücksichtigt die Unausweichlichkeit von Höhen und Tiefen

Eines der Grundgesetze des Lebens ist Rhythmus und Wechsel. Es wird Zeiten des Trostes und Zeiten der Trostlosigkeit geben. In Zeiten des Trostes beten wir gerne, weil uns Gott sehr nahe zu sein scheint. Die Bibel scheint lebendig, Sünde ist schlecht, und die Ampeln stehen alle auf grün. In Zeiten der Trostlosigkeit ist es das Gegenteil: Die Bibel scheint trocken, Beten fällt schwer, und Gott ist weit weg.

C. S. Lewis schreibt, dass Gott uns zu manchen Zeiten ein starkes Gefühl für seine Gegenwart schenkt, einen Wunsch, ihm nahe zu sein und die Fähigkeit, Versuchungen mit Leichtigkeit zu widerstehen. »Aber er lässt nie zu, dass dieser Zustand lange anhält. Früher oder später zieht er solche Unterstützung und Anreize zurück, wenn nicht tatsächlich, dann zumindest in unserer bewussten Wahrnehmung. Er lässt den Menschen gehen, damit dieser auf eigenen Füßen zu stehen lernt, damit dieser aus dem Willen allein Pflichten erfüllt, die allen Reiz verloren haben. Doch in solchen Trockenperioden werden wir viel mehr zu den Menschen umgestaltet, die wir nach Gottes Vorstellung sein sollen, als in den Zeiten, in denen wir ein Hochgefühl haben.«

Wenn wir dieses Gesetz vergessen, dann gehen wir davon aus, dass die Phase, in der wir uns gerade befinden, ewig dauern wird. In Zeiten des Trostes denke ich irrtümlicherweise, dass ich es jetzt auf die Reihe bekommen habe. In Zeiten der Trostlosigkeit gehe ich davon aus, dass ich irgendetwas falsch gemacht habe oder dass Gott mich möglicherweise straft. Doch sind beide Phasen unvermeidlich, und beide Phasen können einzigartiges Wachstum mit sich bringen.

Vor einigen Jahren nahm ich an einer Gruppe teil, deren Ziel es war, beten zu lernen. Wir einigten uns darauf, jeden Tag eine lange Zeit im Gebet zu verbringen (zumindest war es für mich eine lange Zeit). Wir lernten, wie wir die Bibel zum Gebet nutzen konnten. Wir einigten uns darauf, mitten in der Nacht aufzustehen und zu beten, um die Stille der Nacht zu erleben. Wir verbrachten Zeit damit, unsere Gebete auszuwerten, damit wir lernen konnten, wann Gott zu uns sprach.

Nachdem die Gruppe sich aufgelöst hatte, musste ich zu meinem Verdruss feststellen, dass ich viel weniger betete als zu der Zeit, als die Gruppe noch bestand. Ich war wirklich der Meinung gewesen, dass ich den Dreh mit dem Gebet heraus hatte. Dann erklärte mir ein weiser Freund, dass man, wenn man sich stark gefordert hat, im Allgemeinen eine Pause einlegen muss, damit man sich regenerieren kann. Und nachdem ich eine Zeit »Pause« gemacht hatte, stellte ich fest, dass ich neuen Hunger nach Gebet hatte.

Dieses Naturgesetz besagt, dass es normalerweise ein Fehler ist, davon auszugehen, dass *eine* Form geistlichen Lebens für den Rest unseres Lebens angemessen und richtig ist. Wir werden Zeiten erleben, in denen wir starkes Wachstum erfahren, in denen wir viel Zeit im Gebet oder im Dienst an anderen verbringen. Und wir werden trostlose Zeiten erleben, in denen es uns sehr schwer fällt zu beten. Unter Umständen brauchen wir in den trostlosen Zeiten einfach mehr Ruhe.

Weises Training beginnt mit einer klaren Entscheidung

Als ich verstanden hatte, dass ich trainieren muss, wenn ich Jesus ähnlich werden will, stand ich vor einer Entscheidung. Man gerät nicht einfach so zufällig in ein Leben, das aus Training besteht.

Jedes Jahr erreichen ein paar Menschen ihr volles Potential an Kraft und Körperbeherrschung. Sie zeigen uns in Bodybuilding-Meisterschaften, was man aus einem Körper machen kann. Sie haben ihr ganzes Leben diesem Ziel gewidmet. Ihre Lebensgewohnheiten – Essen, Sport, Entspannung usw. – orientieren sich alle an einem einzigen Ziel. Die Leute sollen sie anschauen und sagen: »Wow! So kann ein menschlicher Körper also aussehen. Ich hatte ja keine Ahnung!«

Solche Körperformen entstehen nicht zufällig. Vor einiger Zeit schauten meine Frau und ich einen Actionfilm an, dessen Hauptdarsteller berühmt für seinen durchtrainierten Körper war. Aus irgendeinem Grund musste der arme Kerl immer ohne T-Shirt herumlaufen, obwohl die Story im verschneiten Gebirge spielte und alle anderen dicke Anoraks anhatten. Als sein Körper wieder einmal die Leinwand voll ausfüllte, schaute meine Frau ihn an, warf mir dann einen langen Blick zu – das Gewicht, das ich seit meiner Studentenzeit zugelegt habe, hat sich überwiegend an den falschen Stellen angesiedelt –, schaute wieder zu ihm, dann zurück zu mir und meinte schließlich: »Weißt du, irgendwie ziehen mich so durchgestylte Muskelmänner nicht an.«

Ich dachte immer und immer wieder über diese Bemerkung nach und suchte nach dem Kompliment, das sich ganz sicher irgendwo unter der Oberfläche ihres Kommentars verbarg, aber irgendwie war es zu gut verborgen – ich konnte es jedenfalls nicht entdecken. Es würde mir überhaupt nichts ausmachen, so wie der Kerl in dem Film auszusehen, nur wird das höchstwahrscheinlich nicht passieren: Ich habe nämlich nie beschlossen, mein Leben auf dieses Ziel auszurichten.

Eine Zeitung in Los Angeles zitierte einen Sporttrainer, der früher einmal bei den Wahlen zum »Mr. Missouri« kandidiert hatte: »Die Kerle, die man im Fernsehen und in Zeitschriften sieht, verdienen mit diesem Aussehen ihren Lebensunterhalt. Ihr ganzes Leben richtet sich auf die Erhaltung dieses Aussehens; es ist ein Lebensstil. Vierundzwanzig Stunden am Tag, sieben Tage in der Woche. Aber unsere Gesellschaft ist völlig auf das Hier und Jetzt ausgerichtet. Die Leute denken, dass sie in drei Monaten oder bis zur Badesaison so gestählt aussehen können. Aber das ist ziemlich unrealistisch.«

Ob Sie Ihr ganzes Leben darauf ausrichten wollen, einen »gestählten Körper« zu haben, das ist eine andere Frage. Aber es ist nicht innerhalb eines Tages zu schaffen. Es ist etwas, was das ganze Leben in Anspruch nimmt.

Jesus konfrontierte Menschen direkt mit der Entscheidung, in seine Nachfolge einzutreten. Er verkündete, dass es jetzt möglich ist, in der Gegenwart und unter der Herrschaft Gottes zu leben – das war seine gute Nachricht. Es ist jetzt möglich, so zu leben, dass andere uns anschauen und sagen: »Wow! Ich wusste gar nicht, dass Leben so aussehen kann!«

So etwas passiert. Es ist schon vielen Menschen passiert, die Jesus von ganzem Herzen nachfolgen, und es kann auch uns passieren. Das ist die »kostbare Perle«, von der Jesus sprach, für die ein Mensch alles verkaufen würde, was er besitzt. Das ist das Wettrennen, zu dem wir geboren sind. Aber wir werden nicht einfach in so ein Leben geschubst. Wir müssen uns entscheiden.

4

»So ein Tag, so wunderschön wie heute ...«:
Feiern will gelernt sein

Freude ist im Himmel eine
ernst zu nehmende Angelegenheit.
(C. S. Lewis)

Vor einiger Zeit badete ich meine drei Kinder. Ich hatte mir an-
gewöhnt, alle drei gleichzeitig zu baden, hauptsächlich um Zeit
zu sparen. Ich wusste, dass ich sie irgendwann dazu bringen
musste, aus dem Bad zu steigen, aber während sie in der Wanne
waren, schien es mir sehr effektiv zu sein.

Johnny saß noch in der Wanne, Laura war schon draußen und
steckte in ihrem Schlafanzug. Mallory war aus dem Wasser, aber
sie führte einen Freudentanz auf. Der bestand überwiegend daraus, dass sie immer im Kreis herum tanzte und dazu sang: »So
ein Tag, so wunderschön wie heute«. Wenn sie so glücklich ist,
dass sie es nicht mehr bei sich behalten kann, wenn sie keine
Worte findet, die ihre Begeisterung angemessen ausdrücken
können, dann muss sie tanzen, um ihrer Freude Ausdruck zu verleihen.

Bei dieser Gelegenheit aber war ich ärgerlich. »Mallory, beeil
dich!« Das machte sie auch – und zog ihre Kreise schneller und
sang den Text in doppeltem Tempo. »Nein, Mallory, das meine
ich nicht! Hör auf mit diesem Herumgehüpfe und komm her,
damit ich dich abtrocknen kann. Los, mach schon!«

Daraufhin stellte sie mir eine tiefgründige Frage: »Warum?«
Ja, warum eigentlich? Ich hatte keine Antwort. Ich musste nirgendwo hingehen, hatte nichts Konkretes zu tun, keine Termine, keine Predigt, die ich vorbereiten musste. Ich war es einfach gewohnt, mich zu beeilen, war so beschäftigt mit meinem eigenen Programm, so in der Routine gefangen, eine Aufgabe nach der anderen zu erledigen, dass direkt vor mir Leben und Freude war, dass hier eine Einladung zum Tanz vor mir stand – und ich war dabei, es zu verpassen.

Also stand ich auf und tanzte den Freudentanz mit Mallory zusammen. Sie sagte, ich würde es für einen Mann in meinem Alter ganz gut machen.

Als ich später darüber nachdachte, wurde mir bewusst, dass ich meine Zeit in zwei Kategorien einteile: Leben und Warten auf das Leben.

Den Großteil meines Lebens verbringe ich in einem Zwischenstadium: Ich bin auf dem Weg irgendwohin, ich warte, dass etwas beginnt, ich stehe in der Warteschlange, ich warte darauf, dass eine Besprechung zu Ende geht, ich versuche, eine Aufgabe zu Ende zu bringen, ich mache mir über etwas Sorgen, das eventuell geschehen könnte, oder ärgere mich über etwas, was geschehen ist. In diesen Momenten bin ich nicht völlig präsent, ich bin mir der Stimme und der Absichten Gottes nicht bewusst. Ich bin ungeduldig. Ich schlage – und das ist buchstäblich so – meine Zeit tot. Und damit schlage ich mich selbst tot.

Als ich meine Kinder abtrocknete, wollte ich das nur so schnell wie möglich hinter mich bringen.

Was mich meistens davon abhält, Freude zu erleben, ist meine Beschäftigung mit mir selbst. Die Ichbezogenheit, die mich davon abhält, mich der Freude anderer Menschen auszusetzen, hält mich auch davon ab, die unzählig vielen kleinen Geschenke wahrzunehmen, die Gott uns jeden Tag macht.

Für Mallory sieht das Leben ganz anders aus. Sie lebt einfach. Wenn sie badet, ist das ein Grund zur Freude. Und wenn es Zeit ist, sich abzutrocknen, freut sie sich wieder. Und wenn sie trocken ist, ist Zeit für den nächsten freudigen Moment. Das Leben ist für sie eine Reihe von fröhlichen Augenblicken. Natürlich ist nicht jeder Moment des Lebens glücklich. Es gibt immer noch Situationen, in denen die Tränen fließen – aufgeschlagene Knie und griesgrämige Handtuchhalter. Aber jeder Augenblick trägt die Möglichkeit zum Feiern in sich. Mallory verpasst nicht viele davon. Sie bringt mir bei, mich zu freuen.

Mein Lernbedarf ist groß. Freude steht im Zentrum der Absichten Gottes mit uns Menschen. Über den Grund dafür lohnt es sich, eine Weile nachzudenken: Freude steht im Zentrum des Wesens Gottes. Wir werden nie verstehen können, wie wichtig Freude für uns ist, wenn wir nicht verstehen, wie wichtig Freude für Gott ist. Ich vermute, dass die meisten von uns Gottes Fähigkeit, sich zu freuen, völlig unterschätzen.

Unser Gott der Freude

Zumindest im Hinblick auf Freude würde G. K. Chesterton darauf bestehen, dass Mallory Gott ein ganzes Stück ähnlicher ist als ich. Chesterton beschäftigt sich in seinen Schriften überwiegend mit der Freude als zentralem Aspekt des Wesens und der Absichten Gottes für die Menschen.

Jesus kam als Freudenbringer. Die Freude, die wir an einem glücklichen Kind sehen, ist nur ein Bruchteil der Freude, die im Herzen Gottes wohnt. Chesterton schreibt dazu Folgendes (in: »Orthodoxy«, New York 1943): »Weil Kinder so voller Leben sind, weil sie im Geist glühend und frei sind, wollen sie, dass sich die Dinge immer wiederholen und sich nichts verändert. Sie sagen immer ›nochmal‹ und der Erwachsene macht es wieder und immer wieder, bis er fast tot umfällt. Erwachsene Menschen sind nicht stark genug, um sich an Monotonie erfreuen zu können. Aber vielleicht ist Gott stark genug, um sich an Monotonie zu freuen. Es ist möglich, dass Gott jeden Morgen zur Sonne sagt: ›Und jetzt dasselbe nochmal‹, und jeden Abend zum Mond: ›Mach es nochmal‹. Vielleicht sehen nicht alle Stiefmütterchen gleich aus, weil sie automatisch in Serie gefertigt werden; vielleicht macht Gott jedes Stiefmütterchen einzeln, ohne die Lust daran zu verlieren, Stiefmütterchen zu schaffen. Vielleicht hat er die ewige Unersättlichkeit der Kindheit; denn wir haben gesündigt und sind alt geworden, aber unser Vater ist jünger als wir.«

Zum Kontrast können Sie sich einmal vorstellen, wie die ersten Sätze der Bibel lauten würden, wenn Gott kein extrem fröhliches Wesen wäre. Stellen Sie sich die Schöpfung vor, wenn Gott an sein Werk so herangegangen wäre, wie wir das so oft tun:

Am Anfang war es neun Uhr. Gott musste an die Arbeit gehen. Er füllte einen Antrag aus, um Licht und Dunkel zu trennen. Er dachte darüber nach, Sterne zu erschaffen, um die Nacht schöner zu machen, und Planeten, um den Himmel zu füllen, aber dann dachte er, dass es nach zu viel Arbeit klang. Und außerdem, so dachte Gott, war das nicht sein Job. Also beschloss er, früher Schluss zu machen und den Arbeitstag für beendet zu erklären. Und er schaute an, was er gemacht hatte und sagte: »Es wird seinen Zweck erfüllen.«

Am zweiten Tag trennte Gott Wasser vom trockenen Land. Und er machte das ganze Land flach, eben und funktional, so dass die ganze Erde – siehe da – wie Idaho aussah. Er dachte darüber nach, Berge und Täler, Gletscher, Dschungel und Wälder zu schaffen, aber dann entschied er, dass es sich nicht lohnen würde. Und Gott schaute an, was er an diesem Tag gemacht hatte und sagte: »Es wird seinen Zweck erfüllen.«

Und Gott schuf eine Taube, die durch die Luft fliegen, einen Karpfen, der im Wasser schwimmen und eine Katze, die über das trockene Land laufen sollte. Und Gott dachte darüber nach, eine Million anderer Tiere aller Größen und Formen und Farben zu schaffen, aber er konnte keine rechte Begeisterung für weitere Tiere aufbringen. Um ehrlich zu sein, war er auch von der Katze nicht mehr ganz überzeugt. Außerdem war es schon fast Zeit für den Spätfilm. Also schaute Gott an, was er gemacht hatte, und sagte: »Es wird seinen Zweck erfüllen.«

Und am Ende der Woche war Gott völlig ausgepowert. Er stieß einen Seufzer der Erleichterung aus und sagte: »Mir sei Dank, es ist Freitag.«

Natürlich sieht der Schöpfungsbericht in Genesis anders aus.

Dort wiederholen sich die Sätze »Dann befahl Gott ... So geschah es ... Es war sehr gut.«

Am ersten Tag »befahl Gott: ›Licht soll aufstrahlen!‹, und es wurde hell. Gott hatte Freude an dem Licht; denn es war gut.« Der erste Tag war ein Jubeltag. Und Gott führte einen kleinen Freudentanz auf. Und am nächsten Tag sagte Gott zum Licht: »Dasselbe bitte nochmal.« Und das Licht machte es noch einmal, und Gott tanzte noch einen Tanz. Und so geschah es jeden Tag bis heute – an dem Tag, an dem Sie geboren wurden und an dem Morgen des Tages, an dem Sie diese Worte lesen.

So verhält es sich mit Gott, nicht aber mit uns. »Denn wir haben gesündigt und sind alt geworden, und unser Vater ist jünger als wir.«

Wir werden Gott nicht verstehen, bis wir verstehen, dass Gott das glücklichste Wesen im ganzen Universum ist. Gott kennt auch Schmerz. Jesus wird unter anderem auch als »Mann voller Schmerzen, mit Krankheit vertraut« (Jesaja 53,3) bezeichnet. Aber der Schmerz Gottes ist, genauso wie der Zorn Gottes, eine vorübergehende Reaktion auf eine gefallene Welt. Dieser Schmerz wird für immer aus seinem Herzen verbannt sein, wenn die Welt in Ordnung gebracht ist. Freude entspricht Gottes Grundeinstellung. Freude ist seine ewige Bestimmung. Gott ist das freudigste Wesen im Universum.

Gottes Absicht war, dass seine Schöpfung seine Freude widerspiegeln sollte. Der Psalmist spricht von der Sonne, die hervorkommt »wie der Bräutigam aus dem Brautgemach, wie ein Sieger betritt sie ihre Bahn« (Psalm 19,6). Das ist nicht einfach eine etwas blumige Sprache, sondern es ist die wunderbare Schöpfung, die Gottes unermüdliche Freude über ihre bloße Existenz ausdrückt, die Freude zu existieren und zu wissen, dass die eigene Existenz gut ist. Als Geschöpfe Gottes, die nach seinem Bild geschaffen sind, sollen wir Gottes glühende Freude am Leben widerspiegeln.

Deshalb spricht die Bibel nicht nur davon, dass wir Freude ganz allgemein brauchen, sondern sie spricht von der besonderen Art von Freude, die das Wesen Gottes charakterisiert.

Nachdem Jesus seine Jünger über Gehorsam gelehrt hatte, erklärte er ihnen, dass sie mit Freude erfüllt werden sollten, aber nicht mit irgendeiner Freude: »Ich habe euch dies gesagt, damit meine Freude euch erfüllt und an eurer Freude nichts mehr fehlt« (Johannes 15,11).

Das Problem mit uns Menschen, sagt Jesus, ist nicht, dass wir für Gottes Geschmack zu glücklich sind, sondern dass wir nicht glücklich genug sind.

Lewis Smedes formuliert es so (in: »How Can I Be All Right When Everything Is All Wrong?«, San Francisco 1992): »An der Freude vorbeizuleben, heißt, am Grund für Ihre Existenz vorbeizuleben.«

C. S. Lewis sagte (in: »Letters to Malcolm«, New York 1964): »Freude ist im Himmel eine ernst zu nehmende Angelegenheit.«

Der Apostel Paulus schrieb: »Freut euch immerzu, weil ihr mit dem Herrn verbunden seid, und noch einmal sage ich: Freut euch« (Philipper 4,4)!

In der Bibel ist Freude keine Möglichkeit, sondern ein Befehl. Freudlosigkeit ist eine ernst zu nehmende Sünde, zu der vor allem religiöse Menschen neigen. Eine Sünde, die von der Kirche wohl am ehesten toleriert wird. Sie ist selten das Objekt von Gemeindezucht. Fernseh-Evangelisten werden nicht abgesetzt, weil sie zu viel davon an den Tag legen.

Aber wie viel Schaden fügen freudlose Christen der Sache Christi zu! James Joyce beschreibt in »A Portrait of the Artist as a Young Man« die Entscheidung seines Helden, kein Priester zu werden. Stephen Dedalus hat eine Vision, wie sein Gesicht aussehen würde, wenn es so werden würde wie die Gesichter der religiösen Menschen, die er kennt: »Eine freudlose Maske, die einen gesunkenen Tag widerspiegelt ... verbittert und unterwürfig, gemischt mit einem Anflug von unterdrücktem Ärger.« Wie oft haben Menschen Gott missverstanden, weil sie ihm den mürrischen, verurteilenden, defensiven und müden Geist der Menschen zugeschrieben haben, die sich als seine Nachfolger bezeichnen?

Es gibt ein Wesen in diesem Universum, das gerne sehen würde, wenn Sie ein freudloses Dasein führen, aber dieses Wesen ist nicht Gott.

Franz von Sales schrieb (in: »Introduction in a Devout and Holy Life«, New York 1989): »Der Teufel erfreut sich an Traurigkeit und Melancholie, weil er selbst melancholisch und traurig ist und für alle Ewigkeit bleiben wird. Deswegen wünscht er sich nichts mehr, als dass jeder so wird wie er.«

Freude und Dankbarkeit

Wir sind dazu eingeladen, uns jeden Augenblick unseres Lebens zu freuen, weil jeder Moment des Lebens ein Geschenk ist. Ab und zu lüftet sich der Schleier und wir können es sehen.

Meine enge Freundschaft zu Chuck begann, als wir beide fünfzehn waren. Wir gingen zusammen zur Schule und zur Universität, wir verliebten uns beide gleichzeitig (und bekamen beide einen Korb). Wir gingen als Vertraute, gegenseitige Berater und Kumpel durch alle wichtigen Lebensereignisse.

Vor ein paar Jahren rief Chuck mich an, um mir zu sagen, dass er Krebs hatte. Die erste Prognose war sehr gut, auch wenn er sich einer komplizierten Behandlung unterziehen musste. Wie es seiner Art entsprach, rasierte Chuck sich den Kopf vor der Chemotherapie, klebte goldene Glitter auf seine Glatze, lief in Unterwäsche durchs Haus und nannte sich »Chemo-Man«.

Chuck und ich lebten zu dieser Zeit über 2000 Kilometer voneinander entfernt, aber während er sich seiner Behandlung unterziehen musste, telefonierten wir jeden Samstagvormittag miteinander. Die Chemotherapie zerstörte seinen Appetit; er konnte keine feste Nahrung bei sich behalten; er wurde so dünn, dass ihn sogar seine Kinder kaum noch erkannten. Schließlich bekam er noch eine Infektion und sein Zustand verschlechterte sich innerhalb kürzester Zeit, weil sein Immunsystem durch die Chemotherapie so geschwächt war. Aber Chuck kämpfte sich durch und beendete schließlich die Behandlung. Chemo-Man hatte sich durchgesetzt.

Einen Monat später hatte Chuck seine erste Kontrolluntersuchung nach der Behandlung. Er rief mich an diesem Abend an: Der Krebs war zurückgekommen, hatte ihm der Arzt erklärt, schlimmer als vor der Behandlung. Da Chuck selbst Arzt war, wusste er, was dies bedeutete. Er wusste, dass er bald sterben würde, wenn der Krebs so schnell und so stark zurückgekommen war. Es war ein Todesurteil.

Ich war wie betäubt. Als ich an diesem Abend zu Bett ging, konnte ich nicht einmal beten. »Da muss irgendwo etwas falsch gelaufen sein«, protestierte ich. »Sie werden herausfinden, dass alles in Ordnung ist.« Ich war erstaunt, wie schnell die Verdrängungsmechanismen einsetzen.

Am nächsten Morgen rief Chuck mich um 6:30 Uhr an. »Du wirst es nicht glauben«, sagte er. Irgend jemand im Labor hatte seine Testergebnisse mit denen eines anderen Patienten verwechselt, der sich noch keiner Behandlung unterzogen hatte. Es stellte sich heraus, dass Chucks Krebs verschwunden war – und bis heute, viele Jahre später, nicht zurückgekommen ist.

»Ich werde leben«, sagte mein Freund. »Ich werde meine Kinder aufwachsen sehen. Ich werde mit meiner Frau alt werden. Ich werde leben!«

Ein paar Momente lang weinten wir beide am Telefon. Chuck erzählte mir, dass er in sich eine Dankbarkeit spürte, die er nie zuvor gekannt hatte. Er konnte nicht mehr aufhören, seine Kinder und seine Frau zu umarmen. Dinge, die ihm früher Sorgen gemacht hatten, verloren nun an Bedeutung. Er würde leben – und auf einmal konnte er nicht nur intellektuell verstehen, sondern ganz praktisch erfahren, dass das Leben ein Geschenk ist. Wir verdienen es nicht, können es nicht kontrollieren, können keinen Augenblick als selbstverständlich hinnehmen. Jede Sekunde ist ein Geschenk Gottes. Jeder Tag ist ein Freudentag.

Freude und geistliches Leben

Wir haben die Bedeutung und Notwendigkeit von Freude bei weitem unterschätzt. Nehemia sagt zu seinem trauernden Volk: »Seid nicht traurig und weint nicht! Heute ist ein Festtag zur

Ehre des Herrn, eures Gottes ... Geht nun, esst und trinkt! Nehmt das Beste, was ihr habt, und gebt auch denen etwas, die nichts haben. Der heutige Tag gehört unserem Gott! Und macht euch keine Sorgen, denn die Freude am Herrn wird euch wieder Mut geben« (Nehemia 8,9-10).

Freude ist Kraft. Ohne Freude werden wir schwach. Oder wie Dallas Willard es formuliert (in: »The Spirit of the Disciplines«, San Francisco 1988): »Es nicht zu schaffen, ein zutiefst befriedigendes Leben zu erreichen, führt dazu, dass Sünde auf einmal gut zu sein scheint. Hier liegt die Stärke der Versuchung ... Normalerweise können wir Versuchungen erfolgreicher widerstehen, wenn wir glücklich sind. Wenn wir dagegen Freude und Vergnügen an unserem körperlichen und sozialen Leben als ›ungeistlich‹ streichen, kann dies zur Folge haben, dass unsere Bemühungen geschwächt werden, das zu tun, was richtig ist.«

Das ist das eigentliche Ziel für unser geistliches Leben: Wir müssen unser Leben so organisieren, dass Sünde für uns nicht mehr verlockend aussieht. Wenn Mutter Theresa im Straßenverkehr unterwegs gewesen wäre, hätte man sicher nicht den Eindruck gehabt, dass sie sich schwer beherrschen muss, um den anderen Verkehrsteilnehmern keine Schimpfwörter an den Kopf zu werfen. Warum? Es erschien ihr nicht reizvoll. Sie hatte einen besseren Weg gefunden. Die Freude an Gott gab ihr Stärke.

Ich denke, dass es für uns an der Zeit ist – so seltsam es auch klingen mag – Freude ernst zu nehmen.

Sie können ein fröhlicher Mensch werden. Mit Gottes Hilfe wird es möglich. Die Autoren der Bibel würden es nicht propagieren, wenn es nicht möglich wäre. Aber Freude ist eine Fähigkeit, die man *lernen* muss. Sie selbst müssen die Verantwortung für Ihre Freude übernehmen. Nicht Ihr Freund, nicht Ihre Eltern, nicht Ihr Ehepartner, nicht Ihre Kinder, nicht Ihr Chef – Ihre Freude liegt in Ihrer eigenen Verantwortung. Vielleicht fällt Ihnen das schwer. Vielleicht sind Sie in dieser Beziehung geschädigt. Sie werden darum kämpfen müssen. Aber es ist möglich.

Strategisch feiern

Wer lernen will, sich zu freuen, muss sich vor allem in der Kunst des Feierns üben. Das ist der Hauptgrund, warum im Alten Testament so viel Betonung auf den Festtagen liegt. Zeiten, in denen gefeiert wurde, waren Zeiten, in denen man Veränderung erlebte – ebenso wie in Zeiten, in denen man fastete oder über Gottes Wort nachdachte. Zum Feiern gehören normalerweise Aktivitäten, die Spaß machen: Wir treffen uns mit Menschen, die wir mögen, wir essen und trinken Gutes, singen, hören Musik und tanzen. Geistlich zu feiern bedeutet, all diese Dinge zu tun – und dabei über den wundervollen Gott nachzudenken, der uns solche unfassbaren Gaben schenkt.

In den Worten Nehemias drückt sich diese feiernde Haltung aus. Der Begriff »geistliche Übungen« lässt uns dummerweise sofort an Abstinenz von angenehmen Dingen denken, aber Nehemia befahl den Leuten, sich Zeit zum Feiern und Genießen der guten Gaben Gottes zu nehmen und sie als Übung zur persönlichen Veränderung anzusehen. »Das Beste zu essen« kann genauso eine geistliche Übung sein wie Fasten. Wir erwarten von einem Propheten, dass er von uns verlangt, Heuschrecken und Rosenkohl zu essen, oder auch überhaupt nichts, aber Nehemia verlangt hier genau das Gegenteil.

Echtes Feiern ist das Gegenteil von Hedonismus.
Hedonismus ist das Streben nach größtmöglichem
persönlichen Genuss. Doch was uns gestern Freude
gemacht hat, erfreut uns heute schon nicht mehr so sehr.
Unsere Fähigkeit zur Freude nimmt stetig ab.
Mit echtem Feiern verhält es sich anders. Wenn wir das
Leben wahrhaft feiern, dann üben wir uns darin, uns an
den kleinsten Geschenken von Gott zu freuen.
Wir können uns heute an etwas freuen, was wir gestern
nicht einmal wahrgenommen haben. Unsere Fähigkeit
zur Freude nimmt zu.

Aber wie lernt man, sich zu freuen?

Der erste Schritt, um Freude zu lernen, ist ganz einfach: Fangen Sie jetzt gleich damit an! Der Psalmist sagt: »Dies ist der Tag, den der Herr gemacht hat; wir wollen jubeln und uns an ihm freuen« (Psalm 118,24). Er sagt nicht: »Gestern war Gottes Tag – da war ich noch glücklich.« Und er sagt auch nicht: »Morgen wird der große Tag sein – bis dahin werde ich es noch aushalten.« *Dieser heutige Tag,* mit all seinen Unzulänglichkeiten, ist der große Freudentag.

Wir leben alle in der Illusion, dass die Freude eines Tages kommen wird, wenn sich bestimmte Dinge ändern. Wir gehen zur Schule und denken, dass wir glücklich sein werden, wenn wir unser Abitur in der Tasche haben. Wir sind Singles und sind überzeugt, dass wir glücklich sein werden, wenn wir verheiratet sind. Wir heiraten und beschließen, dass wir glücklich sein werden, wenn wir eines Tages Kinder haben. Wir haben Kinder und denken, dass wir glücklich sein werden, wenn sie groß sind und das Nest verlassen – und wenn es soweit ist, denken wir, dass wir glücklicher wären, wenn sie zu Hause geblieben wären.

»Heute ist Gottes Tag«, sagt der Psalmist. Heute ist ein Tag, den Gott gemacht hat, ein Tag, der durch Jesu Tod erlöst ist. Wenn wir Freude erleben wollen, dann muss es heute sein.

Aber das wirft eine Frage auf: Wie kann ich Freude mitten in dem ganzen Schmerz und Leid in dieser Welt erleben? Ist es denn richtig, sich in einer Welt voller Hunger, Gewalt und Ungerechtigkeit zu freuen?

Genau an diesem Punkt machen wir eine erstaunliche Entdeckung: Gerade Menschen, die sehr stark in Kontakt mit Schmerz und Leid kommen, empfinden die tiefste Freude. Freunde von Mutter Teresa sagten, dass sie sich nicht vom Leid um sie herum überwältigen ließ, sondern regelrecht vor Freude glühte, wenn sie ihren barmherzigen Dienst an den Ärmsten der Armen tat. Ein englischer Offizier, der mit Dietrich Bonhoeffer inhaftiert war, sagte über ihn: »Bonhoeffer schien immer eine Atmosphäre der Zufriedenheit zu verbreiten. Er freute sich über die kleinsten Kleinigkeiten und war zutiefst dankbar allein darüber, dass er lebte.«

Echte Freude empfinden nur Menschen, die in ihrem Leben nach etwas Größerem streben als nach persönlichem Glück. Am deutlichsten wird dies im Leben von außergewöhnlichen Menschen wie Heiligen und Märtyrern. Aber es gilt genauso für gewöhnliche Menschen wie Sie und mich.

Ein Test für echte Freude ist ihre Kompatibilität zu Schmerz. In dieser Welt ist Freude immer Freude »trotz« etwas. Freude ist ein herausforderndes »Dennoch«, das Bitterkeit und Ärger entgegengesetzt wird.

Wenn wir uns heute nicht freuen, werden wir uns überhaupt nicht freuen. Wenn wir darauf warten, dass alle äußeren Umstände perfekt sind, werden wir immer noch warten, wenn wir sterben. Wenn wir uns freuen wollen, dann muss es heute sein. Denn dieser Tag ist der Tag, den Gott gemacht hat. Dieser Tag ist ein Freudentag.

Finden Sie einen »Freude-Mentor«

Jeder von uns kennt ein paar Menschen, die Freude um sich verbreiten. Wenn wir mit ihnen zusammen sind, werden wir lebendig. Bringen Sie diesen Menschen Ihre Wertschätzung entgegen. Danken Sie ihnen. Und bemühen Sie sich vor allem darum, mit ihnen zusammen zu sein. Das ist wichtig, weil es in unserem Leben auch andere Menschen gibt – Menschen, die Freude abstoßen, Menschen, die sich dafür entschieden haben, Opfer zu sein. Sie gleichen den schwarzen Löchern im Weltall: Wenn wir es ihnen erlauben, saugen sie alle Freude aus uns heraus.

Ein Farmer hatte einen Nachbarn, der sich permanent beklagte, sozusagen ein nasses Handtuch im Wäscheschrank des Lebens. Der Farmer beschloss, diesen Mann wenigstens einmal zu beeindrucken. Er kaufte sich den besten Jagdhund der Welt, trainierte hart mit ihm und lud seinen freudlosen Nachbarn schließlich ein, mit ihm auf die Jagd zu gehen. Er zeigte dem Nachbarn, dass dieser Hund eine Stunde lang völlig unbeweglich stehen und ein Tier einen Kilometer weit wittern konnte. Keine Reaktion. Der Farmer schoss aus dem Unterholz heraus eine Ente, die mitten in einem Teich landete. Auf Kommando rannte der Hund los, lief über die Wasseroberfläche, apportierte die Ente und legte sie seinem Herrn vor die Füße. »Was sagst du jetzt?«, fragte der Farmer seinen Nachbarn. Worauf dieser antwortete: »Dein Hund kann wohl nicht schwimmen, was?«

Jeder von uns kennt solche Menschen. Jeder von uns muss ein paar Menschen ertragen, die alle Freude zerstören können. Wir sollten diese Menschen lieben, so gut es uns möglich ist, aber wir dürfen nicht zulassen, dass sie uns herunterziehen. Vielleicht müssen wir die Zeit beschränken, die wir mit ihnen verbringen. Aber ganz sicher müssen wir sie davon abhalten, uns zu beeinflussen.

Die vielleicht erstaunlichste Aussage der Bibel befindet sich in den Sprüchen: »Ein freundlicher Blick erfreut das Herz« (Sprüche 15,30). Wir sollten die Menschen ausfindig machen, die diese Rolle in unserem Leben spielen, vor allem, wenn wir uns in diesem Bereich leicht anfechten lassen. Verabreden Sie sich gleich diese Woche mit so einem Menschen. Wir sollten regelmäßig viel Zeit mit Menschen verbringen, die Leben und Freude um sich verbreiten.

Wir könnten diesen Schritt noch ausdehnen und jemanden bitten, unser Mentor zu werden. Suchen Sie sich einen Menschen, der Freude ausstrahlt, und erklären Sie ihm, dass Sie aus Ihrem freudlosen Zustand ausbrechen wollen. Beten Sie gemeinsam dafür, dass der Heilige Geist diese Frucht in Ihrem Leben wachsen lässt.

Planen Sie einen »Feier-Tag« pro Woche ein

Wenn es uns nicht leicht fällt, uns zu freuen, dann sollten wir einen Tag pro Woche zu unserem persönlichen Freudentag erklären und ihn mit angenehmen Dingen füllen. Dazu gehören auch Dinge, die uns vielleicht trivial erscheinen: Bonhoeffer schrieb, dass für ihn die Mahlzeiten im Gefängnis eine Gelegenheit waren, Freude einzuüben: »Gott kann diese unfeierliche, freudlose Haltung, mit der wir unser Brot in anmaßender, geschäftiger Eile oder sogar mit Scham essen, nicht ausstehen.

Durch unsere täglichen Mahlzeiten fordert er uns dazu auf, uns zu freuen, und mitten in unserem Arbeitstag einen Feiertag einzulegen.«

Nehmen Sie sich regelmäßig vor, an einem bestimmten Tag zu feiern, damit die Freude schließlich Ihr ganzes Leben durchdringt. Essen Sie an einem Tag in der Woche das, was Ihnen am allerbesten schmeckt, hören Sie Musik, die Ihre Seele berührt, treiben Sie einen Sport, der Sie herausfordert, lesen Sie Bücher, die Ihren Geist erfrischen, tragen Sie Kleidung, in der Sie sich gut fühlen, umgeben Sie sich mit schönen Dingen – und danken Sie dabei Gott für seine große Güte. Denken Sie darüber nach, wie liebevoll dieser Gott sein muss, der Ihnen solche Dinge schenkt. Nehmen Sie sich die Zeit, um Freude zu erleben und auszukosten; lenken Sie Ihren Blick dann auf Gott, damit Sie erkennen lernen, dass er wirklich der Geber aller guten und vollkommenen Gaben ist (Jakobus 1,17). Nichts ist zu klein, wenn es echte Freude in uns wecken kann und uns dazu bringt, uns voller Dankbarkeit und Freude Gott zuzuwenden.

Ich glaube, dass wir im Allgemeinen die Bedeutung von Freude für unser geistliches Wachstum unterschätzen. In seiner fiktiven »Dienstanweisung an einen Unterteufel« lässt C. S. Lewis einen in der Rangordnung höher stehenden Teufel seinem Neffen Ratschläge geben, wie man Menschen am besten in Versuchung führt. Onkel Screwtape schreibt: »Vergiss nie, dass wir uns gewissermaßen auf Feindesland befinden, wenn wir es mit irgendeiner Freude in ihrer gesunden, normalen und befriedigenden Form zu tun haben. Ich weiß, dass wir mit Freuden und Vergnügungen eine Menge Seelen gewonnen haben. Aber letztlich ist es Seine Erfindung, nicht unsere. Er hat alle Freude geschaffen; allen unseren Bemühungen ist es bis jetzt noch nicht gelungen, auch nur eine einzige zu produzieren. Wir können die Menschen nur dazu ermutigen, die Freuden auszuleben, die unser Feind geschaffen hat, aber zu Zeiten oder in Formen oder Ausmaßen, die Er verboten hat ... Die Formel lautet: Wecke in ihnen ein immer größer werdendes Verlangen für eine immer kleiner werdende Freude ... Nimm die Seele des Menschen und gib ihm nichts als Gegenleistung – das ist es, was das Herz unseres Vaters wirklich erfreut.«

Ziehen Sie für eine Woche den Stecker

Die Bibel berichtet von vielen Menschen, die eine Zeit lang fasteten, darunter auch Jesus. Ich vermute, dass Jesus auch heute über Fasten sprechen würde, aber über Fasten in einer anderen Form. Statt über einen leeren Kühlschrank würde er heute darüber reden, den Stecker unseres Fernsehers zu ziehen.

Die Statistiken sind allgemein bekannt: In den Vereinigten Staaten beträgt der durchschnittliche Fernsehkonsum sechs Stunden pro Tag. Vor über zehn Jahren bot eine Zeitung 120 Familien je 500 Dollar an, wenn sie einen Monat darauf verzichteten, fernzusehen. 93 Familien schlugen das Angebot aus. Die anderen 27 Familien berichteten, dass sich ihr soziales Leben während dieses Monats ohne Fernseher grundlegend verbessert hatte; doch nach dieser Zeit kehrten sie sofort wieder zu ihren alten Fernsehgewohnheiten zurück.

Die Ironie dabei ist, dass die meisten Menschen fernsehen, weil sie müde sind und Erholung für Körper und Seele suchen. Aber haben Sie schon mal gehört, wie jemand erzählt: »Ich habe von der Tagesschau bis zum Nachtjournal ferngesehen und ich fühle mich völlig erfrischt, wie neu geboren und voller Leben! Was für ein toller, bemerkenswerter Abend! Ich bin so dankbar für das Geschenk des Fernsehens!«?

Das Schlimmste am Fernsehen sind nicht die Inhalte,
die es uns vorsetzt, sondern das, wovon es uns abhält.
Fernsehen verhindert Vertrautheit und Gespräche, es
unterbricht zusammenhängende Gedanken.
Eine Therapeutin bat Familien über einen Zeitraum von
zwei Wochen die Sätze aufzuschreiben, die sie zu Hause
am häufigsten hörten. Die Spitzenreiter verblüfften sogar
die Familien selbst: »Was läuft gerade?« und »Geh aus
dem Bild.«

Probieren Sie also etwas Radikales aus: Üben Sie sich eine Woche lang in der geistlichen Übung, den Stecker zu ziehen. Verpflichten Sie sich dazu, eine Woche komplett und von morgens bis abends auf den Fernseher zu verzichten: Keine

Tagesschau, keine Talkshows, keine Spielfilme, keine Krankenhausserien, keine Seifenopern.

Ziehen Sie den Stecker aus der Steckdose und lassen Sie ihn eine Woche lang ausgesteckt. Bitten Sie Gott um seine Hilfe während dieser »Jubiläumswoche«. Nutzen Sie die auf diese Weise frei gewordene Zeit für Dinge, die Sie sich schon lange vorgenommen haben. Schlafen Sie mehr. Lesen Sie ein Buch. Führen Sie wirklich gute Gespräche.

Wir leben im Zeitalter der Melancholie. Depression hat Angst als »Normalzustand des Gefühlslebens« ersetzt. Selbstmorde werden vor allem unter jungen Menschen immer häufiger.

Noch ernüchternder aber ist die Tatsache, dass diese Entwicklung nicht vor den Türen unserer Kirchen Halt macht. Und hier liegt die große Herausforderung: Können Menschen sich grundlegend verändern, während sie weiterhin in dieser Kultur leben? Können wir wirklich in dieser Welt leben, ohne von dieser Welt zu sein? Das vermehrte Auftreten von Krankheitsbildern wie Depression lässt uns vermuten, dass es weit härter ist, als wir bisher angenommen haben.

Konzentrieren Sie sich darauf, das Leben aus biblischer Sicht zu betrachten

Freude entspringt zu einem großen Teil einer bestimmten inneren Grundhaltung. Die Psychologie erinnert uns daran, dass zwischen dem, was uns passiert, und unserer Reaktion darauf unsere *Wahrnehmung* dieser Ereignisse liegt. Dieser Aspekt hilft uns, die unerschütterliche Freude im Neuen Testament zu verstehen. Die Autoren des Neues Testament übten sich weniger in einer Frühform des Positiven Denkens als im sogenannten »eschatologischen Denken«. Das heißt, sie sahen alle Ereignisse im Licht der Auferstehung und des endgültigen Triumphes des auferstandenen Christus.

Es braucht schon eine gehörige Portion Heldenmut, das zu feiern, was gefeiert werden soll, wenn alle Einzelheiten drumherum in der Katastrophe enden. Robert Fulghum erzählt eine meiner Lieblingsgeschichten, die diesen Punkt sehr schön verdeutlicht: Er beschreibt eine sehr aufwendige Hochzeit, organisiert von der leicht verrückten Mutter der Braut: »Die Logistik – von einer 18-köpfigen Band über Geschenkelisten bis hin zu 24 Brautjungfern, Blumenstreuern und Ringträgern – hatte eine Größenordnung, die man in diesem Umfang sonst nur bei einer militärischen Invasion eines größeren Landes sehen konnte. Aber die Pläne funktionierten alle – bis zum Höhepunkt, dem Einzug der Braut:

Ah, die Braut. Sie war stunden-, wenn nicht tagelang, eingekleidet worden. In ihrem Körper war kein Fünkchen Adrenalin mehr übrig. Während der Zug der Brautjungfern kein Ende zu nehmen schien, war sie an den Tischen im Vorraum der Kirche entlang gegangen, die mit Delikatessen beladen waren. Geistesabwesend aß sie erst kleine rosa und gelbe und grüne Minzdragees. Dann pickte sie in den silbernen Schüsseln mit den gemischten Nüssen die Pecannüsse heraus. Danach aß sie einen Windbeutel, oder auch zwei, ein paar schwarze Oliven, eine Handvoll gebrannte Mandeln, ein Würstchen, das auf einem verzierten Zahnstocher steckte, ein paar Shrimps, in Schinken eingerollt, und einen Cracker mit Leberpastete. Und um das alles herunterzuspülen ein Glas Champagner. Ihr Vater gab es ihr, um ihre Nerven zu beruhigen.

Was man bemerkte, als die Braut in der Kirchentür erschien, war nicht ihr Kleid, sondern ihr Gesicht. Weiß mit Grünstich. Was da den Mittelgang herunterkam, war eine lebende Granate, kurz vor der Explosion.

Die Braut übergab sich.

Genau als sie an ihrer Mutter vorbeiging.

Und mit ›übergeben‹ meine ich nicht ein kleines damenhaftes Aufstoßen in ihr Taschentuch. Sie kotzte. Es gibt kein schöneres Wort dafür. Ich meine, sie erbrach sich direkt vor der Kanzel – traf dabei zwei Brautjungfern, den Bräutigam, einen Ringträger und mich ... Nur zwei Menschen unterdrückten ein Lächeln. Die Mutter des Bräutigams. Und der Vater der Braut.«

Fulghum beschreibt, wie sich daraufhin alle zu einer wesentlich ruhigeren Zeremonie im Vorraum der Kirche zusammenfanden. Und wie »alle weinten, wie man das von den Leuten an

Hochzeiten erwartet, vor allem deshalb, weil der Bräutigam die Braut während der ganzen Zeremonie in seinen Armen hielt. Und kein Bräutigam küsste seine Braut zärtlicher als er.«

Aber der beste Teil der Geschichte spielt zehn Jahre später, als alle noch einmal eingeladen werden, um diese Katastrophe zu feiern. Sie schauten sich das Ganze auf Video an. Und zu dieser Party hatte die Mutter der Braut persönlich eingeladen.

Wie konnten sich diese Leute freuen, wo doch alles schiefgelaufen war? Weil trotz des ganzen Durcheinanders die Braut den Bräutigam bekommen hatte. Und am Ende dieses Tages war das das Einzige, was wirklich zählte. Die Braut und der Bräutigam waren vereint worden. Es war ein Freudentag.

Wie kann man zu einem fröhlichen Menschen in einer von Schmerz und Leid erfüllten Welt werden? Werfen Sie einen Blick auf das Ende der Bibel (Offenbarung 19,7):

>*Wir wollen uns freuen und jubeln*
und ihm die Ehre erweisen!
Der Hochzeitstag des Lammes ist gekommen;
seine Braut hat sich bereit gemacht.«

Der Bräutigam des Himmels bekommt die Braut!

Die Freude, die auf die Kinder Gottes wartet, ist so groß, dass ihr nur das Bild eines Liebhabers und seiner Geliebten gerecht wird. Dann werden wir die Hochzeit sehen, die auch die prunkvollste Hochzeit auf dieser Erde vollkommen in den Schatten stellt.

Dann wird Gott mit seinen Kindern tanzen. Dann wird ungebrochene und uneingeschränkte Freude herrschen. Dann werden sich die Worte des Propheten erfüllen, der versuchte, das Unbeschreibliche zu beschreiben (Jesaja 55,12):

>*Unter Jubel werdet ihr den Weg in die Freiheit antreten,*
mit sicherem Geleit werdet ihr heimkehren.
Berge und Hügel werden in ein Freudengeschrei ausbrechen,
wenn sie euch sehen,
und die Bäume der Steppe werden in die Hände klatschen.«

Auch der Apostel Johannes versuchte es zu beschreiben (Offenbarung 21,3-4):

>>*Jetzt wohnt Gott bei den Menschen!*
Er wird bei ihnen bleiben, und sie werden sein Volk sein.
Gott selbst wird als ihr Gott bei ihnen sein.
Er wird alle ihre Tränen abwischen.
Es wird keinen Tod mehr geben und keine Traurigkeit,
keine Klage und keine Quälerei mehr.<<

Dann wird der große Freudentag kommen, der niemals aufhören wird.

5

Ein gelassenes Leben:
Das Tempo reduzieren

Heutzutage nehmen die Leute die Zeit ernster
als die Ewigkeit. (Thomas Kelly)

Kurz nach meinem Umzug nach Chicago bat ich einen weisen
Freund um geistliche Richtungsweisung. Ich beschrieb das viel
zu hohe Tempo, in dem sich die Dinge in meiner gegenwärtigen
Situation bewegten. Ich erklärte ihm den hektischen Rhythmus
unseres Familienlebens und meine momentane innere Verfassung. Was, so fragte ich ihn, musste ich tun, um geistlich gesund
zu sein?

Lange Pause.

»Du musst konsequent alle Hektik aus deinem Leben verbannen«, sagte er schließlich.

Wieder eine lange Pause.

»Okay, ich habe mir diesen Punkt notiert«, erklärte ich ihm,
schon etwas ungeduldig. »Das ist schon ganz gut. Was noch?«
Ich hatte noch eine Menge Dinge zu erledigen, außerdem war es
ein Ferngespräch. Ich wollte also so viel geistliche Weisheit wie
möglich in so wenig Zeit wie nötig aus ihm herausquetschen.

Noch eine lange Pause.

»Es gibt nichts anderes«, sagte er.

Er ist der weiseste geistliche Mentor, den ich je hatte. Auch
wenn er nicht jedes kleinste Detail über jedes Körnchen Sünde
in meinem Leben kennt, so weiß er doch eine ganze Menge. Und
aus einem riesigen Köcher an geistlicher Weisheit zog er nur
einen einzigen Pfeil. »Es gibt nichts anderes. Du musst konsequent jegliche Hektik aus deinem Leben verbannen.«

Stellen Sie sich vor, dass Ihnen jemand dieses Rezept gibt, verbunden mit der Warnung, dass Ihr Leben davon abhängt. Denken Sie über die Möglichkeit nach, dass Ihr Leben unter Umständen vielleicht wirklich davon abhängt. Hektik ist heutzutage der größte Feind für geistliches Leben. Hektik kann unsere Seelen zerstören. Hektik kann uns davon abhalten, richtig zu leben. Wie Carl Jung es formulierte (zitiert in Richard Foster: »Celebration of Discipline«, San Francisco 1978): »Hektik kommt nicht vom Teufel; Hektik ist der Teufel selbst.«

Wieder und immer wieder müssen wir gegen die Hektik ankämpfen, wenn wir nach geistlichem Leben streben. Für viele von uns besteht die große Gefahr nicht darin, dass wir unseren Glauben aufgeben, sondern dass wir so abgelenkt, in Eile und beschäftigt sind, dass wir uns mit dem Mittelmaß zufrieden geben. Wir streifen unser Leben nur am Rande, statt es wirklich zu leben.

Die Krankheit: Hektik

Wir leiden an unserer Hektik. Eine der großen Illusionen unserer Zeit ist, dass wir Zeit gewinnen, wenn wir uns mehr beeilen. Ich las neulich an einer Tankstelle den Werbeslogan: »Wir helfen Ihnen, schneller zu sein.« Aber was ist, wenn mein primäres Bedürfnis gar nicht darin besteht, schneller zu sein?

In den sechziger Jahren holte ein Unterausschuss des Senats ein Expertengutachten zum Thema Zeitmanagement ein. Das Ergebnis war, dass die Menschen wegen des radikalen technischen Fortschrittes in den letzten zwanzig Jahren ihre Wochenarbeitszeit oder die Monatsarbeitszeit verkürzen werden müssen, da sie andernfalls früher in Rente gehen müssten. Die große Herausforderung, so die Experten, bestünde darin, was die Leute mit ihrer ganzen Freizeit anfangen würden. Doch heute, dreißig Jahre später, würde wohl kaum einer von uns sagen, dass unsere größte Herausforderung im Hinblick auf unsere Zeit darin besteht, etwas mit unserem Überfluss an Zeit anzufangen.

Wir kaufen alles, was uns verspricht, Zeit zu sparen. Das

meist verkaufte Shampoo in den Vereinigten Staaten kombiniert Haarwaschmittel und Spülung in einem und spart die Zeit, die die Spülung vorher extra in Anspruch genommen hat. »Domino's« wurde zum führenden Pizzaservice, weil die Firma versprach, in dreißig Minuten oder weniger zu liefern. (»Wir verkaufen keine Pizza, wir verkaufen die Lieferung«, erklärte der Firmenchef.) Eine Zeitung berichtete, dass sich ein Krankenhaus in Detroit nach dem Pizzaservice richtete und den Patienten in der Notaufnahme garantierte, nach spätestens zwanzig Minuten behandelt zu werden. Andernfalls sollte die Behandlung kostenlos sein. Seit dieses Angebot eingeführt wurde, hatten die Aufnahmen in diesem Krankenhaus um 30 Prozent zugenommen.

Wir sind den Schnellrestaurants treu ergeben. Nicht etwa, weil sie gutes Essen verkaufen, nicht einmal, weil sie günstiges Essen verkaufen, sondern weil sie »Fast Food«, also »schnelles Essen« verkaufen. Aber auch nach der Erfindung von Fast Food mussten die Leute immer noch ihr Auto parken, in das Schnellrestaurant gehen, ihr Essen bestellen und es mit an einen Tisch nehmen. All das kostete Zeit. Und so erfand man den »Drive-In«, um es Familien zu ermöglichen, im Auto zu essen, ganz wie es die Natur gewollt hat.

Unsere Welt hat sich zum Reich der Roten Königin in »Alice im Wunderland« entwickelt: »Hier siehst du, dass du so schnell laufen musst, wie du kannst, nur um am selben Ort zu bleiben. Wenn du irgendwo anders hingehen willst, musst du mindestens doppelt so schnell laufen!«

Paradoxerweise haben uns all unsere Bemühungen nicht das gebracht, was wir uns ersehnt hatten: Das Gefühl, genügend Zeit zu haben. Wir erleben meist eher das Gegenteil. Wir in der westlichen Welt sind reich an materiellen Gütern, aber extrem arm an Zeit. Die meisten Länder der Dritten Welt dagegen verfügen über wenig materielle Güter, dafür aber über Unmengen an Zeit. Die Menschen dort sind nicht getrieben oder in Eile. Sie leben mit dem Gefühl, dass genug Zeit dafür da ist, die Dinge zu erledigen, die jeden Tag erledigt werden müssen.

Meyer Friedmann (»Treating Type A Behaviour – And Your Heart«, New York, 1984) definiert Hektik als »ständigen Kampf und unaufhörlichen Versuch, mehr und mehr zu erreichen oder zu leisten oder an immer mehr Terminen in immer weniger Zeit teilzunehmen, häufig in realer oder eingebildeter Konkurrenz zu einem anderen Menschen.« Hektik lässt uns in »Alltagssorgen, in Reichtum und Vergnügungen« ersticken, wie Jesus es in Lukas 8,14 ausdrückte. Sie führt dazu, dass Jesus in unseren Herzen keinen Raum hat.

Jesus war sich dieses Problems schon zu seiner Zeit bewusst. Er zog sich wiederholt zurück und lehrte seine Jünger, es genauso zu tun. Wenn seine Jünger mit erhöhtem Adrenalinspiegel von ihrem Dienst zurückkamen, sagte Jesus zu ihnen: »Kommt, wir suchen einen ruhigen Platz, wo ihr allein sein und ein wenig ausruhen könnt« (Markus 6,31). Markus führt weiter aus: »Denn es war ein ständiges Kommen und Gehen, so dass sie nicht einmal Zeit zum Essen hatten.« Das könnte das Lebensmotto einiger Menschen heute sein. Es gibt Menschen, die halten es sogar für etwas Gutes, etwas, wofür Gott sie eines Tages loben wird: »Was für ein Leben! Du warst sogar zu beschäftigt, um zu essen. Gut gemacht!«

Aber Markus schrieb diese Sätze nicht als Aufforderung. Jesus zwang seine Jünger quasi dazu, Pausen zu machen. Jesus nachzufolgen geht nicht im Sprinttempo. Wenn wir jemandem folgen wollen, können wir nicht schneller laufen als derjenige, der führt.

Wir müssen Hektik konsequent aus unserem Leben verbannen. Das heißt nicht, dass wir nie beschäftigt sein werden. Jesus hatte eine Menge zu tun, aber er erledigte es nie auf eine Weise, die die lebensspendende Verbindung zwischen ihm und dem Vater trennen konnte. Er wollte immer Liebe weitergeben können, wenn Liebe gefordert war. Er zog sich regelmäßig aus allem zurück, um allein zu sein und zu beten. Jesus war beschäftigt, aber nie in Hektik.

Hektik hat nicht nur etwas mit einem aus den Fugen geratenen Terminkalender zu tun, sondern auch mit einem verwirrten Herzen.

Woher wissen wir, ob wir die Hektik-Krankheit haben? Im

Folgenden stelle ich Ihnen einige Symptome vor, mit deren Hilfe
Sie eine Diagnose stellen können:

Alltagspflichten werden immer schneller erledigt

Wenn wir krank vor Hektik sind, treibt uns die Angst, dass der
Tag nicht genug Stunden hat, um das erledigen zu können, was
erledigt werden muss. Also lesen wir schneller, wir reden schneller, und wenn wir zuhören, nicken wir schneller, um unseren Gesprächspartner dazu zu bringen, schneller zu reden. Wir werden
nervös, wenn wir irgendwo warten müssen. Wenn wir auf einer
zweispurigen Straße an eine Ampel kommen und auf jeder Fahr-
spur ein Auto wartet, dann schätzen wir anhand von Baujahr,
Zustand und Modell jedes Autos ab, welches schneller an der
Ampel wegkommt. Wenn wir im Supermarkt die Wahl zwischen
zwei Schlangen an der Kasse haben, zählen wir unwillkürlich,
wie viele Leute in jeder Schlange stehen und multiplizieren
diese Zahl mit der durchschnittlichen Anzahl der Waren, die im
Einkaufskorb liegen. Danach entscheiden wir, wo wir uns anstellen. Wenn wir es besonders eilig haben, dann beobachten wir
die Person, an deren Stelle wir in der anderen Schlange gewesen
wären. Wenn wir durch die Kasse durch sind und die Person an
unserem Platz noch ansteht, dann sind wir in Hochstimmung.
Wir haben gewonnen. Aber wenn unser Pendant aus dem Laden
geht, während wir noch an der Kasse stehen, fühlen wir uns niedergeschlagen. Wir sind krank vor Hektik.

»Multi-Tasking«

Trotz dieser Geschäftigkeit sind wir doch nicht zufrieden. Da
wir verzweifelt um ein schnelleres Tempo bemüht sind, denken
wir an mehrere Dinge gleichzeitig. Psychologen sprechen hier
von »polyphasischer Aktivität«, im modernen Sprachgebrauch
ist der Begriff »Multi-Tasking« verbreitet. (Man könnte auch
sagen »mehrere Dinge gleichzeitig erledigen«, aber das würde
zu viel Zeit kosten.) Das Auto ist hierfür der bevorzugte Ort.

Hektische Menschen können fahren, essen, trinken, Radio hören, sich rasieren oder Make-up auftragen, mit dem Handy telefonieren und andere Autofahrer beschimpfen – und das alles gleichzeitig. Oder sie versuchen gleichzeitig fernzusehen, zu lesen, zu Abend zu essen und sich zu unterhalten.

Überladenes Leben

Dem Leben hektischer Menschen fehlt die Schlichtheit. Solche Leute tragen oft einen überdimensionalen Terminkalender mit sich herum. Sie häufen Stapel von Büchern und Zeitschriften an und fühlen sich dann schuldig, weil sie nicht dazu kommen, sie zu lesen. Sie kaufen alle möglichen zeitsparenden Elektrogeräte, haben aber nicht die Zeit oder Geduld, die Gebrauchsanweisung zu lesen und herauszufinden, wie diese Geräte funktionieren.

Paul Pearsall (»Super Joy«, New York 1988) schreibt, dass viele dieser Menschen die Dinge, die sie angehäuft haben, nicht mehr loszuwerden scheinen. Er rät: »Vielleicht brauchen Sie einen ›Schrank-Exorzisten‹, der Erfahrung im Umgang mit den Dämonen eines überfüllten Schranks hat ... Ein guter Freund kann Sie auch vor dem Phänomen des Wieder-Vollstopfens bewahren. Dieses Phänomen tritt immer dann auf, wenn man durch das Ausmisten und Aufräumen von Schränken und Schubladen dazu angeregt wird, neue Dinge zu erwerben.«

Es gibt auch andere, weniger an materiellen Dingen orientierte Formen des Überladenseins. Das Leben ist überladen, wenn uns die Last der Dinge zu Boden drückt, bei denen wir es nicht geschafft haben, Nein zu sagen. Dann kommt dazu, dass wir wichtige Termine vergessen, dass wir Verabredungen verpassen, dass wir Dinge nicht zu Ende bringen.

Oberflächlichkeit

»Oberflächlichkeit ist der Fluch unserer Zeit«, schreibt Richard Foster. Wenn Oberflächlichkeit unser Fluch ist, dann stehen wir durch unsere Hektik unter diesem Fluch. Tiefe entwickelt sich immer langsam.

Das entspricht einfach der Art des Menschen. Ein Grund für die Tiefe der Gedanken Abraham Lincolns war vermutlich, dass er mit so wenig Lesestoff aufwuchs. Lincoln hatte nur sehr wenige Bücher: Die Bibel, Aesops Fabeln (die er auswendig lernte) und ein paar andere. »Er musste alles verstehen, auch die kleinste Kleinigkeit, ganz exakt und genau«, erinnerte sich seine Stiefmutter. »Dann wiederholte er es wieder und wieder ... und wenn er sich etwas gemerkt und verstanden hatte, vergaß er es nicht mehr.«

Lincoln selbst sprach oft davon, wie langsam sein Verstand arbeitete und wie er selbst als Erwachsener nur mühsam und laut lesen konnte. Sein Partner und Biograph William Herndon behauptete (in: »Herndon's Lincoln«, Chicago 1890), dass »Lincoln weniger las und mehr nachdachte als jeder andere Mann in seiner Position in Amerika.«

Doch heute verzichten wir auf Weisheit zugunsten von Information. Wir tauschen Tiefe gegen Vielseitigkeit ein. Wir möchten Reife im Mikrowellentempo erlangen.

Unfähigkeit, Liebe auszudrücken

Das bedrohlichste Symptom der Hektik-Krankheit ist die verringerte Fähigkeit, andere Menschen zu lieben. Liebe und Hektik sind grundsätzlich nicht miteinander vereinbar. Liebe braucht immer Zeit, und Zeit ist etwas, das eilige Menschen nie haben.

Ein Pilot erzählte mir einmal seine Lieblingsgeschichte: Ein älteres Ehepaar flog erster Klasse und saß hinter einem Geschäftsmann, der über die beiden furchtbar verärgert war. Sie standen direkt vor ihm am Flugsteig, gingen direkt vor ihm an Bord, und sie bewegten sich langsam, doch er hatte es eilig. Als das Essen serviert wurde, brachten sie dem Geschäftsmann wieder eine Verzögerung bei, weil sie Tabletten aus dem Gepäcknetz brauchten, wobei ihnen aus Versehen eine ramponierte Reisetasche herunterfiel. »Was soll das eigentlich?«, explodierte er, laut genug, dass es alle Passagiere verstehen konnten. »Wirklich erstaunlich, dass Sie jemals irgendwo ankommen. Warum bleiben Sie nicht einfach zu Hause?«

Um seinem Ärger Nachdruck zu verleihen, setzte sich der Mann und lehnte sich auf seinem Sitz so weit nach hinten wie möglich. So weit, dass sich das Tablett des älteren Mannes über ihn und seine Frau ergoss. Die Stewardess entschuldigte sich vielmals und fragte: »Können wir irgendetwas für Sie tun?« Der Ehemann erklärte, dass sie ihren fünfzigsten Hochzeitstag feierten und zum ersten Mal in ihrem Leben mit dem Flugzeug unterwegs waren. »Dann möchte ich Ihnen wenigstens eine Flasche Wein bringen«, bot die Stewardess an.

Sie brachte den Wein. Als die Flasche entkorkt war, stand der alte Ehemann auf, brachte einen Toast aus – und schüttete den Wein über den Kopf des ungeduldigen Geschäftsmannes, der vor ihm saß.

Und, so erzählte mir der Pilot, alle übrigen Passagiere applaudierten begeistert.

Eilige Menschen können nicht lieben. Sie leiden unter Erschöpfung, sobald der Tag zu Ende geht. Wenn wir nach einem Arbeitstag nach Hause kommen, bekommen die Menschen, die unsere Liebe am meisten brauchen, denen gegenüber wir am meisten verpflichtet sind, nur noch den kläglichen Rest, der noch von uns übrig ist. Wir sind einfach zu müde oder zu beschäftigt, um die Menschen zu lieben, denen wir die tiefsten Versprechen dazu gegeben haben. Nach Lewis Grant (zitiert in Dolores Curren: »Traits of a Healthy Family«, New York 1983) leiden Sie an »Sonnenuntergangs-Erschöpfung«, wenn Sie ...

... merken, dass Sie sich beeilen, auch wenn kein Grund dazu besteht;

... absurde Wettkämpfe einführen (»Okay, Kinder, jetzt wollen wir mal sehen, wer von euch am schnellsten baden kann.«), die nur Ihr eigenes Bedürfnis befriedigen, alles möglichst schnell hinter sich zu bringen;

... eine unterschwellige Spannung feststellen, die sich in scharfen Worten oder albernen Streitereien entlädt;

... merken, dass Ihnen die Fähigkeit zu staunen und dankbar zu sein völlig abhanden gekommen ist.

... selbstzerstörerische Maßnahmen ergreifen, um die Erschöpfung zu betäuben: Alkoholmissbrauch, zu hoher Fernsehkonsum, Country- und Western-Musik hören (Okay, ich gebe es zu, der letzte Punkt stammt von mir, nicht von Grant ...).

Weil Hektik unsere Fähigkeit zur Liebe abtötet, ist sie der größte Feind unseres geistlichen Lebens. Hektik ist in den meisten Fällen der Auslöser von Ärger und Frustration. Hektik hält uns davon ab, Liebe von Gott zu empfangen oder sie an andere weiterzugeben. Deswegen war Jesus nie in Eile. Wenn wir ihm nachfolgen wollen, müssen wir konsequent alle Hektik und Eile aus unsrem Leben verbannen, denn wir können nicht schneller sein als derjenige, dem wir folgen.

Wir können zu Menschen werden, die geruhsamer leben. Wir können zu gelasseneren Menschen werden.

Heilmittel gegen die Hektik

Aber wir werden nicht von selbst gelassen. Wir werden es nicht allein schaffen, sondern müssen – da ist es wieder – dafür trainieren. Dazu helfen folgende Übungen:

Das Tempo reduzieren

Die erste Übung dient dazu, unser Tempo zu drosseln. Dabei lernen wir auch, uns in Geduld zu üben. Praktisch sieht das so aus, dass wir uns freiwillig in Situationen begeben, in denen wir warten müssen. (Diese Übung hat eindeutig spielerischen Charakter, auch wenn sie uns zumindest am Anfang nicht gefallen wird.)

Fahren Sie in den nächsten vier Wochen bewusst rechts auf der Autobahn. Wenn Sie nicht ständig überholen und die Spur wechseln, werden Sie vermutlich fünf Minuten später am Ziel ankommen. Dafür werden Sie aber merken, dass Sie nicht annähernd so ärgerlich über die anderen Autofahrer werden.

Statt zu versuchen, sie zu überholen, können Sie ein kurzes Gebet sprechen, wenn Sie von ihnen überholt werden, und Gott bitten, sie zu segnen.

Verhängen Sie eine »Fastenzeit«, in der Sie darauf verzichten zu hupen. Legen Sie Ihrer Hupe ein Schweigegelübde auf.

Essen Sie eine Woche lang bewußt langsam. Zwingen Sie sich dazu, jeden Bissen wenigstens fünfzehnmal zu kauen, bevor Sie ihn schlucken.

Suchen Sie sich in den nächsten vier Wochen beim Einkaufen die längste Kassenschlange aus und lassen Sie noch einer Person den Vortritt.

Lassen Sie einen Tag lang Ihre Armbanduhr zu Hause.

Diese Liste ließe sich beliebig fortsetzen, aber Sie haben den Grundgedanken sicher verstanden. Wir müssen uns freiwillig Wege suchen, die uns zum Warten zwingen und Hektik unmöglich machen. Und während wir dies einüben, sollten wir Gott vertrauen, dass er uns dabei hilft, trotzdem alles zu erledigen, was erledigt werden muss.

Wir machen uns oft Sorgen, dass wir weniger schaffen, wenn wir uns nicht beeilen. Forscher haben allerdings längst herausgefunden, dass kein Zusammenhang zwischen hektischer Arbeitsweise und größerer Produktivität besteht.

Wir werden merken, dass wir auch ohne Hektik überleben können – und dass es uns dabei besser geht. Wenn wir uns konsequent darum bemühen, werden wir zu gelasseneren Menschen werden.

Einsamkeit

Eine klassischere Methode ist der Rückzug in die Einsamkeit. Jesus machte das häufig. Zu Beginn seines Dienstes zog sich Jesus für längere Zeit in die Wüste zurück, um zu fasten und zu beten. Er suchte die Einsamkeit, als er vom Tod Johannes' des Täufers hörte, bevor er seine Jünger auswählte, nachdem er einen Leprakranken geheilt hatte und als seine Jünger den Dienst aufgenommen hatten. Dieses Muster zeigt sich auch in den letzten Tagen seines Lebens, als er sich zum Gebet in den Garten

Getsemani zurückzog. Er beendete seinen Dienst so, wie er ihn begonnen hatte: allein vor Gott.

Jesus lehrte seine Jünger, es genauso zu tun. Und was er ihnen sagte – »Kommt, wir suchen einen ruhigen Platz«–, gilt auch für uns heute. Weise Menschen, die Jesus nachfolgten, haben schon immer die Bedeutung und den Nutzen des Alleinseins verstanden. Einsamkeit ist quasi ein »Schmelzofen für Veränderung«.

Warum ist Einsamkeit so wichtig? Einsamkeit ist der einzige Ort, an dem wir frei sind von den Zwängen, die uns ansonsten rücksichtslos in ihre Form pressen.

Um es in einem bekannten Bild auszudrücken: Wenn man einen Frosch in einen Topf mit heißem Wasser setzt, springt er sofort heraus. Wenn man den Frosch aber in einen Topf mit Wasser setzt, das Raumtemperatur hat und das Wasser allmählich erhitzt, wird der Frosch im Wasser sitzen bleiben, bis er zu Tode gekocht ist. Bringt man ihn plötzlich in eine gefährliche Umgebung, wird er fliehen. Wenn man die Gefahr aber schrittweise herbeiführt, wird er sie nicht wahrnehmen, bis es zu spät ist.

Die Gefahren, die uns am meisten beeinträchtigen, sind im Allgemeinen nicht diejenigen, die plötzlich, dramatisch und offensichtlich sind. Viel gefährlicher sind diejenigen, die sich langsam an uns heranschleichen, die so sehr Teil unserer Umgebung sind, dass wir sie nicht einmal wahrnehmen.

Wir leben in einer tödlichen Umgebung. Unsere Gesellschaft ist voll von Gedanken, Werten, Druck und Versuchungen, die uns Erfolg, Sicherheit, Trost und Glück versprechen und die uns nicht einmal bewusst sind, wenn wir uns nicht von Zeit zu Zeit zurückziehen. Thomas Merton schrieb (in: »The Wisdom of the Desert«, New York 1960), dass die frühen Kirchenväter so viel Wert auf Einsamkeit legten, weil sie die Gesellschaft als sinkendes Schiff betrachteten, von dem jeder gesunde Mensch möglichst schnell wegschwimmen musste, wenn er nicht mit in die Tiefe gerissen werden wollte. Sie waren überzeugt, dass es schlicht eine Katastrophe war, sich treiben zu lassen und die Werte der Gesellschaft passiv anzunehmen. Der Apostel Paulus drückte es so aus: »Passt euch nicht den Maßstäben dieser Welt an« (Römer 12,2).

Vor ein paar Jahren wurde ein Experiment mit Mäusen durchgeführt. Ein Forscher fand heraus, dass man eine sehr hohe Dosis von Aufputschmitteln braucht, um eine allein lebende Maus zu töten. Mäuse in der Gruppe dagegen fangen an wild herumzuhüpfen und sich gegenseitig so verrückt zu machen, dass schon eine zwanzigmal geringere Dosis tödlich wirkt – so großen Einfluss hat »die Gesellschaft« auf die Mäuse. Sogar eine Maus, der man keine Amphetamine gegeben hatte, regte sich in dieser Gruppe von Mäusen so auf, dass sie innerhalb von zehn Minuten starb.

Wir könnten jetzt einwenden, dass nur eine Maus so dumm sein kann, sich mit anderen Mäusen abzugeben, die so aufgeregt sind und so wild und ohne ersichtliches Ziel durcheinander rennen, dass sie dabei ihre Gesundheit und sogar ihr Leben aufs Spiel setzen. Doch es wäre falsch, so zu denken. Wir sind einem ständigen Strom von Botschaften ausgesetzt:

»Wir helfen Ihnen, schneller zu werden ... Handeln Sie jetzt, zögern Sie nicht! ... Sie können jetzt kaufen und später bezahlen – kein Geldverlust, bequeme Monatsraten ... Sie können es schaffen, wenn Sie etwas schneller laufen, etwas länger bleiben und etwas mehr arbeiten ... Es ist schön, alt zu werden, solange Sie keine Falten bekommen, nicht grau werden, keine Altersflecken haben oder eine Glatze bekommen – solange Sie nicht alt aussehen ... Es ist völlig in Ordnung, hektisch, gestresst, innerlich leer und erschöpft zu sein – schließlich sind alle so ... Wir helfen Ihnen, schneller zu werden.«

»Der Druck der Geschäftigkeit ist wie ein Bann«, schrieb Sören Kierkegaard (in: »Purity of Heart is to Will One Thing«, New York 1956). »Seine Macht nimmt zu. Sie sucht sich immer jüngere Opfer, so dass schließlich in der Kindheit oder Jugend kaum Zeit und Ruhe bleibt, in der der Ewige göttliches Wachstum entfalten kann.«

Je mehr wir uns über die Hektik beklagen, desto mehr werden wir davon angezogen. Wir fühlen uns wichtig, wenn wir beschäftigt sind. Unser Adrenalinspiegel bleibt konstant hoch. Wir haben eine Entschuldigung dafür, dass wir uns nicht zu genau mit dem Zentrum des Lebens befassen. Das hält uns davon ab, uns einsam zu fühlen.

Einsamkeit ist das Heilmittel gegen die Geschäftigkeit. Aber was genau ist Einsamkeit? Wie praktizieren wir Einsamkeit? Was sollen wir an unseren einsamen Ort mitbringen?

Die Antwort auf die letzte Frage lautet natürlich: »Nichts«. Ein Mann erzählte mir kürzlich, wie er sich auf seine erste ausgedehnte Zeit der Einsamkeit vorbereitete. Er packte Bücher, Lehrkassetten, CDs und einen Videorekorder ein – lauter Dinge, auf die man eigentlich versuchen sollte zu verzichten.

Einsamkeit bedeutet im Wesentlichen, einfach nichts zu tun. Genauso wie Fasten bedeutet, auf Essen zu verzichten, bedeutet Einsamkeit, auf die Gesellschaft zu verzichten. Wenn wir uns in die Einsamkeit zurückziehen, verzichten wir auf Gespräche, auf die Gegenwart anderer Menschen, auf Lärm, auf das permanente Bombardement von stimulierenden Reizen.

»In der Einsamkeit«, schrieb Henri Nouwen (in: »The Way of the Heart«, New York 1981), »kann ich mein Gerüst loswerden.« Unser Gerüst ist alles, was wir brauchen, um uns daran anzulehnen, um uns davon zu überzeugen, dass wir wichtig oder in Ordnung sind. In der Einsamkeit haben wir keine Freunde, mit denen wir reden können, keine Telefonanrufe oder Verabredungen, keinen Fernseher, keine Musik, keine Bücher, keine Zeitungen, die uns in Beschlag nehmen und uns ablenken könnten. Jeder von uns wäre einfach so, wie er ist. Ich bin weder durch Leistung noch durch meinen Lebenslauf, meinen Besitz oder mein soziales Netz definiert – nur ich in meiner Fehlerhaftigkeit mit meiner Sehnsucht oder mangelnden Sehnsucht nach Gott.

Einsamkeit praktisch

Einsamkeit zu üben erfordert konsequentes Durchhalten. Ich habe gemerkt, dass ich meinen Kalender zur Hand nehmen und mir die Zeiten eintragen muss, die ich in Einsamkeit verbringen möchte. Andernfalls komme ich nicht dazu.

Für mich ist es hilfreich, wenn ich Einsamkeit in zwei Kategorien einteile. Wir brauchen regelmäßig kurze Zeiten der Einsamkeit, vorzugsweise jeden Tag, vielleicht sogar in mehreren kleinen Intervallen täglich. Und dann brauchen wir in größeren Abständen ausgedehntere Zeiten der Einsamkeit, vielleicht einen halben Tag oder auch mehrere Tage.

Wir können einen Tag damit beginnen, dass wir unseren Tagesablauf – die Besprechungen, an denen wir teilnehmen, die Aufgaben, die wir erledigen müssen, die Menschen, denen wir begegnen – durchbeten und in Gottes Hand legen. Im Lauf des Tages können wir, falls das möglich ist, Fünf-Minuten-Pausen einlegen, die Tür unseres Büros zumachen und uns daran erinnern, dass eines Tages das Büro und das Gebäude, in dem wir uns befinden, nicht mehr da sein werden, aber dass wir dann immer noch zu Gott gehören werden.

Am Ende des Tages kann es hilfreich sein, mit Gott auf den Tag zurückzublicken: Die Ereignisse des Tages durchzugehen, zu sehen, was er uns dadurch vielleicht sagen möchte und ihm alle Ängste und alles Versagen zu gestehen. Ich finde dazu folgendes Schema sehr hilfreich:

Tagesrückblick mit Gott

1. Kommen Sie innerlich und äußerlich zur Ruhe.

2. Nehmen Sie die Anwesenheit Jesu zur Kenntnis: Bitten Sie ihn, Sie zu lehren.

3. Gehen Sie in Gedanken bis zum Aufstehen zurück. Betrachten Sie die Szenen, als ob Sie sie im Film anschauen würden. Beten Sie um Geduld, größere Liebe, Mut, Vergebung oder andere Charaktereigenschaften.

4. Gehen Sie in Gedanken weiter durch den Tag. Wenn Sie über die einzelnen Ereignisse nachdenken, sind Sie für einige vielleicht dankbar,

andere bedauern Sie. Reden Sie darüber mit Gott. Beten Sie für einige der Menschen, denen Sie an diesem Tag begegnet sind.

5. Danken Sie Gott im Gebet für seine Barmherzigkeit und Liebe. Bitten Sie ihn, Sie während der Nacht zu erfrischen.

Für die meisten Menschen ist die beste Zeit für einen Tagesrückblick, wenn sie zu Bett gehen. Aber wenn Sie ein ausgesprochener Morgenmensch sind, entschließen Sie sich vielleicht dazu, Ihren Tagesrückblick am nächsten Morgen nach dem Aufstehen zu machen. Der Vorteil dieser Übung ist, dass wir auf diese Weise etwas aus unseren Tagen lernen. Im Sportunterricht in der Schule schauten wir öfter Videoaufzeichnungen von unseren Wettkämpfen an. Diese Aufzeichnungen zu sehen war manchmal ziemlich unangenehm, aber auch sehr wertvoll, weil wir dadurch davor bewahrt wurden, dieselben Fehler immer wieder zu machen.

Derselbe Gedanke steckt hinter dieser Übung. Als ich damit angefangen hatte, Einsamkeit mit Hilfe dieser Übung zu praktizieren, merkte ich, dass in mir viel mehr Wut und Ärger steckte, als ich je vermutet hätte. Die Einstellungen und Reaktionen, die mein Leben bestimmten, wurden mir zunehmend bewusst.

Ausgedehnte Einsamkeit

Ich brauche aber auch ausgedehnte Zeiten der Einsamkeit. Etwa einmal im Monat versuche ich, mich für einen Tag zurückzuziehen, und ein paar Mal im Jahr ziehe ich mich nach Möglichkeit für ein paar Tage zurück. Es gibt zunehmend Einrichtungen, die den Rahmen dafür bieten, aber im Prinzip ist jeder Ort geeignet, an dem Sie ungestört sein können.

Franz von Sales verwendete das Bild einer Uhr, um sein Bedürfnis nach ausgedehnten Ruhezeiten zu beschreiben: »Es gibt keine Uhr, egal, wie gut sie ist, die nicht zweimal am Tag neu gestellt und aufgezogen werden muss, einmal am Morgen und einmal am Abend. Mindestens einmal im Jahr muss man sie auseinander nehmen, reinigen, beschädigte Teile richten und abgenutzte erneuern. Ganz ähnlich sollte ein Mensch, der auf sein Herz Acht gibt, sich jeden Morgen und jeden Abend der fachmännischen Wartung durch Gott unterziehen. Außerdem sollte er regelmäßig über seinen Zustand nachdenken, um ihn verändern und verbessern zu können. Und schließlich sollte er ihn wenigstens einmal im Jahr ganz auseinander nehmen und alle Teile, also alle Gefühle und Neigungen, einzeln unter die Lupe nehmen, um alle eventuellen Defekte reparieren zu können.«

Eines der größten Hindernisse für ausgedehnte Zeiten der Einsamkeit ist das Gefühl, dass man damit kostbare Zeit verschwendet. Das mag zum Teil daran liegen, dass wir unsere Existenz nur dann gerechtfertigt sehen, wenn wir etwas *tun*. Aber ich denke, dass dieses Gefühl auch deshalb entsteht, weil unsere Gedanken dazu neigen abzuschweifen. Früher war ich überzeugt, dass ich mir vornehmen konnte, eine ausgedehnte Zeit zu beten, und dann auch in der Lage sein sollte, in dieser Zeit konzentriert, ohne Unterbrechung und intensiv zu beten. Aber es klappte nicht. Beim ersten Mal reisten meine Gedanken davon wie ein Tourist mit Interrail-Ticket. Ich fing an zu beten, und das Nächste, an das ich mich erinnere, war, dass ich in einer Wutfantasie versank. In dieser Fantasie wurde jemand, der mich verletzt hatte, schwer für das Unrecht bestraft, das er mir angetan hatte, während ich glorreich gerechtfertigt wurde. Ein anderes Mal schwelgte ich in einer Erfolgsfantasie, kurz nachdem ich angefangen hatte zu beten. In dieser Fantasie stand ich so gut da, dass selbst Narziss vor Bescheidenheit errötet wäre.

Im Lauf der Zeit habe ich realisiert, dass ich an diesem Punkt meines Lebens nur dazu in der Lage bin, kurz und intensiv zu beten, selbst dabei aber ständig von meinen abschweifenden Gedanken unterbrochen werde. Ich hoffe, dass ich eines Tages darin besser werde. Aber im Moment trösten mich die Worte von Bruder Lawrence (in: »The Practice of the Presence of God«, Springdale, Pa. 1982): »Jahrelang quälte mich der Gedanke, dass ich ein Versager im Bereich Gebet war. Dann realisierte ich eines Tages, dass ich in diesem Bereich immer schlecht sein würde, dass ich jetzt aber schon viel besser war als früher.«

Vielleicht sind Sie dazu bereit, eine ausgedehnte Zeit der Einsamkeit mit Gott zu verbringen. Vielleicht einen ganzen Tag. Der erste Versuch macht Sie vielleicht etwas unsicher. Deshalb kann etwas Struktur, wie etwa folgender Vorschlag, hilfreich sein:

Ausgedehnte Einsamkeit

1. Suchen Sie sich einen Ort, an dem Sie allein sein können und nicht unterbrochen werden, zum Beispiel ein Park oder ein Freizeitheim.

2. Bereiten Sie sich am Abend vorher kurz auf diesen Tag vor. Bitten Sie Gott, diesen Tag zu segnen, und sagen Sie ihm, dass Sie ihm diesen ganzen Tag widmen wollen. Dieser Tag ist Ihr Geschenk an Gott, aber mehr noch ist er ein Geschenk, das Gott Ihnen machen möchte. Was brauchen Sie von Gott: Heilung und Vergebung? Mitgefühl? Neue Kraft? Mut? Widerstandskraft? Bitten Sie ihn darum.

3. Konzentrieren Sie sich an diesem Tag darauf, auf Gott zu hören. Verwenden Sie dazu folgenden Ablauf:

8:00 – 9:00: Bereiten Sie sich innerlich vor, machen Sie einen Spaziergang oder etwas anderes, das Ihnen dabei hilft, Ihre Gedanken über Aufgaben und Verpflichtungen zur Seite zu legen. Versuchen Sie, Ihren Vormittag so einzurichten, dass Sie vom Aufstehen an Ruhe haben.

9:00 – 11:00:	Lesen Sie in der Bibel. Nehmen Sie sich Zeit, darüber nachzudenken, wenn Gott Sie durch den Text anspricht.
11:00 – 12:00:	Schreiben Sie auf, was Sie an diesem Text angesprochen hat. Reden Sie mit Gott darüber.
12:00 – 13:00:	Essen Sie zu Mittag und gehen Sie spazieren. Denken Sie dabei über den Vormittag nach.
13:00 – 14:00:	Machen Sie einen Mittagsschlaf.
14:00 – 15:00:	Formulieren Sie Ziele, die sich aus Ihren Gedanken ableiten.
15:00 – 16:00:	Schreiben Sie diese Ziele und andere Gedanken auf. Vielleicht möchten Sie dazu die Form eines Briefes an Gott wählen. Bereiten Sie sich darauf vor, wieder in die Gesellschaft zurückzukehren.

Besiegen Sie die Hektik

Vor einiger Zeit berichtete eine Zeitung einer Kleinstadt in Washington über Tattoo, einen Basset-Hund. Tattoo hatte keine Lust zu einem Abendspaziergang, aber als sein ziemlich gemeines Herrchen seine Leine in der Autotür einklemmte und losfuhr, hatte Tattoo keine Wahl. Ein Polizist auf dem Motorrad bemerkte ein vorbeifahrendes Auto, das etwas hinter sich herzuschleifen schien. Als er näher heran fuhr, sah er Tattoo. Der Polizist zwang das Auto zum Anhalten und befreite den Hund, der eine Geschwindigkeit von 30 bis 40 Stundenkilometern erreicht und sich mehrere Male überschlagen hatte. Der Hund hatte schon sehr lange keine Lust mehr auf einen Abendspaziergang gehabt.

In unserer Gesellschaft ist die Tattoo-Haltung viel zu weit verbreitet. Es gibt viel zu viele Menschen, die ihre Tage damit verbringen, sich vom Leben hinterherschleifen zu lassen, indem sie von einer Aufgabe zur nächsten hechten. Es ist an der Zeit, einen neuen Lebensstil einzuüben.

Wir müssen konsequent alle Hektik aus unserem Leben verbannen.

6

Bescheidenheit leben:
Die Übung des Dienens

»Wir sind alle Würmer. Aber ich bin davon überzeugt,
dass ich ein Glühwürmchen bin.«
(Winston Churchill)

Leon, Joseph und Clyde litten an einem Messias-Komplex. Es
war nicht nur ein Anflug von Narzissmus oder leichtem
Größenwahn. Die drei waren Patienten in einer psychiatrischen
Klinik. Bei allen dreien lautete die Diagnose »ausgeprägte para-
noide Störung«. Jeder von ihnen hielt sich für die Inkarnation
Christi. Jeder war davon überzeugt, dass er die zentrale Figur
war, um die sich die Welt drehte: Drei kleine Messiasse.

Der Psychologe Milton Rokeach beschrieb in seinem Buch
»The Three Christs of Ypsilanti« (New York 1964) seine Versuche, diesen Männern zu helfen, die Wahrheit über sich selbst zu
sehen und zu erkennen, dass sie bloß Leon, Joseph und Clyde
waren.

Er arbeitete zwei Jahre lang mit ihnen, konnte aber keine nen-
nenswerte Veränderung erzielen. Es schien, als ob sie nicht sicher waren, dass sie das Leben ertragen konnten, wenn sie nicht
die Person waren, die sie zu sein glaubten. In anderen Dingen
konnten sie sehr rational sein, aber sie hielten an ihren messia-
nischen Wahnvorstellungen fest, selbst wenn diese groteske, die
Persönlichkeit zerstörende Verdrehungen der Realität darstell-
ten.

Rokeach hatte wenig zu verlieren, also versuchte er es mit
einem Experiment. Er steckte die drei Männer in einer kleinen
Gruppe zusammen. Zwei Jahre lang schliefen die Männer in ne-

beneinander stehenden Betten, nahmen jede Mahlzeit gemeinsam ein, arbeiteten zusammen und trafen sich täglich zum Gruppengespräch. Rokeach wollte sehen, ob das Zusammentreffen mit anderen Möchtegern-Messiassen den Wahn verringern würde – so etwas wie eine Zwölf-Schritte-Gruppe für Messiasse.

Das Experiment führte zu einigen interessanten Gesprächen. Einer der Männer behauptete: »Ich bin der Messias, der Sohn Gottes. Ich habe einen Auftrag. Ich bin hier, um die Welt zu erlösen.«

»Woher wissen Sie das?«, fragte Rokeach.

»Gott hat es mir gesagt.«

Und einer der anderen Patienten konterte: »Ich habe Ihnen niemals so etwas gesagt.«

Wenn wir so etwas lesen, wissen wir nicht, ob wir lachen oder weinen sollen. Die bittere Ironie ist, dass diese Männer so stark an genau dem festhalten, was sie vom Leben trennt. Es klingt für sie erschreckend, wenn sie aufhören sollten, der Messias zu sein. Aber es wäre ihre Erlösung, wenn sie es einfach einsehen und versuchen würden. Wenn Leon, Joseph und Clyde aufhören könnten, darum zu eifern, wer der Messias sein darf, dann würden sie zu Leon, Joseph und Clyde werden. (»Ich kann mit Gottes Hilfe ich selbst werden.«)

Ab und zu erfasste einer der Männer einen Funken der Realität. Leon entschied schließlich, dass er doch nicht mit der Jungfrau Maria verheiratet war – sie war seine Schwägerin. Der minimale Fortschritt, den die Männer machten, resultierte aus ihrem Zusammensein. Aber diese Veränderungen waren nur ein leichtes Schimmern, das Licht der Realität leuchtete nie sehr hell oder dauerhaft.

Wenn man die Illusion aufrechterhalten will, dass man der Messias ist, muss man alles ausschließen, was das Gegenteil beweisen könnte. Wenn man sein eigener Gott sein will, muss man sein Leben in einem winzigen Universum einrichten, das nur Platz für eine einzige Person bietet. Die Welt könnte unendlich größer werden, wenn man bereit wäre, sich selbst auf eine angemessene Größe gesund zu schrumpfen.

Die älteste Sünde

Ich habe meine eigene Version eines Messias-Komplexes. Nichts, wofür man mich in die Psychiatrie einweisen würde. Aber auf seine Art genauso ernst und irrational wie das Dilemma von Leon, Joseph und Clyde.

Auch Sie haben Ihre persönliche Version davon. Stolz ist in der Tat die älteste Sünde, von der wir in der Bibel lesen. Der Autor des Buches Genesis stellt fest, dass Eva sich durch Stolz von der Schlange dazu verleiten ließ, die verbotene Frucht im Garten Eden zu essen: »Gott weiß: Sobald ihr davon esst, werden euch die Augen aufgehen und ihr werdet alles wissen, genau wie Gott« (Genesis 3,5). Seitdem hat jeder von auf seine Weise versucht, Gottes Platz einzunehmen. Wir sind alle Insassen in derselben Anstalt.

Wie erkennen wir unseren eigenen Stolz? Ich möchte Ihnen einige Merkmale vorstellen, wobei ich mit den gemäßigteren Formen beginne.

Eitelkeit

Eitelkeit zeigt sich durch übermäßige Beschäftigung mit meinem Erscheinungsbild oder Image. Wenn wir in einem Raum mit Spiegeln an den Wänden Gymnastik oder Sport treiben und uns dabei häufig im Spiegel betrachten, ist das ein sicheres Zeichen dafür, dass wir dieses Problem haben. Wenn wir Fotos anschauen und so tun, als ob wir die anderen Leute auf den Bildern betrachten, in Wirklichkeit aber nur uns selbst anschauen, dann könnte es sehr gut sein, dass wir an diesem Problem leiden.

Eitelkeit ist vermutlich die am häufigsten auftretende Form von Stolz. Sie kann ärgerlich und dumm sein, aber glücklicherweise ist sie nicht die gefährlichste Erscheinungsform.

Starrköpfigkeit

»Wer nach jeder Zurechtweisung nur noch widerspenstiger wird, der wird plötzlich so zerschmettert, dass ihm nichts wieder auf-

helfen kann«, schreibt der Autor der Sprichwörter (29,1). Starr-
köpfigkeit ist der Stolz, der dazu führt, Korrektur zu scheuen.
Wir können nicht aufhören uns zu verteidigen. Wenn uns jemand
auf einen Irrtum oder einen Fehler unsererseits aufmerksam
macht, dann suchen wir Ausflüchte, leugnen alles ab oder be-
schuldigen jemand anderen. (Dieses Verhaltensmuster ist nur
schwer zu durchbrechen. Defensive Menschen sind selten dankbar, wenn man sie auf ihre Verteidigungshaltung aufmerksam
macht.)

Ausgrenzung

Auf der tiefsten Ebene ist Stolz der Entschluss, Gott und andere
Menschen von dem ihnen zustehenden Platz in unserem Herzen
auszuschließen. Jesus sagte, dass im Zentrum des geistlichen Lebens steht, Gott und andere Menschen zu lieben. Stolz zerstört
unsere Fähigkeit zu lieben. Geizige und unersättliche Menschen
sind immer noch ein wenig in der Lage, andere zu lieben, aber
Stolz ist im Grunde Anti-Liebe. Stolz bringt uns dazu, andere
wegzustoßen, statt sie in die Arme zu schließen. Stolz bringt uns
dazu, uns vor einem Spiegel statt vor Gott zu verbeugen. Stolz
bringt uns dazu, andere zu verurteilen statt ihnen zu dienen.
Stolz bedeutet nicht nur, dass wir clever und wohlhabend sein
wollen, sondern dass wir nicht zufrieden sind, bevor wir nicht
cleverer und wohlhabender *als alle anderen* sind. Stolz steht von
Natur aus im Konkurrenzkampf zu allem und jedem.
  Jesus selbst wies auf diesen Zusammenhang hin, als er das
Gleichnis von den zwei betenden Männern erzählte (Lukas 18,9-
14). Die Sünden des Zolleinnehmers waren allen bekannt: Habgier, Unehrlichkeit, Bestechlichkeit. Der Pharisäer dankte Gott,
dass er zu einer anderen Kategorie Mensch gehörte: »Gott, ich
danke dir, dass ich nicht so habgierig, unehrlich und verdorben
bin wie die anderen Leute, zum Beispiel dieser Zolleinnehmer.
Ich faste zweimal in der Woche und gebe dir den zehnten Teil
von allen meinen Einkünften.« (Der Pharisäer schien auf Bonuspunkte aus zu sein – Fasten war nur einmal für einen Tag im
Jahr gefordert.) Der Pharisäer hatte Recht, dass es zwei Kategorien von Menschen gab – aber er hatte nicht verstanden, welche

der beiden in Ordnung war. Er war blind für die Sichtweise Gottes, weil er das erste Gebot nicht befolgte und nicht einmal erkannte, wie sehr er die Hilfe Gottes benötigte. Er schloss die Sünder nicht in die Arme. Er erkannte nicht, dass seine eigene Sünde viel schwerwiegender war als die des Zöllners. Er realisierte nicht, dass er der größte Sünder in diesem Raum war. Lukas überliefert, dass Jesus dieses Gleichnis einigen Menschen erzählte, »die sich für untadelig hielten und auf andere herabsahen«.

Stolz und Lieblosigkeit gehen immer Hand in Hand.

Diese verwirrende Sache namens Demut

Wenn Stolz heutzutage als fataler Fehler erkannt wird, ist das schon fast ein Grund zum Feiern. Wir leben in einer narzisstischen Gesellschaft. Die Aussage von Muhammed Ali drückt die Sehnsucht von uns allen aus: »Ich bin der Größte.« Der Boxpromotor Don King wurde einmal zitiert: »Ich höre nicht auf, mich selbst zu bewundern« – und fügte dann hinzu: »und das sage ich voller Demut.« Wie würde dieser Satz denn erst klingen, wenn er ihn voller *Stolz* sagen würde?

Jesus lädt uns zu einem Leben in Demut ein: »Wer sich hoch stellt, den wird Gott demütigen; wer sich aber gering achtet, den wird er erhöhen« (Matthäus 23,12). Doch leider herrscht bei uns in Bezug auf die Demut einige Verwirrung. Wir wissen, dass wir demütig werden sollten, aber wir sind uns nicht ganz sicher, ob das wirklich so erstrebenswert ist. Wir sind uns nicht mal sicher, wie ein demütiger Mensch überhaupt aussieht.

Was bedeutet es, sich im Alltag »gering zu achten«? Spielen wir den Ernstfall durch. Angenommen, jemand macht uns ein Kompliment über unser Aussehen. Wir bemühen uns, im Reich Gottes zu leben und wollen so reagieren, wie Jesus an unserer Stelle reagiert hätte. Was machen wir?

- Wir blicken zu Boden, scharren mit den Füßen und sagen: »Ich bin eigentlich gar nicht attraktiv. Das liegt nur dran, dass das Licht hier so schwach ist.«

- Wir sagen unverfroren die Wahrheit: »Das ist ja unglaublich interessant, was du da sagst. Erzähl mir mehr und lass uns diese guten Neuigkeiten zusammen feiern.«
- Wir zitieren Sprichwörter 11,22, um unser Gegenüber auf seinen oberflächlichen Blick auf unser äußeres Erscheinungsbild hinzuweisen: »Schönheit passt zu einer Frau ohne Benehmen wie ein goldener Ring in den Rüssel einer Wildsau.« (Dieser Satz wird das Problem lösen, dass Sie zu viele Komplimente bekommen.)
- Wir sind ganz direkt: »Du bringst mich dazu, stolz zu werden. Weiche von mir, Satanas!«
- Wir lächeln, sagen »Danke« und dann nichts mehr.

Demut bedeutet nicht, uns selbst und andere davon zu überzeugen, wie unattraktiv und inkompetent wir sind. Es geht nicht darum, uns abzuwerten und zu einer Null zu machen. Wenn Gott uns zu Nieten hätte machen wollen, hätte er das ohne weiteres tun können.

Demut hat etwas mit der Bereitschaft zu tun nachzugeben. Mit einer gesunden Bereitschaft, sich selbst zu vernachlässigen oder hinten anzustellen. Wir haben dann Fortschritte in Demut gemacht, wenn wir merken, dass der Heilige Geist uns dazu befähigt hat zu leben, ohne ständig auf die eine oder andere Weise mit uns selbst beschäftigt zu sein. Wenn wir mit anderen zusammen sind, sind wir wirklich mit ihnen zusammen und fragen uns dabei nicht ständig, was sie jetzt von uns denken oder inwiefern sie uns von Nutzen sein können.

Demut erfordert eine kopernikanische Revolution unserer Seele. Wir müssen realisieren, dass sich das Universum nicht um uns dreht. Und Demut bringt immer auch Erleichterung mit sich.

Eine Bekannte unterrichtete in der Sonntagsschule und wollte den Kindern die Schöpfungsgeschichte nahe bringen. Dazu sollten die Kinder Tiere und Pflanzen spielen. Ein Sechsjähriger durfte auf einer Leiter stehen und die ganze Sache mit einer Taschenlampe beleuchten. Er sollte Gott darstellen. Gerade als die Landtiere dahin kriechen sollten, wo die schwimmenden Lebewesen schwimmen sollten, spürte die Sonntagsschullehrerin, wie jemand an ihrem Rock zupfte. Es war »Gott«. Er wollte nicht mehr weitermachen. »Ich fühle mich heute irgendwie zu komisch, um Gott zu sein. Können Sie die Rolle nicht jemand anderem geben?«

Wenn wir in die Demut hineinwachsen können, wird sie keine Last für uns sein, sondern ein unglaubliches Geschenk. Demut gibt uns die Freiheit, damit aufzuhören, etwas sein zu wollen, was wir nicht wirklich sind, oder vorzugeben, etwas zu sein, was wir nicht sind. Demut heißt, die uns angemessene Bescheidenheit und Größe zu erkennen und anzunehmen. Oder in den Worten Luthers ist Demut die Entscheidung, »Gott Gott sein zu lassen«.

Das schwer definierbare Streben

Aber genau hier stoßen wir auf eine Schwierigkeit. Wie, um Himmels willen, können wir Demut lernen? Stolz ist für Menschen, die sich um geistliches Wachstum bemühen, ein ständiges Problem.

Ab und zu entschließe ich mich zu einer Diät. Wenn ich in diesen Zeiten in ein Schnellrestaurant gehe, schießen mir unwillkürlich bestimmte Gedanken durch den Kopf. »Wie kann man all dieses Zeug nur essen? Wie können die Leute ihren Körper nur so malträtieren? Wissen sie nicht, dass dieses ungesunde Essen tödlich ist? Haben die denn gar keine Disziplin, keine Selbstbeherrschung? Sind das die Leute, von denen Paulus schrieb: ›Sie laufen in ihr Verderben. Ihr Bauch ist ihr Gott‹?«

Ich denke diese Gedanken, obwohl – oder vielleicht gerade weil – diese Leute die gleichen Dinge essen, die ich gestern noch gegessen habe, bevor ich mit meiner Diät angefangen habe, und die ich nächste Woche wieder essen werde, nachdem ich es aufgegeben habe, meine Diät zu halten.

Und hier ist das Problem: Wenn ich versuche, etwas Gutes zu machen, dann bin ich mir dessen sehr bewusst. Ich neige aber auch dazu, mir dann all der Menschen extrem bewusst zu sein, die nicht dasselbe Ziel verfolgen wie ich. Ich will ihnen mein Ziel aufdrängen. Ich fange an, meine Anstrengungen mit ihrer

110

Faulheit zu vergleichen. Das Ergebnis sind Stolz, Vergleichsdenken, eine verurteilende Haltung und Mangel an Liebe. Diese Menschen können in tausend anderen Bereichen tugendhafter und besser sein als ich; sie können viel weniger Unterstützung, Ermutigung und Ausbildung bekommen haben als ich – aber solche Gedanken kommen mir äußerst selten.

Mit das Schwierigste in dieser Welt ist es aufzuhören, der verlorene Sohn zu sein, ohne sich dabei in den älteren Bruder zu verwandeln. Wie also können wir Demut lernen?

Jesus nachfolgen in der Übung des Dienens

Richard Foster schreibt (in: »Nachfolge feiern«, Brockhaus Verlag 1996): »Die Gnade der Demut wirkt sich in unserem Leben am ehesten durch die Übung des Dienens aus ... Nichts diszipliniert die unmäßigen Wünsche des Fleisches besser als Dienen, und nichts verändert die Wünsche des Fleisches besser als Dienen im Verborgenen. Das Fleisch jammert, wenn es dienen soll, aber es schreit geradezu auf, wenn es im Verborgenen dienen soll. Es strebt nach Ehre und Anerkennung.«

Wie in jedem Bereich geistlichen Lebens ist Jesus auch hier unser Lehrer. Er sagte von sich, dass er nicht gekommen sei, um bedient zu werden, sondern um zu dienen (Matthäus 20,28). Viele Menschen halten dies für eine zeitweise Unterbrechung seiner normalen Erfahrungen, nämlich bedient zu werden. Aber tatsächlich ist Dienen Gottes *normale* Beschäftigung.

Der Gedanke, dass Gott den Menschen dient, ist sehr schön in Philipper 2,6-11 ausgedrückt. Viele Bibelwissenschaftler sind der Überzeugung, dass dieser Abschnitt ursprünglich eine Hymne war, eines der ältesten Glaubensbekenntnisse der Urgemeinde. Der Text fordert uns dazu auf, uns den Maßstab Jesu für den Umgang mit anderen Menschen anzueignen: »Er war Gott gleich, und doch hielt er nicht daran fest, zu sein wie Gott. Er gab es willig auf und wurde einem Sklaven gleich.«

In griechischen Urtext findet sich hier das Partizip Präsens Aktiv von »sein«, das als Umstandspartizip gilt. Wie man dieses Partizip übersetzt, hängt vom jeweiligen Kontext ab – von den

»Umständen«, die dieses Prinzip umgeben. Umstandspartizipien können eine Absicht, ein Ergebnis, eine Dauer und verschiedene weitere Sinnrichtungen ausdrücken. Ich möchte Ihnen das anhand von ein paar Beispielen verdeutlichen:

»Chicago Bulls-Fans seiend, gehen wir davon aus, dass unser Team den Titel gewinnen wird.«

In diesem Satz drückt »seiend« einen Kausalzusammenhang aus, deshalb können wir ihn folgendermaßen übersetzen: »*Weil* wir Chicago Bulls-Fans sind, gehen wir davon aus, dass unser Team den Titel gewinnt.«

»Chicago Cubs-Fans seiend, gehen wir davon aus, dass unser Team den Titel gewinnt.«

Die Cubs kommen nicht annähernd an die Rekorde der Bulls in den letzten Jahren heran und haben die World Series seit 1908 nicht mehr gewonnen. Deshalb würden wir vermutlich den Satz folgendermaßen übertragen: »*Obwohl* wir Chicago Cubs-Fans sind, gehen wir davon aus, dass unser Team den Titel gewinnt.«

Wie interpretieren wir nach diesen Überlegungen die Hymne von Paulus über die Dienstbereitschaft Jesu?

Es ist möglich, sie konzessiv zu interpretieren. In diesem Fall würde Paulus ausdrücken, dass unsere Haltung der von Jesus gleichen sollte, der, »*obwohl* oder *trotz* der Tatsache, dass er Gott war, doch nicht daran festhielt, wie Gott zu sein. Er gab es willig auf und wurde einem Sklaven gleich.«

Vom menschlichen Standpunkt aus betrachtet ergibt das einen perfekten Sinn. Genauso würden wir diese Aussage spontan interpretieren. Jesus machte sich zum Diener, *obwohl* er Gott war. Diese Deutung findet sich auch in den meisten Bibelübersetzungen.

Doch Hawthorne (in: »Philippians«, World Bible Commentary, Waco 1983) schreibt, dass man dabei den wesentlichen Punkt außer Acht lässt. Um Paulus hier richtig zu verstehen, muss man nach Hawthorne dieses kleine Verb kausal übersetzen. In anderen Worten: »Wir sollten uns die Haltung Jesu Christi vor Augen halten, der ›*gerade weil er Gott war,* nicht daran festhielt, zu sein wie Gott. Er gab es willig auf und wurde einem Sklaven gleich.‹«

Wir erkennen hier die reine Güte Gottes.

In einer alten griechischen Sage kommen Zeus und Hermes als Sklaven verkleidet für kurze Zeit auf die Erde. Ihr Ziel war, die Menschen zu täuschen und zu sehen, wie stark die Ehrerbietung wirklich war, die sie ihren Göttern erwiesen. Als Zeus und Hermes herausgefunden hatten, was sie wissen wollten, streiften sie ihre Lumpen ab und standen in ihrem olympischen Glanz da. Sie hatten zwar äußerlich die Gestalt von Sklaven angenommen, das Ganze war aber lediglich eine Verkleidung gewesen.

Jesus nahm nicht bloß äußerlich die Gestalt eines Sklaven an und verbarg sein eigentliches Wesen. Paulus verwendet denselben Begriff, um die Gestalt Jesu als Sklave und als Gott zu beschreiben. Als Jesus in Gestalt eines Sklaven kam, verkleidete er sein göttliches Wesen nicht. Er offenbarte vielmehr, wer Gott ist.

Ich erinnere mich an einen christlichen Redner, der einmal sagte, dass Stolz den Menschen verboten, Gott aber erlaubt sei, da Gott ja schließlich Gott sei. Das ist falsch. Gott ist der Sklave schlechthin. Gott ist das demütigste Wesen des gesamten Universums. Jesus kam nicht in Gestalt eines Sklaven, obwohl er Gott war, sondern gerade weil er Gott war.

Jesu Absicht für die Menschen, die ihm nachfolgen

Jesus wusste, dass seine eigenen Jünger mit dem Messias-Komplex zu kämpfen haben würden, also beschloss er, sie alle zusammen in eine Kleingruppe zu stecken. Zwei Jahre lang nahmen sie alle Mahlzeiten gemeinsam ein, sie trafen sich jeden Tag zum Gruppengespräch und gingen überall zusammen hin. Und natürlich kam es eines Tages darüber zum Streit, wer von ihnen der Größte sei. Das geschieht in jeder Gruppe von Menschen: Wenn sie lange genug zusammen sind, dann wird der Messias-Komplex über kurz oder lang seinen hässlichen Kopf in die Höhe recken.

Dietrich Bonhoeffer formulierte es so (in: »Life Together«, New York 1956): »Wir wissen, wer diesen Gedanken immer wieder unter den Christen aussät. Aber vielleicht ist uns nicht ausreichend bewusst, dass keine Gruppe von Christen jemals zusammenkommen kann, ohne dass sofort dieser Gedanke auftaucht und Zwietracht sät. Unmittelbar am Anfang jeder christlichen Gemeinschaft steht ein unsichtbarer und oft unbewusster Wettstreit, der über Leben oder Tod entscheidet. ›Unter den Jüngern kam die Frage auf‹; das reicht aus, um eine Gemeinschaft zu zerstören.«

Also nahm Jesus ein kleines Kind und versammelte seine Leons, Clydes und Josephs um sich. Er erklärte ihnen, dass ihre Aufgabe war, dieses kleine Kind willkommen zu heißen, es anzunehmen und ihm zu dienen. Und zwar nicht so sehr um des Kindes willen, sondern vor allem um ihrer selbst willen. Nur durch eine dienende Haltung würden sie die Wahrheit über sich selbst kennen lernen.

Ich bin nicht Supermann

Als Kind liebte ich Supermann, weil er so stark war. Clark Kent täuschte die Leute manchmal, aber seine Verletzlichkeit war nur gespielt. Er war ein Mann aus Stahl. Supermann kam den Menschen zu Hilfe, die schwach oder in Not waren; aber er selbst war nie ängstlich oder verwirrt. Supermann nahm nie an einer Zwölf-Schritte-Gruppe teil, obwohl er sowohl seine leiblichen Eltern als auch den Planeten verloren hatte, den er seine Heimat nannte. Er trat nie einem »Club der einsamen Herzen« bei, obwohl er immer allein war. Er unterzog sich nie einer Therapie, obwohl er oft blaue Strumpfhosen und ein Cape trug.

Ich wollte Supermann sein. Ich wollte seinen Röntgenblick haben, wollte Stahl mit den bloßen Händen verbiegen können, und vor allem wollte ich seine Brust haben mit diesem gigantischen roten »S« drauf. Ich hatte nie eine Brust, die einem roten »S« angemessen gewesen wäre – höchstens einem schmaleren Buchstaben, vielleicht einem kleinen »l« oder »i«.

Manchmal versuchen wir als Erwachsene zu sein wie Supermann. Wir bemühen uns, schlauer oder erfolgreicher oder geistlicher auszusehen, als wir in Wirklichkeit sind. Wir beantworten

Fragen, die wir nicht verstehen. Aber wenn man erwachsen ist, dann ist es eine schwere Belastung zu versuchen, Supermann zu sein.

Es gibt andere Möglichkeiten, Menschen zu helfen, ohne dass wir dabei versuchen müssen, Supermänner und -frauen zu sein. Jesus forderte uns nicht in erster Linie dazu auf, anderen zu dienen, weil andere Menschen unsere Hilfe so dringend brauchen, sondern weil das Dienen auf uns selbst einen besonderen Effekt hat.

Das hängt mit dem Verhältnis von authentischem Helfen und Heilung zusammen, das sich besonders gut an der Geschichte der Anonymen Alkoholiker demonstrieren lässt. Als Bill W. nach einem Entzug merkte, dass er drauf und dran war, wieder zu trinken, suchte und fand er in seiner Verzweiflung einen anderen Alkoholiker, dem er seine Geschichte erzählen konnte. Schließlich gelang auch diesem, er hieß Dr. Bob, der Entzug. Gemeinsam gründeten sie die Anonymen Alkoholiker. Aber Bill W. war klar, dass er seine Geschichte nicht erzählt hatte, um Dr. Bob zu retten; vielmehr hätte er mit Sicherheit wieder angefangen zu trinken, wenn er sie nicht erzählt hätte.

Bill W. wusste, dass er Dr. Bob nicht deswegen helfen konnte, weil er stark war und Dr. Bob schwach. Bill W. konnte helfen, weil er schwach war und durch sein Helfen stark wurde.

Diese Wahrheit hatte weitreichende Folgen. Als die AA bekannter wurde, fing Bill W. an, Interviews zu geben und wurde als »Gründer« dieser Organisation bekannt. Er wurde immer geschäftiger und begann, seine Familie zu vernachlässigen. Aber er sagte sich, dass ihn diese vielen Alkoholiker brauchten. Freunde nahmen ihn beiseite und hielten ihm die Wahrheit vor: »Du rennst geradewegs ins Verderben. Du denkst, dass du einzigartig und ganz besonders bist – und das ist ein ganz typisches Denken für Alkoholiker.«

Wie Bill W. müssen auch wir realisieren, dass wir keine Supermänner und -frauen oder Messiasse sind. Wir müssen unsere Grenzen kennen. Daraus entsteht unsere Stärke. Gott verzweifelt nicht darüber, ob wir Alkoholiker retten können oder nicht.

Wir müssen aus unserer Schwachheit heraus dienen. Wir helfen anderen nicht, weil wir stark sind und sie uns brauchen. Wir helfen ihnen, damit wir nicht als hoffnungslose Überbleibsel enden.

Warum halten die Anonymen Alkoholiker an ihrer Anonymität fest? Sie wollen nicht nur Alkoholikern die Möglichkeit geben, die AA-Treffen zu besuchen, ohne öffentlich als Alkoholiker geoutet zu sein. Außerdem soll keiner AA als Mittel für sich verwenden können, berühmt oder bekannt zu werden. Der einzige Weg zum Leben führt über eine Gemeinschaft von Alkoholikern, die sich gegenseitig helfen.

Und so sieht auch das Leben in der Gemeinde aus, zu dem Jesus uns berufen hat: Eine Gemeinschaft von Sündern, die sich gegenseitig helfen.

Wie führt man ein Leben im Dienst?

1. Einfache Dienste

Jesus nahm ein Kind in die Arme und sagte: »Hier ist euer Dienst. Investiert euch in diejenigen, die euch kein Ansehen verschaffen können. Helft den Menschen einfach. Ihr müsst diesem Kind helfen, nicht nur zum Wohl des Kindes, sondern vielmehr zu eurem eigenen Vorteil. Wenn ihr ihm nicht helft, verschwendet ihr euer Leben mit dem idiotischen Wettstreit, wer der Größte ist. Aber wenn ihr diesem Kind helft – regelmäßig, voller Freude und ohne dabei im Rampenlicht zu stehen –, dann werdet ihr es eines Tages schaffen, ohne dabei zu denken, dass ihr gerade etwas Tolles gemacht habt. Dann werdet ihr ganz natürlich, effektiv und aus reiner Freude dienen können. Dann werdet ihr anfangen zu verstehen, wie das Reich Gottes funktioniert.«

Diese Art von Dienen möchte ich »einfache Dienste« nennen. Tag für Tag bieten sich uns dazu unzählige Gelegenheiten. Ein Arbeitskollege bittet uns um unsere Hilfe bei einem Projekt. Jemand steht mit einer Autopanne am Straßenrand.

Diese Dienste können zu Hause, mitten in der Nacht gefordert sein, wenn eines unserer Kinder weint. Ich könnte so tun, als ob

116

ich schlafe, und wenn meine Frau dann das Zimmer verlässt, könnte ich schlaftrunken ein paar Worte murmeln, als ob ich mich eigentlich um das Kind kümmern wollte, aber einfach der tiefere Schläfer bin. Auf diese Weise kann ich Hilfsbereitschaft vortäuschen, genieße aber gleichzeitig den Luxus, im Bett bleiben zu dürfen.

Aber es könnte auch anders aussehen. Ich könnte aufstehen und mich um das Kind kümmern. Statt ärgerlich zu sein, könnte ich darüber froh sein, dass es lebt. Statt tagsüber nur zu sehen, dass es mich von meiner Arbeit abhält, könnte ich mich darauf konzentrieren, ihm zu helfen. Auf diese Weise wäre ich etwas weniger davon abhängig, dass alles nach meinen Vorstellungen läuft. Ich fühle mich freier, einem anderen Menschen zu dienen, ohne dabei permanent zu denken, was für ein wundervoller Vater und Ehemann ich doch bin.

Diese Art des Dienens kann sogar Spaß machen. Es ist fast unmöglich zu dienen, ohne dabei gleichzeitig Vertrautheit und Gemeinschaft aufzubauen. Ich erinnere mich an meine erste Zeit als Vater. Nancy sagte mir, dass nur wenige Dinge in ihr ein so starkes Gefühl der Nähe zu mir in ihr wach riefen, wie wenn ich ihr half. Wenn ich den Teppichboden saugte, drückte das für sie meine Wertschätzung ihr gegenüber aus. Wenn ich die Garage sauber machte, spürte sie eine starke Einheit und Verbundenheit zwischen uns. Wenn sie zusah, wie ich unsere Kinder badete, fühlte sie sich unglaublich stark zu mir hingezogen.

Familien können das ideale Umfeld sein, um einfaches Dienen einzuüben. Mit diesem Thema setzt sich das Buch »A Way in the World« von Ernest Boyer auseinander (San Francisco 1984). Die Idee für dieses Buch entstand bei einem Seminar über geistliches Leben, das sich vor allem mit der Bedeutung der Wüste – ausgedehnte Zeiten in Einsamkeit – in der Geschichte der Spiritualität beschäftigte. Als Boyer sein Leben unter diesem Gesichtspunkt betrachtete, drängte sich ihm die Frage auf: »Gibt es in der Wüste Kinderbetreuung?«

Natürlich entschuldigt uns unser Streben nach geistlichem Wachstum nicht davon, uns um unsere Kinder zu kümmern. Im Gegenteil ist die Erziehung unserer Kinder eines der wirkungsvollsten Mittel zur geistlichen Veränderung – vorausgesetzt, sie wird von Gebet getragen und geschieht mit so viel Liebe und Energie wie möglich.

Ich möchte hier noch eine Warnung anbringen: Es ist immer leichter, sich theoretisch über das Dienen zu informieren als praktisch tatsächlich zu dienen. Ich habe von einer Frau gehört, die sich einer wichtigen Operation unterziehen musste. Sie bat ihren Mann, sich für ein Wochenende um die Kinder zu kümmern. Er sagte nein, weil er eine Großveranstaltung für Männer besuchen wollte, bei der es darum ging, wie man ein besserer Ehemann und Vater wird. Er weigerte sich, seiner Frau zu dienen, weil er statt dessen eine Konferenz besuchen wollte, die ihn inspirieren sollte, wie er seiner Frau dienen konnte!

Echte Gemeinschaft wird mehr als alles andere durch gegenseitiges Dienen und Unterordnung charakterisiert. Als Jesus sagte, dass die Ersten die Letzten und die Letzten die Ersten sein sollten und der Sklave der Größte von allen, da gab er keine Anweisungen. Er beschrieb einfach Gottes Vorstellung von Gemeinschaft und machte deutlich, wie sehr sie sich von dem unterschied, wie die Dinge normalerweise in unserer Welt laufen.

2. Sich unterbrechen lassen

Eine andere Form des Dienstes ist *Verfügbarkeit*. In der russischen Kirche gibt es bestimmte Menschen, die »Poustinikki«, die ihr Leben dem Gebet verschrieben haben. Sie ziehen sich in die Wüste zurück (poustinia) und leben in Einsamkeit, aber nicht in Isolation. (Das russische Wort für Einsamkeit bedeutet so viel wie »mit jemandem sein«.) Ihre Tür ist nie verriegelt, um zu zeigen, dass man immer zu ihnen kommen kann. »Oberste Priorität für die Poustinikki war immer die Not ihres Nächsten. Das erstreckte sich über Gebet und Ratschläge bis hin zu körperlicher Arbeit, zum Beispiel zur Erntezeit« (Tilden Edwards, »Soul Friend«, New York 1980).

Manchmal müssen wir uns in unserer Arbeit für Dinge unterbrechen lassen, die nicht in unserem Terminkalender stehen. Manchmal müssen wir mit offener Tür leben. Manchmal müssen wir uns einfach die Zeit nehmen, um mit Menschen zu reden oder für sie zu beten, wenn sie Probleme haben. Wir müssen uns Zeit für Menschen nehmen, die wir nicht kurieren können und die sich nicht positiv auf unsere Karriere auswirken.

Damit ich dies umsetzen kann, erkläre ich ab und zu einen Tag zum »Tag des Dienens im Verborgenen«. An diesen Tagen stehe ich meiner Familie zur Verfügung und nehme mir selbst keine Projekte oder Aufgaben vor. Der Hintergedanke dabei ist, dass ich nicht unterbrochen werden kann, wenn meine einzige Aufgabe die ist, verfügbar zu sein. Mein einziges Ziel für diesen Tag ist, anderen zu dienen. Aber es ist immer wieder demütigend zu sehen, wie schnell das Bedürfnis in mir entsteht, meine eigenen Pläne zu entwerfen.

Manchmal entstehen Verzögerungen und Unterbrechungen, wenn wir den Regeln folgen, denen alle anderen auch folgen. Muhammed Ali (»der Größte«) weigerte sich angeblich einmal, sich im Flugzeug anzuschnallen. Nach den wiederholten Aufforderungen der Flugbegleiter soll er schließlich gesagt haben: »Supermann braucht keinen Sicherheitsgurt.« Worauf der Flugbegleiter trocken antwortete: »Supermann braucht auch kein Flugzeug.«

Jeder von uns hat etwas von einem Möchtegern-Supermann. Wenn wir schon nicht fliegen können, dann halten wir uns wenigstens für so besonders, dass wir von allen Regeln befreit sind. Wenn wir im Stau stehen und versucht sind, ständig die Spuren zu wechseln, um auf Kosten anderer Verkehrsteilnehmer schneller vorwärts zu kommen, kann das eine winzige Erinnerung daran sein, dass die Straße nicht uns gehört. Die anderen sind genauso wichtig wie wir.

Manchmal bedeutet Dienen, dass wir Routineaufgaben erledigen, auch wenn wir jemand anderen bitten könnten, sie zu übernehmen. Es gibt eine Geschichte über Abraham Lincoln (die vermutlich erfunden ist, aber dem Charakter Lincolns entspricht), in der ein Kabinettsmitglied Lincoln dabei beobachtete, wie er seine Schuhe auf Hochglanz brachte. Das Kabinettsmitglied brachte seine Verwunderung darüber zum Ausdruck, dass der Präsident der Vereinigten Staaten seine eigenen Schuhe putzte. Lincoln antwortete: »Wessen Schuhe soll ich Ihrer Meinung nach denn sonst putzen?«

Dienen heißt nicht, dass wir nichts anderes machen, als den ganzen Tag lang einfache Dienste zu übernehmen. Es heißt auch nicht, dass unser Tag nur aus Unterbrechungen besteht. Zu wissen, wann wir für solche Dienste zur Verfügung stehen sollen, erfordert viel Weisheit. Um es ganz allgemein zu formulieren: Je höher unser Hang zur Selbstdarstellung ist, desto nötiger brauchen wir das Dienen.

Einfache Dienste sollen natürlich anderen Menschen helfen, aber sie sollen auch uns einen Dienst erweisen und unsere Ichbezogenheit korrigieren. Dietrich Bonhoeffer nannte diese Dienste »aktives Helfen«. Das bedeutet zuerst ganz simple Unterstützung in unbedeutenden äußerlichen Dingen. Wo Menschen zusammenleben, stoßen wir auf eine Vielzahl solcher Dinge. Niemand ist zu gut, um die einfachste Aufgabe zu erledigen. Menschen, die sich Sorgen machen, dass sie durch solche unbedeutenden Hilfsangebote kostbare Zeit verlieren, nehmen sich selbst zu wichtig. Wenn man bedenkt, dass Bonhoeffer selbst ein brillanter Theologe, Autor, Lehrer, Pastor und Seminarleiter und eine Leitfigur in der Widerstandsbewegung im Dritten Reich war und schließlich für sein Zeugnis zum Märtyrer wurde, dann ist dies ein ernüchternder Gedanke.

3. Eigene Schwächen und Grenzen akzeptieren

Vor einiger Zeit hatte ich zu viele dienstliche Reisen, zu viele Besprechungen, zu viele Gespräche hinter mir und war völlig erschöpft. Ich tausche mich regelmäßig mit einem Freund aus, der auch im kirchlichen Dienst steht. Einmal wöchentlich treffen wir uns und reden über unseren Dienst und unser geistliches Leben. Ich beklagte mich bei ihm über meinen Terminkalender und hoffte auf sein Mitgefühl. Stattdessen überraschte er mich mit der Frage, warum ich mir diesen Lebensstil ausgesucht hatte. Ich war es nicht gewohnt, von meinem Stress als Wahlmöglichkeit zu denken. Ich war eher versucht, meine Geschäftigkeit als etwas Gegebenes hinzunehmen, so wie man eben mit Umweltverschmutzung lebt oder Football-Fan ist. Man würde es sich nicht selbst aussuchen, aber wenn es nun mal unser Los ist, dann arrangieren wir uns damit, so gut es eben geht.

»Warum suchst du dir diesen Lebensstil aus?«, fragte er noch einmal. Seine Frage löste bei mir Unbehagen aus, weil ich wohl oder übel darüber nachdenken musste. Die einzige ehrliche Antwort war, dass ich Selbstbestätigung suchte. Wenn ich Gelegenheiten ausschlagen würde, hatte ich Angst, dass sich keine Gelegenheiten mehr bieten würden. Wenn sich keine Gelegenheiten mehr bieten würden, wäre ich nicht mehr so wichtig. Und wenn ich nicht mehr so wichtig wäre, wäre das für mich schrecklich. Ich konnte meinem Terminkalender einen geistlichen Anstrich geben; ich konnte versuchen, mich selbst davon zu überzeugen, dass es alles Dienst war – aber es war reine Selbstdarstellung. Ich wollte nicht zugeben, dass ich Grenzen habe. Ich wollte nicht akzeptieren, dass ich das Bedürfnis nach so etwas wie Ruhe und Erholung habe. Ich wollte nicht zugeben, dass ich nicht Supermann bin.

Als Ergebnis dieses Gespräches rief ich eine Gruppe ins Leben, in der wir uns dazu anspornten, keine zusätzlichen Verpflichtungen einzugehen, ohne darüber zuerst mit der Gruppe und mit unseren Familien zu sprechen. Außerdem wollten wir uns nicht nur über unsere Termine, sondern auch schonungslos über die dahinter stehenden Motive austauschen.

Es ist gefährlich, ohne solche verbindlichen Beziehungen zu leben. Der Vater eines meiner Freunde stand über fünfzig Jahre lang im kirchlichen Dienst. Sein Vater sagte neulich zu ihm: »Sohn, wenn ich meine Termine im Griff habe, müssen wir uns unbedingt treffen.« Der Sohn kommentierte dies mir gegenüber: »Solange ich lebe, redet mein Vater davon, was wir alles tun werden, wenn er erst seine Termine im Griff hat. Er scheint wirklich zu glauben, dass sein Terminkalender eines Tages irgendwie unter Kontrolle kommen wird. Was aber schlimmer ist: Er weigert sich, den wahren Grund zu akzeptieren oder darüber zu sprechen, warum sein Terminkalender außer Kontrolle geraten ist.«

4. »Die Zunge im Zaum halten«

Die vielleicht am wenigsten praktizierte Form des Dienens ist das, was Bonhoeffer mit »die Zunge im Zaum halten« bezeichnete.

Wir können unsere schlechten Gedanken oft am besten bekämpfen, indem wir ihnen verwehren, sich in Worten auszudrücken ... Es muss ein entschiedenes Kennzeichen christlicher Gemeinschaft sein, dass jeder Einzelne nicht immer alles ausspricht, was er denkt.

Dieses Verhalten steht den konventionellen Gepflogenheiten entgegen. Heutzutage ist es ein Zeichen von innerer Gesundheit, alles auszusprechen, was einem in den Sinn kommt. Aber manchmal ist es ein Sieg für das Reich Gottes, wenn wir den Mund halten.

So ein Sieg kann etwa folgendermaßen aussehen: Wir befinden uns in einer Besprechung am Arbeitsplatz. Im Lauf des Gesprächs wird uns ein Unterton bewusst: »Hier ist eine Chance, mein Wissen zu demonstrieren. Ich habe die Chance, eine Story zu erzählen, die unterschwellig zeigt, wie wichtig ich hier bin. Ich habe die Chance, jemanden zu korrigieren und meine Kompetenz unter Beweis zu stellen.«

Kürzlich diskutierten wir im Mitarbeiterkreis eine relativ unwichtige Entscheidung. Ich merkte, wie ich auf der Kante meines Stuhles saß und eine Stimme, die meiner verdächtig ähnelte, immer höher und höher kletterte. Mir wurde schließlich bewusst, dass es mir überhaupt nicht um diese Entscheidung ging. Ich war vielmehr in einen Wettstreit eingetreten, in dem es darum ging, wessen Entscheidung sich schließlich durchsetzen würde.

Manchmal ist es auch besser, den Mund zu halten und nicht über den geistlichen Fortschritt zu reden, den wir vermeintlich machen. Franz von Sales schreibt: »Wir sagen oft, dass wir nichts sind, dass wir die Armseligkeit in Person und der Abschaum der Welt sind. Aber wenn uns jemand beim Wort nehmen oder anderen sagen würde, dass wir wirklich so sind, wie wir sagen, dann würde uns das sehr weh tun ... Wir geben vor, dass wir am liebsten der Letzte in der Gesellschaft sein und ganz unten am Tisch sitzen würden, aber dabei wollen wir nur erreichen, um so leichter an das obere Ende aufzurutschen. Echte Demut produziert sich nicht selbst und spricht auch nicht auf demütige Weise. Sie möchte nicht nur alle anderen Tugenden verbergen, sondern in erster Linie sich selbst.«

Es kann auch heißen, unsere Aufgaben lockerer zu handhaben. Lewis Smedes erzählt eine wunderschöne Geschichte über Papst Johannes XXIII. (In: »How Can I Be All Right When Everything Is All Wrong?«, San Francisco 1992): Ein Mitglied der Kurie plagte ihn unentwegt und verlangte von ihm, sich um dieses oder jenes Problem zu kümmern. Dieser Mann lebte, als ob er allein die Bedeutung dieser Probleme für die Kirche und die Welt sehen würde und als ob ohne seine Warnungen alles zusammenbrechen würde. Schließlich hatte der Papst genug. Er nahm diesen übermäßig pflichtbewussten Ratgeber beiseite und gestand ihm, dass er manchmal auch der Versuchung erliegen würde, so zu leben, als ob das Schicksal der Welt allein auf seinen Schultern liege. Er sagte, dass ihm dann ein Engel helfen würde, der von Zeit zu Zeit an seinem Bett erschien und sagte: »Hey, Johannes, nimm dich nicht so ernst.«

Wir brauchen manchmal Engel, die uns daran erinnern, dass wir nicht der Messias sind. Wir sind noch nicht mal der Papst.

5. Lasten tragen

Wir sind dazu berufen, gegenseitig unsere Lasten zu tragen.
Das kann bedeuten, dass wir für die Anliegen anderer
beten oder dass wir uns bemühen, jemanden zu trösten.
Zu manchen Zeiten kann es sich auch anfühlen, als ob eine
ganze Beziehung eine Last ist. Vielleicht muss ich lernen,
Menschen zu ertragen, bis ich sie zu lieben beginne.

Ich war Teilnehmer einer Gebetsgruppe, die überwiegend aus Mitarbeitern der Gemeinde bestand. Erklärtes Ziel unserer Treffen war, über die Erfahrungen zu berichten, die wir in der jeweils letzten Woche im Gebet gemacht hatten, und daraus zu lernen. Die Leiterin der Gruppe gab uns einen sehr wertvollen Rat: Sie sagte, wir sollten nach Möglichkeit vermeiden, die anderen Teilnehmer und ihre Kommentare zu bewerten und stattdessen einfach Gott durch sie reden lassen.

Ich merkte, dass ich dazu neige, genau das Gegenteil zu tun. Vom ersten Treffen an konnte ich den Reflex nicht unterdrücken, die anderen einzuschätzen. »Das ist der problematische, jammernde Selbsthilfegruppentyp.« Oder: »Und das ist der konservative, hyperrationale Typ der alten Schule, der sein Herz gut unter Verschluss hält. Und hier haben wir den weisen, gut funktionierenden Typ, von dem ich etwas lernen kann.« Und so ordnete ich alle auf so etwas wie einer Reifeskala ein und war bereit, denen zuzuhören und mich denen anzuschließen, die weiter oben auf der Skala standen, und die abschätzig lächelnd zu ertragen, die auf der Skala hinter mir zu liegen schienen.

Die Anweisung der Leiterin – nicht zu bewerten und Gott reden zu lassen – war, ohne dass sie es wusste, eine sanfte Anklage gegen meine Art des Zuhörens. Ich merkte, dass meine Bewertungen mehr mit mir selbst als mit den Menschen zu tun hatten, die ich bewertete, auch wenn sie nicht immer aller Grundlage entbehrten. Was aber wichtiger war: Sie hielten mich davon ab, auf das zu hören, was Gott mir durch andere Menschen sagen möchte. Sie hielten mich davon ab zu sehen, dass jeder von uns sich irgendwo auf seiner Reise zu Gott befindet und dass die Kluft zwischen den Anfängern und den weiter Fortgeschrittenen unendlich kleiner ist als die Kluft zwischen den am weitesten Fortgeschrittenen und Gott selbst.

Mit anderen Menschen Lasten zu tragen bedeutet auch, für mich schwierige Menschen zu ertragen. Es bedeutet zu lernen, wie Gott durch diese Menschen reden kann. Es bedeutet zu lernen, »für« sie zu sein. Es bedeutet zu lernen, dass der schwierigste Mensch, mit dem ich zu tun habe, ich selbst bin.

Es bedeutet, dass es ein Teil meines Dienens ist, andere Menschen aus den kleinen mentalen Gefängniszellen, in die ich sie gesteckt habe, zu befreien – wenn nötig immer wieder. Das kann ein Mensch sein, der meine Art zu predigen kritisiert, berechtigt oder unberechtigt, liebevoll oder voller Verachtung. Das kann der schwierigste Mensch überhaupt sein – einer, in dem ich dieselben Kämpfe sehe, die auch in mir toben.

»Lasten tragen« erfordert nicht, dass wir diese Menschen zu

unseren besten Freunden machen, aber es heißt, dass wir ihnen Gutes wünschen sollten, unser Recht aufgeben zurückzuschlagen und die Erfahrung machen, dass wir gemeinsam unterwegs zum selben Ziel sind.

Es scheint so, als ob das Leben, nach dem wir uns immer gesehnt haben (wenn unsere Sehnsucht echt und rein war), ein Leben in Demut ist. Dieses Leben sehen wir am deutlichsten in Jesus selbst.

Jesus hatte überhaupt keinen Hang zur Selbstdarstellung. Das ist einer der Gründe, warum die Menschen ihn so schwer erkannten. Die älteste christologische Häresie – der Doketismus – entstand, weil die Menschen nicht begreifen konnten, dass Gott sich selbst Leiden und Verletzung aussetzen würde. Sie waren überzeugt, dass Jesus nur die Gestalt eines Menschen angenommen hatte, nicht aber wirklich Mensch war. Der Apostel Johannes sagte, dass es der Geist des Antichrist ist, der leugnet, dass Christus »ein Mensch von Fleisch und Blut wurde« (1 Johannes 4,2-3).

Jesus war kein Supermann. Er besiegte seine Feinde nicht mit den Händen in den Hüften, und von seiner Brust prallten keine Kugeln ab, ohne Schaden anzurichten. Die Peitsche der römischen Soldaten ließ echtes Blut fließen, die Dornen rissen echtes Fleisch auf, die Nägel verursachten alle Sinne betäubenden Schmerz, das Kreuz führte wirklich zum Tod. Und in all dem ertrug er die Menschen, er vergab ihnen und liebte sie bis zum Ende.

Gottes großer, heiliger Witz über den Messias-Komplex geht folgendermaßen: Jeder Mensch, der je gelebt hat, litt und leidet daran – bis auf einen.

Und der war der Messias.

7

Nichts zu verbergen:
Die Übung des Schuldbekenntnisses

Viele Christen sind unvorstellbar erschüttert,
wenn sie unter den Gerechten plötzlich einen echten
Sünder entdecken. So bleiben wir alleine mit unserer
Sünde, leben in Lügen und Heuchelei ... Wer mit
seinen Sünden allein ist, der ist wirklich allein.
(Dietrich Bonhoeffer)

Vor einigen Jahren tauschten wir meinen alten VW-Käfer gegen unser erstes neues Möbelstück ein: ein mauve-farbenes Sofa. Als der Verkäufer im Möbelgeschäft hörte, dass wir kleine Kinder hatten, riet er uns, das Sofa nicht zu kaufen. »Sie brauchen etwas, das die Farbe von Schmutz hat.« Aber wir hatten den Optimismus, der jungen Eltern zu eigen ist. »Wir wissen schon, wie wir mit unseren Kindern umgehen müssen«, sagten wir. »Geben Sie uns das mauve-farbene Sofa.«

Von diesem Augenblick an kannten wir alle die oberste Regel in unserem Haushalt: *Setz dich nicht auf das mauve-farbene Sofa. Berühr das mauve-farbene Sofa nicht. Iss nicht auf dem Sofa, atme nicht auf dem Sofa, schau es nicht an und denke nicht an das mauve-farbene Sofa.* Erinnern Sie sich an den verbotenen Baum im Garten Eden? »Du darfst auf jeder andern Sitzgelegenheit in diesem Haus sitzen, aber auf diesem Sofa, auf diesem mauve-farbenen Sofa, darfst du nicht sitzen, denn an dem Tag, an dem du auf ihm sitzen wirst, wird der Tod dir gewiss sein.«

Und dann kam der große Sündenfall.

Eines Tages war auf dem mauve-farbenen Sofa ein Fleck. Ein roter Fleck. Ein roter, klebriger Fleck.

Also ließ meine Frau, die dieses Sofa ausgesucht hatte und es verehrte, unsere drei Kinder in einer Reihe vor dem Sofa antreten: Laura, vier Jahre alt, Mallory, zwei Jahre alt, und Johnny, sechs Monate alt.

»Seht ihr das, Kinder?«, fragte sie. »Das ist ein Fleck. Ein roter Fleck. Ein roter, klebriger Fleck. Der Mann im Sofageschäft sagt, dass dieser Fleck nicht mehr rausgeht. In Ewigkeit nicht. Wisst ihr, wie lange die Ewigkeit ist, Kinder? Das ist so lange, wie wir jetzt hier stehen werden, bis mir einer von euch sagt, wie dieser Fleck auf dieses Sofa gekommen ist.«

Mallory war die Erste, die es nicht mehr aushielt. Mit zitternden Lippen und tränenfeuchten Augen sagte sie: »Laura war es.« Laura leugnete leidenschaftlich. Dann war für unendlich lange Zeit Schweigen. Keiner sagte ein Wort. Ich wusste, dass die Kinder nichts sagen würden, weil sie ihre Mutter noch nie so aufgebracht gesehen hatten. Ich wusste, dass sie außerdem nichts sagen würden, weil sie wussten, dass sie in diesem Fall die Ewigkeit auf der Strafbank verbringen würden.

Und ich wusste, dass sie nichts sagen würden, weil ich derjenige war, der den roten, klebrigen Fleck auf dem Sofa verschuldet hatte. Und ich wusste, dass ich nichts sagen würde. Ich dachte mir, dass ich irgendwann einen sicheren Ort finden würde, an dem ich meine Schuld bekennen konnte – vielleicht in einem Buch, das ich viel später einmal schreiben würde.

Der Fleck der Sünde

Natürlich hat jeder von uns Flecken auf dem Sofa hinterlassen. Manche Flecken sind klein und kaum zu sehen. Aber andere drücken durch den Stoff unseres ganzen Lebens durch. Diese Flecken bedauern wir in den kalten Stunden der Nacht, wenn wir im Bett liegen, an die Decke starren und uns wünschen, wir könnten nochmal zurückgehen und die Dinge diesmal richtig machen.

Es gibt Flecken, die wir, wenn wir sie nicht bedauern, so doch bedauern sollten, wenn unser Herz richtig funktionieren würde. Keiner von uns ist so, wie er eigentlich sein sollte.

Wir reden nicht mehr viel über Sünde. Cornelius Plantinga schreibt (in: »Not The Way It's Supposed To Be«, Grand Rapids 1995): »Das Bewusstsein unserer Sünde ist wie unser Schatten. Christen hassen die Sünde, sie fürchten sie, sie fliehen vor ihr, sie sind traurig über sie. Einige unserer Großeltern zermarterten sich wegen ihr. Ein Mann, der einen Wutausbruch hatte, fragt sich, ob er noch zum Abendmahl gehen kann. Eine Frau, die jahrelang ihre attraktivere und intelligentere Schwester beneidet hatte, macht sich vielleicht Sorgen, dass ihre Sünde ihre Erlösung in Frage stellt ... Heutzutage ist es sehr schwer, Sünde zu bekennen. Heutzutage heißt es: ›Lasst uns bekennen, dass wir ein Problem mit Beziehungsdynamik haben und besonders schwach darin sind, im Team zu arbeiten.‹ Oder: ›Ich möchte einfach weitergeben, dass wir Heiligung als einen Bereich geistlichen Wachstums anstreben sollten.‹«

Jeder von uns wird einige Zeit vor dem Sofa ausharren müssen.

Ich bin davon überzeugt, dass die meisten von uns nicht einfach noch einmal hören wollen, dass Gott uns bereitwillig vergibt. So wunderbar das ist, so reicht diese Information allein nicht aus, um Menschen Gottes befreiende Vergebung auch erleben zu lassen. Viele von uns haben an diesem Punkt Probleme – weniger damit, diese Botschaft zu verstehen, als vielmehr damit, in ihrer Realität zu leben.

Sündenbekenntnis: Für unsere Heilung

Weil wir unfähig sind, in der Realität der Vergebung zu leben, hat Gott uns die Übung des Sündenbekenntnisses gegeben. Menschen fragen sich manchmal: »Wenn ich ein Christ bin und Gott mir schon vergeben hat, warum soll ich dann noch etwas bekennen?« Wer so fragt, hat ein falsches Verständnis von Sündenbekenntnis.

Wir sollen unsere Sünden nicht bekennen, weil Gott das braucht. Gott klammert sich nicht so fest an seine Barmherzigkeit, dass wir sie ihm aus den Fingern winden müssten wie einem Kind den letzten Keks. Wir müssen unsere Sünden vielmehr bekennen, damit wir Heilung finden und verändert werden können.

Sündenbekenntnis hat auch nichts mit Buchhaltung zu tun: »Diese Sünde stand in Gottes Hauptbuch auf der Minusseite. Jetzt habe ich sie bekannt, also wird sie getilgt.« Sündenbekenntnis ist nichts Mechanisches, sondern eine Übung, die uns helfen wird, uns verändern zu lassen, wenn wir sie weise praktizieren.

Wenn wir Sündenbekenntnis auf gute Art und Weise praktizieren, werden zwei Dinge geschehen. Zum einen werden wir frei von Schuld. Und zum zweiten werden wir in Zukunft ein kleines bisschen weniger wahrscheinlich genau dieselbe Sünde wieder begehen, als wenn wir sie nicht bekannt hätten. Diese Sünde wird etwas weniger attraktiv aussehen.

Wie kann man nun aber Sündenbekenntnis so praktizieren, dass unsere Seele heiler wird? Welche Hoffnung gibt es für sündenbefleckte Menschen wie uns? Bekenntnis, das uns hilft, die Macht der Vergebung zu erfahren, geschieht im Rahmen eines Prozesses, nicht in einem einmaligen Akt. Sündenbekenntnis ist ein Sechs-Schritte-Programm zur geistlichen Fleckentfernung.

Vorbereitung

Der erste Schritt ist die Vorbereitung. Wir begeben uns in die Obhut des Heiligen Geistes und bitten ihn um seine Hilfe. Ohne diesen Schritt ist Sündenbekenntnis gefährlich. Wenn wir uns selbst überlassen bleiben, neigen wir dazu, uns für Dinge zu verdammen, für die wir uns nicht schuldig fühlen sollten, und über die wirklich hässlichen Flecken hinwegzusehen, die unsere Aufmerksamkeit bitter nötig hätten. Wir brauchen deshalb Hilfe.

Clifton Fadiman erzählt eine wunderschöne Geschichte über Charles Steinmetz, ein Genie von einem Ingenieur zu Beginn des zwanzigsten Jahrhunderts (in: »The Little Brown Book of

Anecdotes«, Boston 1985). Als Steinmetz schon im Ruhestand war, gab der Zusammenbruch eines ganzen Maschinenkomplexes den andern Ingenieuren seiner Firma Rätsel auf. Schließlich baten sie Steinmetz, zu kommen und das Problem für sie zu lösen. Steinmetz lief einige Minuten lang um die Maschinen herum, dann nahm er ein Stückchen Kreide aus der Tasche und machte ein Kreuz auf einem bestimmten Teil auf einer bestimmten Maschine.

Als die Ingenieure diesen Teil der Maschine auseinandernahmen, stellten sie zu ihrem Erstaunen fest, dass dies die exakte Stelle war, an der das System zusammengebrochen war.

Ein paar Tage später bekamen die Ingenieure von Steinmetz eine Rechnung über 10.000 Dollar, was zu dieser Zeit eine horrende Summe war. Die Rechnung schien ihnen übertrieben hoch zu sein, deshalb baten sie ihn, sie aufzuschlüsseln. Nach ein paar weiteren Tagen bekamen sie eine weitere, diesmal aufgeschlüsselte Rechnung:

Ein Kreuz anzeichnen: 1,00 Dollar

Wissen, wo das Kreuz anzuzeichnen ist: 9.999,00 Dollar

Der schwierige Teil der Selbstprüfung besteht darin zu wissen, wo wir ansetzen sollen. »Doch wer weiß, wie oft er Schuld auf sich lädt? Strafe mich nicht, wenn ich es unwissend tat!«, schreibt der Psalmist (Psalm 19,3). Bekenntnis beginnt immer damit, dass wir uns unter den Schutz Gottes begeben und ihn bitten, das Kreuzchen an der richtigen Stelle zu machen.

Selbstprüfung

Zur Selbstprüfung gehört, uns Zeit zu nehmen und über unsere Gedanken, Worte und Werke nachzudenken – und anzuerkennen, dass wir Fehler gemacht haben. Dies ist auch als »Gewissensspiegel« bekannt, als ein Gebet, in dem man den Zustand des eigenen Gewissens unter die Lupe nimmt. Zu manchen Zeiten der Kirchengeschichte konnte man davon ausgehen, dass jeder Nachfolger Jesu diesen Gewissensspiegel auswendig wusste und ständig beherzigte.

Ein hilfreicher Ansatz für die Selbstprüfung ist es, verschiedene Kategorien von Sünde durchzudenken. Am häufigsten wird vermutlich die Liste der »Sieben Todsünden« dazu verwendet: Stolz, Zorn, Begierde, Neid, Habgier, Faulheit und Völlerei. Wo stehen wir an diesen Punkten? Martin Luther verwendete die Zehn Gebote als Leitfaden, um sein Leben unter die Lupe zu nehmen.

Bekenntnis sollte immer so konkret wie möglich sein. Ein »Ich habe meinen Chef angelogen, um Ärger zu vermeiden, und gesagt, dass ich eine Sache erledigt habe, obwohl ich nichts getan habe«, kann mehr an Ehrlichkeit und Veränderung bewirken als zwanzig Variationen von »Ich war nicht ehrlich genug«. Dieser Aspekt des christlichen Bekenntnisses brachte Bill W. dazu, den vierten der Zwölf Schritte der Anonymen Alkoholiker eine »rückhaltlose« oder »schonungslose« moralische Inventur zu nennen.

Im Wesentlichen geht es dabei darum, angemessen Verantwortung für das zu übernehmen, was wir getan haben. Das ist nicht leicht. Wir versuchen, der Verantwortung zu entgehen. Was als Bekenntnis beginnt, endet oft als Entschuldigung: »Ich wollte dich nicht anschreien; ich hatte einfach einen schlechten Tag.«

Sünde zu bekennen bedeutet, die Tatsache anzuerkennen, dass unser Verhalten nicht einfach das Ergebnis schlechter Erziehung, armseliger Gene, eifersüchtiger Geschwister oder einer körperlichen Überreaktion auf zu viele Schokoriegel ist. Alle diese Faktoren können allerdings dazu beitragen. Das menschliche Verhalten ist etwas sehr Komplexes. Aber mit meinem Sündenbekenntnis sage ich, dass irgendwo in dieser Mixtur auch meine freie Wahl vorhanden war, dass ich die Wahl getroffen habe und dass ich diese Wahl nicht entschuldigen, erklären oder sogar verstehen muss. Die falsche Wahl, die ich getroffen habe, muss vergeben werden. Wir müssen reinen Tisch machen.

Wir müssen einen neuen Blick, ein neues Verständnis für unsere Sünde bekommen. Zu jeder Sünde gehört das Leugnen dieser Sünde. Das Schlimmste an Sünde ist, dass sie eine gewisse moralische Kurzsichtigkeit mit sich bringt. Sie zerstört unsere Fähigkeit, ihre Gegenwart aufzudecken.

Eine neue Sichtweise kann mitunter dramatisch sein. James McPherson, der die Geschichte des Bürgerkriegs untersuchte, schreibt von einem Plantagenbesitzer namens James Hammond, der Kongressmitglied und Gouverneur war. Außerdem war er unersättlich ehrgeizig, ein glühender Verfechter der Sklaverei und hatte unmäßige sexuelle Begierden. Im Jahr 1839 erwarb er eine achtzehnjährige Sklavin namens Sally und deren Tochter Louisa. Er machte Sally zu seiner Konkubine und zeugte mehrere Kinder mit ihr. Als Louisa schließlich zwölf Jahre alt war, musste sie die Rolle ihrer Mutter übernehmen, und auch mit ihr hatte er mehrere Kinder. Seine politische Karriere wurde gebremst – aber nur kurz –, als sein Schwager, Wade Hamilton, ihm androhte, öffentlich bekannt zu machen, dass Hammond die vier Töchter Hamiltons, die dreizehn bis achtzehn Jahre alt waren, sexuell missbraucht hatte.

Doch noch bemerkenswerter sind die Tagebucheinträge Hammonds, nachdem ihn seine Frau verlassen und eine Epidemie einem Großteil seiner Sklaven und seines Viehs (was für ihn zur selben Kategorie gehörte) das Leben gekostet hatte:

»Es ist niederschmetternd zu sehen, wie alles um mich herum vernichtet wird. Neger, Kühe, Esel, Schweine, alles Leben um mich herum scheint unter einem schicksalhaften Fluch zu leiden ... Großer Gott, was habe ich getan? Nie war ein Mann so verflucht ... Was habe ich getan oder unterlassen, dass ich dieses Schicksal verdiene? ... Keiner, nicht einer übt auch nur die leiseste Nachsicht mir gegenüber. Nichts wird übersehen, nichts vergeben« (in: James McPherson: »Drawn With the Sword«, New York 1996).

Wir sind vielleicht keine Monster; wir haben vielleicht keine Menschen versklavt oder missbraucht wie Hammond. Aber in uns steckt dieselbe Fähigkeit zur Selbsttäuschung, wenn auch vielleicht in geringerem oder weniger auffälligem Maß. Wir können lügen, um Schmerz zu vermeiden, ohne es zu merken. Wir können schmeicheln oder manipulieren, ohne dass wir uns dessen bewusst sind, als ob wir auf Autopilot gestellt wären. Wir können lange Zeit Ungerechtigkeit oder menschliche Nöte ignorieren, ohne dass unsere moralischen Warnleuchten angehen.

Deshalb geht es bei diesem Schritt im Prozess des Sündenbekenntnisses darum, Sünde ehrlich wahrzunehmen. Wir möchten unsere Sünde durch eine neue Brille sehen. Wir fangen an, sie mit den Augen der Person zu sehen, gegen die wir uns versündigt haben. Wir kämpfen darum, sie durch die Augen Gottes zu sehen.

Jesus sprach oft davon, wie nötig dieser Perspektivenwechsel ist. Er warnte die religiösen Leiter seiner Zeit davor, andere nicht zu verurteilen: »Warum kümmerst du dich um den Splitter im Auge deines Bruders und bemerkst nicht den Balken in deinem eigenen? Wie kannst du zu deinem Bruder sagen: ›Komm her, ich will dir den Splitter aus dem Auge ziehen‹, wenn du selbst einen ganzen Balken im Auge hast? Du Scheinheiliger, zieh erst den Balken aus deinem eigenen Auge, dann kannst du dich um den Splitter im Auge deines Bruders kümmern« (Matthäus 7,3-5).

Wenn wir einen Balken in einem Auge haben – keinen kleinen Zweig, sondern eher etwas in der Größe eines Kanus –, dann ist unser Sehvermögen beträchtlich eingeschränkt. Genau das war den Zuhörern Jesu passiert. Sie sahen die Sünden von Prostituierten und Betrügern und wollten nichts mit ihnen zu tun haben. Sie waren stolz auf ihre geistliche Überlegenheit. Doch Jesus beschuldigte sie, andere Menschen abzulehnen. Sie mussten die Hornhautverkrümmung ihrer Seele überprüfen lassen. Dann wären sie in der Lage, ihr Verhalten in einem neuen Licht zu betrachten.

Menschen, die Jesus aus ganzem Herzen nachfolgen und seine Worte ernst nehmen wollen, sollten sagen: »Jetzt sehe ich mein Handeln im richtigen Licht. Als ich mich von Prostituierten und Betrügern distanzierte und mich ihnen überlegen fühlte, da hielt ich nicht die Fahne für geistliche Gerechtigkeit hoch. Ich nährte nur meine Selbstgefälligkeit und meinen Stolz. Ich bin nicht einmal in der Lage zu lieben. Diese sogenannten großen Sünder sind viel liebevoller als ich. Sie sind viel gerechter als ich. Gott, hilf mir.«

Wir müssen unsere eigene Sünde mit neuen Augen betrachten. Wir müssen sie durch die Augen der Menschen sehen, die wir verletzt haben.

Zwei Fragen: »Warum?« und »Was ist passiert?«

Zwei Fragen können uns dabei helfen, eine neue Sichtweise zu gewinnen. Die erste Frage lautet: »Warum habe ich getan, was ich getan habe?«

Vielleicht finden wir heraus, dass wir gelogen haben, um den Konsequenzen unseres Handelns zu entgehen: »Tut mir Leid, aber mein Tacho muss kaputt sein. Ich bin mir ganz sicher, dass ich nicht schneller gefahren bin, als erlaubt war.« Vielleicht entdecken wir, dass wir über einen anderen Menschen getratscht haben, weil wir eifersüchtig sind oder uns unterlegen fühlen.

Diese Frage ist entscheidend, weil Sünde normalerweise eng mit einem Bedürfnis verbunden ist. Meist ist Sünde ein Versuch, ein berechtigtes Bedürfnis mit ungerechten Mitteln zu erfüllen. Wenn wir diesem Bedürfnis nicht auf angemessene Weise begegnen, bahnen wir der Sünde folglich einen Weg.

Vielleicht müssen wir lernen, die Liebe Gottes in größerem Maß zu erleben, damit wir frei werden von Eifersucht, die Klatsch und Tratsch fast unwiderstehlich macht. Vielleicht müssen wir uns auch einfach entscheiden, mehr emotionalen Schmerz in Kauf zu nehmen und die Wahrheit zu sprechen, wenn eine Lüge uns aus der Klemme helfen könnte.

Die zweite Frage lautet: »Was war das Ergebnis meiner Sünde?«

Vor einiger Zeit wurde mir schmerzlich bewusst, dass ich einen guten Freund belogen hatte. Das hatte verschiedene Konsequenzen: Ich lief unter einer Wolke von Schuld herum. In unserer Beziehung war ein Bruch entstanden, weil ich zwischen uns eine Mauer der Unwahrheit errichtet hatte. Ich war ein bisschen eher bereit, das nächste Mal zu lügen, weil die Hemmschwelle durchbrochen war. Ich ging Gott aus dem Weg.

Als mir diese Punkte klar wurden, wusste ich, dass ich mit meinem Freund sprechen musste. Sogar dann brauchte es noch einige Zeit, bis ich meine Scham über mein Handeln überwinden konnte. Doch als ich, so ehrlich ich konnte, die Konsequenzen meines Handelns anschaute, passierte etwas Wunderbares: Ich merkte, dass ich so etwas nie wieder tun wollte.

Die Motive und Folgen unserer Sünde aufzudecken, erfordert Geduld und Ruhe. Aber wären wir nicht bereit, jeden Preis zu bezahlen, um einen Balken aus unserem Auge zu entfernen?

Ein neues Gefühl

Nach dem Verstehen kommt eine neue Art des Fühlens. Echtes Bekenntnis ist nicht bloßer Informationsaustausch; wir lernen auch, den Schmerz nachzuvollziehen, den die Person empfindet, die wir verletzt haben, und den Gott über unsere Sünde empfindet.

Im Jakobusbrief lesen wir: »Reinigt eure Hände, ihr Sünder! Schenkt Gott eure Herzen, ihr Schwankenden! Klagt über euren Zustand, trauert und weint! Ihr sollt nicht mehr lachen, sondern weinen! Euer Jubel soll sich in Jammer verkehren und eure Freude in Trauer« (Jakobus 4,8-9).

Früher fand ich diesen Abschnitt sehr deprimierend, doch eigentlich geht es hier um ein großes Geschenk. Viele Seelsorger sagen, dass wir beim Beten Gott um das bitten sollen, was wir uns wünschen. Das kann im Fall eines Bekenntnisses bedeuten, dass wir Gott um Tränen bitten. Reue ist für die Seele so nützlich wie Schmerz für den Körper.

Doch müssen wir dies mit einer anderen Aussage ausbalancieren: Bekenntnis ist ein Akt der Gnade.

Bekenntnis ist nur zusammen mit Gnade sicher. Schuldgefühle allein sind keine Garantie für echte Reue und können vollkommen destruktiv und lähmend wirken. Es ist deshalb hilfreich zu wissen, ob wir eher dazu neigen, uns selbst zu strafen oder uns aus der Schlinge zu ziehen.

Der Apostel Paulus unterschied zwischen zwei Arten von Trauer (2 Korinther 7,10). Es gibt eine Trauer »nach dem Herzen Gottes«. Diese Art von Trauer ist die angemessene emotionale Reaktion auf unser Fehlverhalten. Sie bringt uns dazu, Wiederherstellung und Versöhnung zu suchen. Sie treibt uns zu Veränderung und Wachstum. Sie führt uns zur Gnade. Sie ist ungiftig. Die andere Art von Trauer ist eine lähmende Betrübung, »die bei Menschen üblich ist«. Statt uns ins Leben zu führen, verursacht diese Art von Traurigkeit den Tod.

Ich verließ nach einem spannungsgeladenen Morgen das Haus, um zur Arbeit zu gehen. Ich hatte die Kinder ziemlich angefahren, fühlte mich unter Zeitdruck und hatte zu viel zu tun. Als ich aus der Tür ging, fragte mich mein Sohn Johnny, ob ich an diesem Tag in der Stunde seine Schulklasse besuchen würde, in der die Eltern eingeladen waren. Ich wollte schon »Nein« sagen, aber dann merkte ich, wie mich innerlich etwas spürbar am Ärmel zupfte. Etwas – jemand – forderte mich dazu auf, über mein Handeln nachzudenken. Ich spürte einen Stich im Herzen, weil ich so ungeduldig gewesen war und die Menschen, die ich liebe, so grundlos verletzt hatte. Dieser Schmerz, davon bin ich überzeugt, war ein Wink des Heiligen Geistes. Also entschuldigte ich mich, so gut ich konnte, und sagte Johnny, dass ich ganz bestimmt in seine Schule kommen würde.

Als ich in Johnnys Klassenzimmer ankam, sah ich, dass die Eltern von fast allen Kindern da waren. Johnnys Gesicht leuchtete auf. Für die nächste halbe Stunde saß er auf meinem Schoß. Wir sollten gemeinsam ein Bild malen – etwas, was ich nicht sonderlich gerne mache, weil ich kaum in der Lage bin, eine gerade Linie zu ziehen. Wodurch das Ganze noch schlimmer wurde: Der Vater neben mir malte wie Michelangelo. Er zeichnete eine Kaminszene, inklusive perfekter Perspektive, Schattenspiel und Abtönungen.

»Nimm noch ein bisschen blau«, sagte sein Sohn.

»Nein«, sagte Michelangelo. »Das passt nicht in mein Farbkonzept.«

Die Lehrerin kam vorbei, schaute das Bild dieses Mannes an und rief dann die anderen Eltern dazu, um das Werk zu betrachten. Als Kontraststudie nahm sie mein Bild.

Nun fühlte ich eine andere Art von Schuld – ich fühlte mich schuldig, weil ich ein schlechter Künstler war. Doch das war ein sehr menschlicher Schmerz, nichts was nach Reue und Umkehr rief. Ich musste eine andere Möglichkeit finden, um mit meiner Unfähigkeit fertig zu werden. Also wartete ich, bis der Vater neben mir nicht hinschaute, und kritzelte dann schnell mit blauem Stift auf seinem Bild herum. Jetzt hatte ich etwas zu bekennen.

Ich betrachtete Johnnys Bild: Wolken, Schnee, ein Baum und etwas, was wie ein Dinosaurier mit einem menschlichen Gesicht aussah. Darunter hatte mein Sohn geschrieben: »Ich bin dankbar für Gott, meinen Papa und Schnee.« Als ich diesen Satz las, fühlte ich mich wieder richtig gut.

Als es für die Eltern Zeit war zu gehen, klammerte sich Johnny an mich und wollte mich gar nicht gehen lassen.

Ich ging, blieb aber noch ein paar Augenblicke in der Tür stehen und schaute auf meinen Sohn. Es schien mir erst ein paar Jahre her zu sein, dass ich selbst in der ersten Klasse war. Und jetzt war er schon so groß. Das war jetzt seine kleine Welt – sein kleiner Tisch, seine kleinen Finger, die entschlossen den Stift packten und lernten, wie man Buchstaben schrieb. Und irgendwann wird er da in der Tür stehen und zuschauen, wie sein kleiner Sohn an so einem Tisch sitzt.

»Was wäre gewesen, wenn ich nicht gekommen wäre?«, fragte ich mich. »Was wäre gewesen, wenn er dort alleine zwischen all den anderen Kindern und deren Eltern hätte sitzen müssen? Wie lange werde ich in meinem Herzen das Bild tragen, auf dem steht: ›Ich bin dankbar für Gott, meinen Papa und Schnee‹?«

Diesen kleinen Schmerz, der mich dazu brachte, noch einmal nachzudenken und mich anders zu entscheiden, nennt man in der Kirche die überführende Kraft des Heiligen Geistes. Es ist die leise Stimme, die uns am Ärmel zupft und sagt: »Du hast bittere Worte ausgesprochen, die jemanden verletzt haben. Du musst zurückgehen und die Dinge in Ordnung bringen.«

»Du hast bei deiner Steuererklärung betrogen. Du musst Steuern nachzahlen.« (Ein Finanzexperte, der hauptsächlich evangelikale Klienten hat, schätzt, dass etwa 50 Prozent von ihnen bei den Steuernachzahlungen betrügen.)

»Du hast die Unwahrheit gesagt. Geh zurück und sag die Wahrheit.«

Das ist der Schmerz, der Hoffnung bringt, der Schmerz von Wunden, die heilen.

Ein neues Versprechen

Doch Bekenntnis bedeutet nicht nur, das beim Namen zu nennen, was wir in der Vergangenheit falsch gemacht haben. Es gehört auch dazu, unsere Absichten für die Zukunft zu klären und so etwas wie ein Versprechen abzugeben.

Wenn Gott in uns durch den Prozess des Sündenbekenntnisses wirkt, werden wir den tiefen Wunsch verspüren, so etwas Schmerzliches nicht noch einmal zu erleben. Also legen wir ein Gelübde ab. Wir beschließen, dass wir uns mit Gottes Hilfe ändern werden. Das beinhaltet den Willen, soweit wie möglich wieder gutzumachen, was wir falsch gemacht haben.

Auch Zachäus fasste diesen Vorsatz: »Herr, ich verspreche dir, ich werde die Hälfte meines Besitzes den Armen geben. Und wenn ich jemanden betrogen habe, will ich ihm das Vierfache zurückgeben« (Lukas 19,8).

Der Umfang unserer Wiedergutmachungs-Versprechen zeigt uns, ob wir wirklich bereuen oder nur Schadensbegrenzung betreiben. Wollen wir die Dinge wirklich in Ordnung bringen oder nur die schmerzhaften Folgen minimieren?

Lewis Smedes fragt (in: »Forgive & Forget«, San Francisco 1948): »Warum sollten Sie erwarten, dass irgendjemand Ihr Bekenntnis ernst nimmt, solange Sie nicht versprechen, Ihre Beziehung nicht mit noch mehr von diesem unfairen Schmerz zu belasten? Sie können keine Garantie geben, höchstens ein Versprechen. Aber jemand, der verletzt worden ist, sollte zumindest ehrliche Besserungsabsichten erwarten können.«

Der Höhepunkt: Heilende Gnade

Der letzte Schritt in diesem Prozess ist erlebte Gnade. Nicht nur der Gedanke an Gnade, sondern Gnade als Realität, in die wir eingetaucht werden und die uns Leben gibt.

In den Film »Mission« spielt Robert de Niro die Rolle des südamerikanischen Sklavenschinders Mendoza, einen so üblen, selbstsüchtigen und brutalen Charakter, dass es keine Hoffnung für ihn zu geben scheint. Jahrelang jagt er Indios im Urwald, verkauft sie in die Sklaverei und behandelt sie auf übelste Art und Weise. Dann bringt er aus Eifersucht und Zorn auch noch seinen jüngeren Bruder um.

Im Gefängnis kommt er endlich zur Besinnung und beginnt zu bereuen. Er schließt sich den Jesuiten an, die in einem entlegenen Indio-Dorf eine Missionsstation errichten wollen. Von dem leitenden Priester der Jesuiten wird ihm gewissermaßen als Bußakt auferlegt, auf dem Weg durch den Urwald permanent eine schwere Rüstung hinter sich herzuziehen, die an seinen Körper gefesselt ist. Diese Last drückt ihn nieder und verursacht ihm Schmerzen. Aber durch diese Tortur fängt Mendoza an, das Leben anders zu betrachten und erkennt, dass alles, worauf er sein Leben aufgebaut hatte, wirklich eine Last war – für ihn selbst und die Menschen, die er verletzt hatte. Er erkennt seine eigene Hilflosigkeit und Abhängigkeit.

Als die Männer schließlich in dem Indio-Dorf ankommen, sind es die Menschen, die Mendoza zeit seines Lebens gequält und geschunden hat, die das Seil durchschneiden, das ihn an seine Schuldenlast gebunden hat. Er erlebt Gnade in ihrer reinsten Form, und von da an ist er frei.

Die Last war ein Akt der Gnade. Sie verursachte Schmerz und Elend, aber sie war trotzdem Gnade. Und die Erlösung von der Last war ein noch größerer Gnadenakt.

Ebenso verhält es sich mit Sündenbekenntnis.

8

Ein Leben unter Anleitung:

Führung durch den Heiligen Geist

Wir können unser mentales Leben auf mehr
als einer Ebene gleichzeitig ordnen.
Auf einer Ebene denken, reden, sehen, rechnen und
erfüllen wir alle äußerlichen Erfordernisse.
Aber auf einer tieferen Ebene in uns können
wir beten, singen und lobpreisen und empfänglich
für den Atem Gottes sein.
(Thomas Kelly)

Es ist eine Sache, mit Gott zu reden. Aber es ist eine andere, auf Gott zu hören. Wenn wir auf Gott hören, wirkt der Heilige Geist in uns.

Vor einiger Zeit wachte ich mitten in der Nacht auf. Die Morgendämmerung war noch Stunden entfernt, aber ich konnte doch ziemlich gut sehen, weil der Mond durchs Fenster schien.

Ich schaute zu meiner Frau Nancy, die neben mir schlief. Plötzlich war ich nicht mehr völlig groggy, wie man eigentlich erwarten sollte, sondern wurde durch ein intensives Gefühl von Liebe überwältigt. Es war, als ob ich unsere gesamte Ehe durch ein Kaleidoskop sehen würde. Eine Szene nach der anderen spielte sich in meinen Gedanken ab: Der Tag, an dem wir uns kennen gelernt hatten; das erste Mal, als wir so richtig heftig miteinander gelacht hatten; geheime Kosenamen und ganz eigene Traditionen; ihr Lächeln, als sie bei unserer Hochzeit zum Altar schritt. Ich sah all diese Ereignisse – manche bedeutsam, andere trivial, aber alle aus irgendeinem Grund unvergesslich –, die jeder, der jemals geliebt hat, mit sich ins Grab nehmen wird.

Ich dachte daran, wie mein Leben ohne Nancy aussehen würde. Ich dachte nicht nur, wie leer es dann sein würde, sondern auch, wie sehr mein Leben mit dem Leben dieses Menschen verbunden war, der da neben mir schlief.

Lange Zeit bestaunte ich meine Frau einfach in ihrem Schlaf. Ich studierte ihr Gesicht, trank sie in mich hinein. Es war einer der zärtlichsten Augenblicke, die ich je erlebt hatte.

Und dann passierte etwas, was ich nicht erwartet hatte. Wie ich so auf einen Ellbogen gestützt dalag und Nancy betrachtete, dachte ich plötzlich: »Während ich im Bett liege und schlafe, betrachtet Gott mich auch so.« Wie es der Psalmist ausdrückte: »Er, der Beschützer Israels, wird nicht müde und schläft nicht ein; er sorgt auch für dich« (Psalm 121,4-5). Und mir kam der Gedanke, dass Gott vielleicht sagen würde:

»Ich liebe dich so sehr, wie du da liegst. Wenn du schläfst, kann dich keiner sehen, aber ich betrachte dich. Mein Herz ist voller Liebe für dich. Was du jetzt gerade spürst, während du deine Frau betrachtest, was ein Vater spürt, der sein Kind betrachtet, das ist ein kleines Bild für dich, ein Geschenk, damit du jede Nacht, wenn du schlafen gehst, weißt, dass ich genauso und noch mehr für dich empfinde. Ich möchte, dass du darüber nachdenkst, bevor du abends deine Augen schließt. Ich sehe dich und ich bin voller Liebe für dich.«

Es war ein überwältigender Augenblick. Ich hatte das Gefühl, dass Gott selbst zu mir redete. Das waren nicht bloß Gedanken über Gott, sondern Gedanken von Gott. Ich hatte das Gefühl, dass Gott mir ganz persönlich etwas von seiner Liebe mitteilen wollte.

Auf Gott hören lernen

Hat in dieser Nacht der Heilige Geist zu mir gesprochen, oder habe ich diese Gedanken selbst produziert? Ich bin mir nicht ganz sicher. Ich habe keinen Beweis dafür, dass Gott zu mir gesprochen hat. Ein paar Freunde hatten mir erzählt, dass sie ganz klar spürten, wenn Gott zu ihnen redete. Sie lernten, bestimmte Regungen des Herzens oder Gedanken als die Stimme Gottes zu erkennen, so wie Kinder schon im Mutterleib lernen, die Stimme ihrer Mutter zu erkennen. Da dies ein völlig natürlicher Teil ihres Lebens war, dachten meine Freunde nicht besonders darüber nach.

Aber meine Erfahrung sieht anders aus. Ich habe noch nie die Stimme Gottes deutlich vernehmbar gehört. Ich bin auch nicht mit einer intuitiven Erkenntnis aufgewachsen, wann Gott zu mir spricht. Im Gegenteil betrachtete ich Menschen, die so selbstverständlich von solchen Dingen sprachen, immer mit einer gewissen Skepsis.

Inzwischen bin ich zu der Überzeugung gelangt, dass dieser Argwohn nicht unbedingt gut ist. Mir ist heute klar, dass ich für die Möglichkeit offen sein muss, dass Gott manchmal direkt zu mir spricht, wenn ich eine persönliche Beziehung zu ihm habe.

Deshalb möchte ich in diesem Kapitel einen Blick darauf werfen, was wir so als »Führung« oder »Reden« des Heiligen Geistes bezeichnen.

Im Lauf der Jahrhunderte gaben Christen diesem Phänomen verschiedene Namen. George Fox schreibt in seinem Tagebuch davon, dass Gott ihm »eine Wahrheit eröffnete« – womit er meinte, dass Gott direkt, aber nicht unbedingt hörbar zu seinem Verstand sprach. Johannes Calvin sprach vom »inneren Zeugnis« des Heiligen Geistes. St. Ignatius sprach von »Bewegungen« der Seele – Gedanken, Gefühle oder Wünsche, die direkt von Gott kommen können, um uns ihm näher zu bringen.

Diese Stimme kann uns einer Sünde überführen, uns Gottes Liebe versichern oder uns zum Handeln veranlassen. Aber sie ist für ein vom Geist geleitetes Leben entscheidend. Wir müssen deshalb lernen, auf diese kleine, unscheinbare Stimme zu hören.

(Ich war von meiner Erfahrung damals übrigens so überwältigt, dass ich Nancy aus dem Tiefschlaf aufweckte, um ihr davon zu erzählen. Das war vielleicht keine Führung des Geistes.)

Ein unerlässlicher Teil der Veränderung

Gebet gehört zu den paradoxen Erscheinungen unserer Zeit. Fast jeder redet ab und zu mit Gott. In einer neueren Zeitungsumfrage gaben mehr Amerikaner an, in einer bestimmten Woche gebetet zu haben, als sie gearbeitet, Sport getrieben oder Sex gehabt hätten. Von den 13 Prozent der Amerikaner, die sich selbst als Atheisten bezeichnen, behauptet jeder fünfte, dennoch täglich zu beten.

Warum nehmen wir die Möglichkeit, dass Gott zu uns reden kann, dann so zwiespältig auf? Warum sagt man, dass wir beten, wenn wir zu Gott reden – aber wenn Gott zu uns redet, heißt es, dass wir schizophren sind? Warum sollte Gott an seinem Ende der Telefonleitung nur eine Hörmuschel, aber kein Mundstück haben?

Offen und aufnahmebereit für die Führung des Heiligen Geistes zu sein ist kein ersetzbarer Teil unserer Veränderung. Richard Foster schreibt (in: »Nachfolge feiern«, Brockhaus 1996): »In unserer Zeit warten Himmel und Erde auf das Auftreten von vom Heiligen Geist geleiteten, durchdrungenen und bevollmächtigten Menschen. Die ganze Schöpfung blickt voller Erwartung darauf, dass disziplinierte, aus freien Stücken zusammen gekommene Märtyrer auftauchen, die in diesem Leben die Macht des Reiches Gottes anerkennen. Es kann wieder geschehen ...«

Solche Menschen werden nicht auftauchen, solange es unter uns keine tiefgehende Erfahrung eines »Emmanuel« des Heiligen Geistes gibt – »Gott mit uns«, das Wissen, dass Jesus in der Kraft des Heiligen Geistes seine Kinder leitet; die Erfahrung, dass seine Leitung so eindeutig und so unmittelbar ist wie die Wolke am Tag und die Feuersäule in der Nacht.

Ich bin davon überzeugt, dass der Heilige Geist uns Menschen wirklich Leitung oder Führung oder Richtungsweisung anbietet, uns ganz normalen Menschen. Und zwar jedem von uns.

Wir können lernen, offen für die Stimme des Heiligen Geistes zu werden. Sie ist nicht reserviert für Leiter oder »wichtige Menschen«. Sie ist nicht reserviert für Menschen, die als Pastoren oder Missionare arbeiten. Sie ist nicht reserviert für Menschen, die »geistlicher« sind als Sie. Der Heilige Geist kann und will uns jederzeit leiten, wenn wir es wünschen.

Sie stehen vielleicht kurz davor, es zu erleben. Ihr Abenteuer mit Gott beginnt gerade jetzt!

»Geistliche Zerstreutheit«: Wenn Gottes Gegenwart fehlt

In George Bernhard Shaws Theaterstück über Jeanne d'Arc fragt einer der Darsteller Jeanne d'Arc, warum die Stimme Gottes nie zu ihm spricht, während sie behauptet, dass Gott ständig zu ihr rede. »Die Stimme Gottes spricht unablässig zu dir«, antwortet sie ihm. »Du kannst sie nur nicht hören.« Ich glaube, einer der Gründe, warum wir Gott nicht hören ist, dass wir einfach nicht aufmerksam sind. Wir leiden gewissermaßen an »geistlicher Zerstreutheit«.

Psychologen definieren Zerstreutheit als Neigung zu mentalem Abschweifen. Man schafft es nicht, völlig präsent zu sein, kann sich nicht auf den Augenblick konzentrieren. In diesem Zustand schalten wir auf Autopilot. Stellen Sie sich beispielsweise vor, Sie lesen ein Buch – nicht dieses, natürlich! –, und wenn Sie am Ende einer Seite angekommen sind, merken Sie plötzlich, dass Sie keine Ahnung haben, was Sie gerade gelesen haben.

Ich habe während meines Studiums ein Freisemester genommen, um vollzeitlich für einen metallverarbeitenden Betrieb zu arbeiten. Ich war durch meine ewige Zerstreutheit vermutlich der inkompetenteste Mitarbeiter, den diese Firma je hatte, also wurde ich schließlich in die Auslieferung versetzt, wo ich der Firma rein theoretisch den geringsten Schaden zufügen konnte. Aber selbst dort merkte ich, wie meine Gedanken abschweiften und kein Ziel hatten.

An einem Vormittag lieferte ich meine letzte Lieferung bei einer Firma namens »Johnson Electronical Supply« ab und fuhr in unserem weißen Lkw zurück zu meiner Firma. Unterwegs fielen mir einige ungewöhnliche Dinge auf. Die Tachoanzeige, die kaputt gewesen war, funktionierte plötzlich wieder. Im Radio waren andere Sender einprogrammiert als vorher. *Das ist aber seltsam,* dachte ich scharfsinnig.

Ich parkte den Lkw auf dem Firmengelände, ging in die Kantine, dann kam ich wieder heraus, um die Post aufs Postamt zu bringen. Als ich aus dem Postamt kam und mich auf dem Parkplatz umschaute, sah ich, dass unser Firmen-Lkw nicht da war. *Jemand hat unseren Lkw gestohlen,* dachte ich erschrocken. Dann bemerkte ich einen erstaunlichen Zufall: Auf dem Parkplatz stand ein ganz ähnlicher weißer Lkw, auf dem »Johnson Electronical Supply« stand.

Es dämmerte mir: Ich hatte einen Lkw gestohlen.

Und ich hatte es nicht einmal gemerkt.

Irgendjemand bei »Johnson« hatte die Schlüssel im Zündschloss stecken lassen. Als ich aus dem Laden kam, war ich in den falschen Lkw gestiegen, ohne solche Nebensächlichkeiten zu bemerken wie die Aufschrift in großen blauen Buchstaben auf der Seite des Lkw. Ich hatte einen Lkw gestohlen!

Ich betete auf dem Rückweg zu meiner Firma, dass es noch keiner gemerkt hatte. Leider hatte ich dieses Glück nicht. Etwa um die Zeit, als ich das Postamt verlassen hatte, hatte ein Mitarbeiter von »Johnson« bei uns angerufen.

Dieser peinliche Fehler passierte mir vor zwanzig Jahren. Bis heute kann ich mich nicht bei dieser Firma sehen lassen.

Um Don King noch einmal zu zitieren: »Ich höre nie auf, mich selbst zu bewundern. Ich sage das voller Demut.« Meine Fähigkeit zu Zerstreutheit ist absolut umwerfend. So ein Charakterzug kann im Beruf zu äußerst peinlichen Situationen führen. Aber meine Fähigkeit zu geistlicher Zerstreutheit ist weit ernster zu nehmen: Sie kann mein geistliches Leben bis zur Unkenntlichkeit verkrüppeln.

Manchmal, wenn ich Probleme habe, denke ich nicht einmal daran, wegen dieser Dinge zu beten. Ich mache mir Sorgen, ich bin davon besessen oder gerate deswegen ins Schwitzen, aber ich bete nicht.

Vor nicht allzu langer Zeit merkte ich in einem Gottesdienst, dass ich beim Singen nicht richtig bei der Sache war. Ich wusste, dass es in einer Ecke meines Lebens eine Sünde gab, mit der ich noch nicht bereit war umzugehen. Also nahm ich äußerlich am Lobpreis teil. Aber ich war nicht präsent für den Heiligen Geist. Ich gab ihm nicht die geringste Chance, zu mir zu reden.

Ich fühlte mich ein bisschen so, wie sich Jakob in Bethel gefühlt haben muss: »Wahrhaftig, der Herr ist an diesem Ort, und ich wusste es nicht« (Genesis 28,16)!

Jakob hatte nie auf Gott gehört – nebenbei bemerkt auch auf sonst niemanden. Er war das, was man heute einen Hochstapler nennen würde, jemand, der sich nur von seiner eigenen List leiten ließ. Der Name Jakob bedeutet »Ränkeschmied«.

Eines Nachts, als Jakob schlief, sprach Gott zu ihm. Jakob sah eine Leiter, auf der Engel hinauf- und hinunterstiegen – eine Vision des Reiches Gottes. In diesem Augenblick versprach Gott, Jakob nahe zu sein, ihn zu leiten und zu schützen.

Jakob war erschüttert. »Man muß sich dieser Stätte in Ehrfurcht nähern. Hier ist wirklich das Haus Gottes, das Tor des Himmels« (Genesis, 28,27)! Jakob war ganz benommen, weil er geistlich so zerstreut war. Gott war genau hier, er redete, und Jakob hatte nichts davon bemerkt. Jakob nannte den Ort dann Bethel, »Haus Gottes«. Er nahm den Stein, den er als Kopfkissen verwendet hatte und stellte ihn als Altar auf. Er sollte ihn daran erinnern, wie nahe Gott ihm war und wie sehr er es nötig hatte, auf ihn zu hören.

»Wahrhaftig, der Herr ist an diesem Ort, und ich wusste es nicht!« Diese Worte können unseren Zustand beschreiben. Aber wir möchten sensibler für Gottes Gegenwart werden. Wir möchten in immer mehr Augenblicken unseres Lebens sagen können: »Hier ist wirklich das Haus Gottes, das Tor des Himmels!«

Also müssen auch wir uns Altäre bauen. Wir brauchen unsere eigenen Säulen, die uns daran erinnern, auf Gott zu hören. Manchmal schreibe ich mir das Wort »Hinhören« auf einen Zettel und lege ihn auf das Armaturenbrett im Auto oder trage ihn in der Tasche mit mir herum. Der Zettel soll mich daran erinnern, aufmerksam zu sein. In meinem Büro stehen ein paar Dinge, die mir als Erinnerungsstützen dienen, dass Gott mir nahe ist, weil ich mit diesen Dingen besondere Erfahrungen verbinde. Ich bin so in meiner geistlichen Zerstreutheit verloren, dass ich solche Altäre brauche, die mich daran erinnern, dass genau dieser Augenblick »das Tor des Himmels« sein kann.

Wie Gott redet

Zu jemandem zu sprechen bedeutet einfach, die Gedanken eines anderen Menschen auf etwas zu richten. Weil Sie diese Worte lesen, denken Sie eine Reihe von Gedanken, die Sie sonst nicht denken würden. Ihre Gedanken werden von einem anderen Menschen – mir – geleitet.

Da ich nur ein begrenztes menschliches Wesen bin, muss ich indirekte Mittel ergreifen, um Ihre Gedanken zu leiten. Ich muss meine Gedanken in Worten ausdrücken, damit Sie sie hören oder lesen können. Ich muss sie auf Papier drucken, also meinen Gedanken eine körperliche Gestalt geben, damit ich mit Ihnen kommunizieren kann.

Aber Gott hat das nicht nötig. Gott kann meine Gedanken direkt leiten, ohne dazu Geräusche oder Bilder einsetzen zu müssen.

C. S. Lewis schrieb dazu (in: »Über den Schmerz«, Brunnen Verlag): »Wenn mir Ihre Gedanken und Leidenschaften so direkt präsent wären wie meine eigenen, ohne das geringste Anzeichen dafür, dass sie von außen kommen oder anders sind, wie sollte ich sie dann von meinen unterscheiden? (...) Sie werden, wenn Sie Christ sind, einwenden, dass Gott (und Satan) mein Bewusstsein so direkt beeinflussen, ohne Zeichen von ›Äußerlichkeit‹. Ja: Und das Ergebnis ist, dass die meisten Menschen die Existenz von beiden weiterhin ignorieren.«

Das ist der entscheidende Punkt: Gott spricht vielleicht zu Ihnen – »beeinflusst Ihr Bewusstsein«, um Lewis' Worte zu gebrauchen –, aber Sie ignorieren die Tatsache, dass genau dieser Gedanke von Gott kommt. So ist es möglich, dass Gott zu uns spricht und unsere Gedanken lenkt, ohne dass wir merken, dass es Gottes Leitung ist. Das passierte auch Samuel, als er jung war. Gott sprach ihn eines Nachts direkt an, aber Samuel begriff nicht, dass es Gott war, der zu ihm sprach. Er brauchte die Hilfe des Priesters Eli, um die Stimme Gottes zu erkennen.

Bevor wir darüber nachdenken, wie wir Gottes Leitung folgen, möchte ich zunächst ein paar falsche Vorstellungen ausräumen.

Was Gottes Leitung nicht ist

Leitung ist keine »Insider-Information«

Eine alte Gameshow in Amerika erreichte Woche für Woche ihren Höhepunkt, wenn es um den »Big Deal« des Tages ging. Zwei Kandidaten hatten die Wahl: »Sie bekommen, was sich hinter Tür 1, Tür 2 oder hinter Tür 3 befindet.« Die Kandidaten mussten alles aufs Spiel setzen, was sie bisher gewonnen hatten, um das richtig große Geld zu machen. Aber sie konnten am Ende auch alles verlieren.

Diese Wahl war für die Kandidaten oft die reinste Qual. Hinter einer Tür konnten Reichtümer liegen, und hinter einer anderen konnte der Moderator als Kleinkind verkleidet in einem riesigen Kinderstuhl sitzen. In diesem Augenblick wünschten sich die Kandidaten nichts sehnlicher als *Insider-Informationen*. Irgendeinen klitzekleinen Hinweis darauf, welche Tür sie zu Glück und Reichtum führen würde.

Viele Menschen verschwenden kaum einen Gedanken an Gottes Führung, bis sie vor einer schwerwiegenden Entscheidung stehen: Wen heiraten, welches Haus kaufen, wo studieren, welchen Job annehmen? Was diese Leute wirklich wollen, ist nicht Leitung im christlichen Sinn des Begriffes. Sie wollen »Insider-Informationen«, damit sie wissen, welche Tür sie wählen sollen. Sie wollen vorher wissen, welche Wahl ihnen Geld, Glück oder Erfolg bringt.

Eine wichtige Testfrage, um zu überprüfen, ob wir wirklich an Gottes Leitung interessiert sind, lautet: »Wie oft frage ich nach Gottes Willen, wenn ich nicht vor einer wichtigen Entscheidung stehe?«

Um zu lernen, sich wirklich von Gott führen zu lassen, kann es hilfreich sein, dass man zuerst mal aufhört, nach Gottes heißem Tip für rein äußerliche Entscheidungen (wen man heiraten oder welchen Job man annehmen soll) zu fragen.

Stattdessen sollte man Fragen wie die folgenden stellen:

- Wie kann ich zu einem aufrichtigeren Menschen werden?
- Wer kann mir beibringen, so zu beten, dass meine Seele Nahrung bekommt?
- Welche geistlichen Übungen helfen mir, ein Leben in Freude zu führen?

Führung ist kein Merkmal für besondere Geistlichkeit oder Wichtigkeit

Wenn wir hören, wie Gott zu uns spricht, bedeutet das nicht, dass wir außergewöhnlich geistlich reif oder wichtig sind. Gott kann sprechen, mit wem er möchte.

Das Buch Numeri beschreibt diese Art der Kommunikation am Beispiel des Propheten Bileam schon fast im Stil einer Komödie. Bileam wurde von dem König von Moab dazu verleitet, das Volk Israel zu verfluchen. Das gefiel Gott natürlich überhaupt nicht, und als Bileam auf dem Weg zu den Moabitern war, schickte Gott einen Engel, um Bileam den Weg zu verstellen. Seltsamerweise war der Engel für Bileam unsichtbar, aber deutlich wahrnehmbar für seine Eselin. Dreimal wich die Eselin zur Seite aus, als der Engel ihr den Weg verstellte, und jedes Mal wurde das Tier von Bileam geschlagen, der den Engel nicht wahrnahm. Schließlich öffnete Gott der Eselin den Mund und sie sagte zu Bileam: »Was habe ich dir denn getan?« (Numeri 22,28). Die Eselin klärte Bileam über den unsichtbaren Besucher auf. Schließlich wurden auch Bileams Augen geöffnet und er sah den Engel, der ihm sagte, dass er Bileam erschlagen hätte, wenn die Eselin nicht so geistesgegenwärtig zur Seite ausgewichen wäre.

Stellen Sie sich nun einmal vor, die Eselin hätte auf dieses Ereignis so reagiert, wie die meisten von uns versucht gewesen wären: Die Eselin wäre in ihren Stall zurückgekehrt und wäre vor lauter geistlicher Erkenntnis völlig aufgebläht gewesen: »Ich war in der Lage, die Anwesenheit des Engels zu erkennen, während der Prophet selbst nichts davon merkte!« Was wäre passiert, wenn die Eselin sich Starallüren zugelegt und sich in eine höhere geistliche Klasse als die anderen Unpaarhufer der Welt eingestuft hätte? Sie hätte sich selbst zum Esel gemacht.

»Gottes Führung suchen« ist nicht dasselbe wie passiv sein

So manche Menschen fragen sich, ob sie sich einen neuen Job suchen sollen. Ein Mann erzählte mir einmal, dass er sich entschlossen hatte, sich nicht um einen Job zu bemühen, für den er sich interessierte. Seine Begründung war, dass er es als Zeichen Gottes werten würde, wenn er den Job bekäme, ohne sich darum gekümmert zu haben.

Das Problem mit dieser Argumentation ist, dass sie davon ausgeht, dass alles, was als Ergebnis von »Nichtstun« passiert, Gottes Wille ist. Doch das stimmt offensichtlich nicht. Gehen Sie hinaus und setzen Sie sich mitten auf eine Autobahn. Sagen Sie sich: »Ich werde mich nicht bewegen. Ich werde einfach hier sitzen, und wenn ich nicht von einem Auto überfahren werde, dann weiß ich, dass es Gottes Handeln ist.«

Jeder von uns würde so eine Aktion als dumm bezeichnen.

Gott hat die Menschen nicht nach seinem eigenen Bild geschaffen, auf dass sie passiv sein sollen. Gott ist alles andere als passiv. Wenn wir vor wichtigen Entscheidungen stehen, müssen wir beten, nach seiner Leitung fragen und weise, mutig und verantwortlich handeln.

Leitung ist keine Methode, um Risiken zu umgehen

Manchmal wollen wir, dass Gott uns die Entscheidung abnimmt, weil wir keine Risiken auf uns nehmen wollen. Entscheidungen treffen kann einsam machen. Selbst kleine Entscheidungen können Angst machen. Beobachten Sie einen unentschlossenen Menschen mit einer ausführlichen Speisekarte, neben dem ein ungeduldiger Ober steht. Da sehen Sie »live« die Spannung zwischen Wahl und Risiko.

Gott betrachtet seine Leitung nicht als Abkürzung, durch die wir Entscheidungen vermeiden und Risiken umgehen können. Gott möchte vielmehr, dass wir ein gesundes Urteilsvermögen entwickeln, und das geht nur innerhalb eines Prozesses, der Entscheidungen und Risiken beinhaltet. Als Eltern möchten wir unsere Kinder zu reifen, gesunden, verantwortlichen und entscheidungsfähigen Erwachsenen erziehen. Doch das wird uns nicht gelingen, wenn wir ihnen alle Entscheidungen abnehmen und ihnen stets detailliert erklären, was sie in jeder Situation zu tun haben – was sie anziehen sollen, was sie essen sollen, welche Kurse sie belegen sollen, mit wem sie sich verabreden sollen. Gottes Ziel ist nicht, uns dazu zu bringen, immer richtig zu handeln. Er möchte uns vielmehr dazu anleiten, zur »richtigen Sorte« von Menschen zu werden.

Unsere Persönlichkeit formt sich, indem wir Entscheidungen treffen. Wir lernen dadurch, nachzudenken und Optionen abzuwägen, wir entdecken auf diese Weise, was uns wirklich wichtig ist, wir übernehmen Verantwortung für die Wahl, die wir getroffen haben. Gott möchte, dass wir wahre Menschen werden, keine Roboter. Das aber bedeutet, dass wir Entscheidungen treffen müssen.

Den Hinweisen des Heiligen Geistes folgen

Wenn die Punkte, die wir oben genannt haben, nicht als Leitung durch den Heiligen Geist zu verstehen sind, wie können wir dann der Leitung des Heiligen Geistes folgen?

Achten Sie unablässig auf den Heiligen Geist

Thomas Kelly schrieb (in: »A Testament of Devotion«): »Wir können unser mentales Leben auf mehr als einer Ebene gleichzeitig ordnen. Auf einer Ebene denken, reden, sehen, rechnen und erfüllen wir alle äußerlichen Erfordernisse. Aber auf einer tieferen Ebene in uns können wir beten und anbeten, singen und empfänglich für den Atem Gottes sein.«

Diese Empfänglichkeit, dieses Ordnen unseres mentalen Lebens auf mehr als einer Ebene, kann man erlernen. Wenn wir beispielsweise morgen eine wichtige Entscheidung zu treffen haben, können wir innehalten und um Weisheit bitten. Wenn wir unerwarteterweise Zeit zur freien Verfügung haben, können wir eine Pause einlegen und Gott fragen: »Gibt es irgendetwas, was ich jetzt tun sollte?« Dann können wir einen Augenblick lauschen, und wenn nichts kommt, dann tun wir einfach das, was uns in diesem Moment am weisesten erscheint. Jedes Mal, wenn wir einen Menschen begrüßen, können wir den Heiligen Geist fragen: »Wie soll ich auf diesen Menschen reagieren? Möchtest du durch mich sprechen oder handeln?«

Das funktioniert! In meiner Gemeinde gibt es einen großen Restaurantbereich. Einer meiner Freunde, der dort mitarbeitete, praktizierte dieses »Ordnen des mentalen Lebens«, als er mit einer Frau sprach, die dort ein paar Mal ehrenamtlich mitgeholfen hatte. An diesem bestimmten Abend hatte die Mitarbeiterin zuerst den Gemeindegottesdienst besucht und half danach, Pizza zu servieren. Aber nach dem Gottesdienst hatte mein Freund den Eindruck, dass er diese Mitarbeiterin nach ihrem Leben mit Gott fragen sollte.

»Komm, wir setzen uns hin und reden noch ein bisschen über den Gottesdienst«, lud er sie ein.

»Müssen wir nicht zurück und im Restaurant helfen?«, fragte sie.

»Ach was, die Leute können sich ihr Essen selbst holen«, entgegnete mein Freund.

Er erklärte dieser Mitarbeiterin, was es bedeutete, Jesus aus ganzem Herzen nachzufolgen.

»Macht das irgendwie Sinn für dich?«, fragte er sie schließlich.

»Ja, es war sehr hilfreich«, antwortete sie. »Jetzt verstehe ich vieles besser. Vielen Dank.«

Mein Freund erklärte ihr weiter, dass es nicht nur darum geht, alles zu verstehen, sondern dass sie ihr Leben in die Hand Gottes legen könnte, dass sie Gott jetzt und hier ihr Leben übergeben könnte. Und sie tat es.

War es Führung des Heiligen Geistes, die meinen Freund veranlasste, diese Mitarbeiterin anzusprechen? Er hatte diesen Eindruck. »Diese Frau nicht anzusprechen wäre eine Unterlassungssünde gewesen«, war sein Kommentar.

Diese Art des Hörens auf leise Winke Gottes ist Menschen, die Christus nachfolgen, schon seit Jahrhunderten bekannt. Deshalb möchte ich mit Ihnen ein Experiment machen. Wenn Sie in dieser Woche mit Menschen zusammenkommen, hören Sie ganz bewusst auf das, was der Heilige Geist Ihnen sagt. Er wird Sie dazu veranlassen, den Menschen so zu begegnen, wie Jesus ihnen an Ihrer Stelle begegnet wäre.

Gebetsauswertung

Manchmal können Menschen nichts über Gebet lernen, weil sie nicht darüber nachdenken, was passiert, wenn sie beten. Die folgende Übung kann uns helfen, beten zu lernen.
Es ist vergleichbar mit dem, was wir nach dem Besuch eines guten Freundes tun. Wir verbringen ein paar Augenblicke allein und denken über die gemeinsam verbrachte Zeit nach. Wir erinnern uns an Momente, in denen wir uns einander besonders

nahe gefühlt hatten, oder vielleicht auch an Momente, in denen es Konflikte oder Unklarheiten gab. Wir denken an Dinge, die nicht zu Ende geredet wurden oder gelöst werden müssen. Wir sind dankbar für die Zeit, die wir mit diesem Freund zusammen hatten.

Und so können Sie Ihr Gebet auswerten:

- Nehmen Sie sich nach Ihrem Gebet drei oder vier Minuten Zeit, darüber nachzudenken. Das ist nicht Teil des Gebets, sondern eine separate Übung.
- Wie fing das Gebet an? Waren Sie sich der Gegenwart Gottes bewusst oder haben Sie einfach aus sich heraus gedacht?
- Schienen bestimmte Teile Ihres Gebets besonders »lebendig« zu sein? Gab es Abschnitte, die sehr emotionsgeladen waren oder in denen Sie von Schuld überführt wurden? Fühlten Sie sich dadurch näher zu Gott hingezogen oder eher weiter von ihm entfernt?
- Welchen Schwierigkeiten sind Sie begegnet? Waren Sie müde oder abgelenkt oder stießen Sie auf andere Barrieren? Sind Ihre Gedanken abgeschweift? Wenn ja, wohin? Was haben Sie in diesem Augenblick gebetet? Wie haben Sie darauf reagiert?
- Hatten Sie das Gefühl, zu einer Antwort oder einer bestimmten Handlung aufgefordert worden zu sein? Wenn ja, wozu?
- Wie war der Grundton Ihres Gebets? Warm und liebevoll? Schwierig und schmerzlich? Düster? Beruhigend? Klagend? Verschwommen?

Notieren Sie sich die Ergebnisse dieser Auswertung. Auf diese Weise können Sie im Lauf der Zeit aus Ihren Gebeten viel lernen.

Reagieren Sie ohne Zögern

Leitung durch den Heiligen Geist macht nur Sinn, wenn wir auch entschlossen sind, ihr zu folgen. Dies beginnt natürlich schon damit, Gottes klaren Richtlinien in der Bibel zu folgen. Einer meiner Freunde vom College hatte zwei Jahre lang eine stark sexuell geprägte Beziehung zu seiner Freundin. Als wir uns dem Ende unseres Studiums näherten, fing er an, über die Ehe nachzudenken: »Ist es Gottes Wille für mich, dieses Mädchen zu heiraten?«, fragte er sich.

Mein Freund fragte nicht wirklich nach Gottes Führung. Er konnte Gottes Richtungsweisung in Bezug auf Sexualität ganz klar aus der Bibel ablesen, war aber nicht im mindesten daran interessiert. Er wollte einfach wissen, ob dieses Mädchen der »Big Deal« des Tages war oder ob er lieber abwarten sollte, was hinter der zweiten Tür steckte.

Es macht nur Sinn, nach Gottes Führung zu fragen, wenn unser ganzes Leben danach ausgerichtet ist »zuerst das Reich Gottes zu suchen« (Mt 6,33). Gott zeigt uns nur, wie wir leben können, als ob Jesus an unserer Stelle stehen würde. Wir können eine tolle Landkarte der Umgebung haben, aber bevor wir sie auseinanderfalten, sollten wir uns entscheiden, wo wir überhaupt hinwollen.

Hier sehen wir auch sehr deutlich, was so traurig an dem Bestreben ist, Astrologen und Horoskope zu befragen. Die Menschen versuchen, den »Big Deal« des Tages ausfindig zu machen, ohne dabei nach moralischer Richtungsweisung zu fragen. Nur selten wird ein Astrologe einem Ratsuchenden am Telefon sagen: »Sie müssen Ihre Überheblichkeit und Ihre Apathie gegenüber den Menschen in den üblen Wohngebieten als Schuld bekennen und überwinden.«

Frank Laubach machte sein Leben zum Experiment, indem er versuchte, auf die leitenden Hinweise Gottes zu hören. Er führte etwas ein, was er »Spielen mit Minuten« nannte, um zu sehen, ob er sich immer wieder neu auf den Heiligen Geist ausrichten konnte. Er schrieb über die Verbindung zwischen Loslassen und Leitung (in: »Letters From a Modern Mystic«, Syracuse N. Y. 1990): »Ich habe nie gelebt, ich war immer halbtot, ich war ein verrottender Baum, bevor ich an den Punkt kam, an dem ich ganz und gar und völlig aufrichtig beschloss und immer wieder beschloss, den Willen Gottes zu finden. Und ich wollte diesen Willen tun, auch wenn jede Faser in mir Nein sagte. Und ich wollte den Kampf um meine Gedanken gewinnen. Es war, als ob in meiner Seele ein tiefer artesischer Brunnen aufstieg ... Geld, Ruhm, Macht, Widerstand – sie machen keinen Unterschied, weil sie in tausend Jahren vergessen sind. Aber dieser Geist, der den Verstand ergreift, der sich in ständigem Loslassen ergibt, dieser Geist ist ewiges Leben.«

Manchmal dämpfen oder unterdrücken wir die Stimme Gottes in uns. Vor einiger Zeit hatte ich den Eindruck, das ich jemandem finanziell helfen sollte. Aber ich tat nichts dergleichen. Dadurch erhielt nicht nur jemand keine Hilfe, sondern ich minderte auch die Wahrscheinlichkeit, in Zukunft leicht Gottes Stimme zu hören.

Wir sollten uns entschließen, so gut wir nur können auf Gottes Richtungsweisung zu reagieren. Wenn wir den Eindruck haben, jemandem einen kurzen Brief schreiben oder jemanden anrufen zu sollen, müssen wir das umgehend in die Tat umsetzen. Wenn wir den Eindruck haben, wir sollten jemanden ermutigen, dann sollten wir die entsprechenden Worte aussprechen.

Hören Sie auf die Stimme Gottes in den Worten anderer Menschen

Gott spricht nicht nur *zu* uns, sondern auch *durch* uns. Die Bibel ist voll von Belegen, dass Gottes Botschaft durch menschliche Vermittler verkündet wurde. Zu manchen Zeiten waren sich die Sprecher dessen nicht einmal bewusst. Von Mose bis Paulus sagte Gott oft: »Ich bin mit deinem Mund und weise dich an, was du reden sollst« (Exodus 4,12). Jesus versprach seinen Nachfolgern, dass sie in Zeiten der Verfolgung darauf vertrauen konnten, dass »der Heilige Geist euch in der gleichen Stunde eingeben wird, was ihr sagen müsst« (Lukas 12,12). Paulus schrieb, dass wir miteinander in der Weisheit des Heiligen Geistes sprechen sollten (Epheser 1,17).

Gott redete, wie ich glaube, einmal unter höchst ungewöhnlichen Umständen durch eine Freundin namens Lorraine zu mir.

Lorraine war schon weit über sechzig, ihr Haar hatte aber noch den schönen rotbraunen Schimmer ihrer Jugend. Sie lernte leidenschaftlich gern. Ihr Haus war eigentlich nur ein Ort, an dem sie ihre Bücher aufbewahren konnte, ebenso war ihr Körper nur ein Ort, an dem ihr Verstand aufbewahrt wurde. Fast noch lieber als zu lernen, lehrte sie andere Menschen, und sie hielt Bibelstunden, die Hunderte von Menschen anzogen.

Diese Freundin war einer der ersten Menschen, die darauf bestanden, dass meine wahre Berufung darin lag zu predigen. »Nun, Schätzchen«, sagte Lorraine – »Schätzchen« war ihre bevorzugte Anrede für alle Menschen außer ihrem Ehemann – »du darfst dir von niemandem einreden lassen, dass du irgendetwas anderes tun sollst. Gott hat dich dazu geschaffen zu predigen, und du wirst nicht glücklich sein, wenn du etwas anderes machst.«

Es brauchte eine Weile, aber mit der Zeit beschloss ich, dass Lorraine Recht hatte. Ich zog schließlich weg, um Pastor zu werden, und wir verloren einander aus den Augen.

Ein paar Jahre später kamen meine Familie und ich zurück, um die Gemeinde zu besuchen. Lorraine war nicht im Gottesdienst. Sie hatte kurz zuvor einen Schlaganfall erlitten und war ans Bett gefesselt. Ihr Ehemann Don musste mit ansehen, wie ihr Leben von Tag zu Tag weniger wurde.

Unser Besuch bei Lorraine war bittersüß. Sie lag im Wohnzimmer in einem Krankenhausbett. Don saß neben ihr. Der Verstand, der für so viele Menschen eine Quelle der Freude gewesen war, gehorchte dem Willen seiner Besitzerin nicht mehr. Die Bücher standen verstaubt in den Regalen und dienten nur noch als Dekoration. Nancy und ich versuchten, mit ihr zu sprechen.

Wir konnten deutlich sehen, dass Lorraine sich bemühte, Erinnerungen hervorzukramen, die ihr nicht mehr zugänglich waren, aber sie schaffte es nicht. Sie konnte nicht einmal einordnen, wer wir waren. Nachdem wir ein Weilchen da gewesen waren, standen wir auf, um zu gehen.

Nancy war schon durch die Tür und ich stand auf der Schwelle, da hörte ich Lorraines Stimme. Sie klang wie die Lorraine, die wir gekannt hatten.

»John Ortberg«, sagte sie ganz klar. »Bist du glücklich?«

»Ja«, antwortete ich, zu überrascht, um etwas anderes tun zu können, als ihre Frage zu beantworten. »Ja, ich bin wirklich glücklich.«

»Gut«, sagte sie. »Denn Gott hat dich dazu geschaffen zu predigen. Du solltest voller Freude sein, wenn du predigst, Schätzchen.« Und dann sank Lorraine erschöpft zurück in ihr Kissen und war wieder weit weg.

Lorraine wusste nicht, dass wir zu dieser Zeit vor einer schwerwiegenden Entscheidung standen. Ihr Kommentar war uns eine große Hilfe. Mir wurde klar, dass die eine Möglichkeit mir mehr Freude bringen würde, auch wenn sie in gewisser Weise schwieriger war. Gott sprach, soweit ich das erkennen kann, zu uns durch eine Freundin, die eigentlich überhaupt nicht mehr sprechen konnte.

In der Urgemeinde kamen die Christen zusammen und baten Gott, ihnen bei ihren Entscheidungen zu helfen – etwas, das auch heute noch unter Christen weit verbreitet ist. Wir können zusammen mit Christen aus unserer Gemeinde »unsere Berufung sondieren«, wenn wir Weisheit im Bereich von Finanzen, Beziehungen oder Arbeitsplätzen etc. suchen.

Üben Sie, in kleinen Angelegenheiten hinzuhören

Ein großer Teil des Abenteuers, das das Leben eines Christen ausmacht, besteht darin, auf die Führung des Heiligen Geistes zu reagieren. Diese Führung beschränkt sich nicht auf weitreichende Entscheidungen. Wir lernen am besten, auf sie zu reagieren, wenn wir uns ständig darin üben. Das bedeutet, dass wir damit rechnen müssen, dass Gott auch kleinen Details seine volle Aufmerksamkeit zuwendet.

Eines Tages war ich auf der Autobahn unterwegs, als ich

158

merkte, dass ich meinen Terminplaner verloren hatte. Dann erinnerte ich mich daran, dass ich ihn auf das Dach meines Autos gelegt hatte, während ich einige Pakete ins Auto lud. Ich war losgefahren, ohne ihn vom Dach zu nehmen. Da ich von meinem Tagesplaner sehr abhängig bin, fuhr ich zurück und suchte die Strecke ab, die ich gefahren war. Ich fand am Straßenrand etwa eine Meile von dem Ort entfernt, an dem ich mein Auto abgestellt hatte, einen kleinen Teil davon – den Teil mit ein paar wichtigen Adressen. Der Rest war verschwunden.

Als ich da stand und mich meiner Verzweiflung hingab, fuhr plötzlich ein Auto an den Straßenrand, die Fahrerin hupte und schwenkte meinen Terminplaner. Sie kurbelte das Fenster herunter, legte ihn in meine erwartungsvollen Hände und sagte: »Ich habe ihn hier gefunden. Ich bin ein paar Straßen weiter gefahren und hatte plötzlich den Eindruck, dass ich hierher zurückfahren und nach dem Besitzer Ausschau halten sollte. Das klingt jetzt für Sie vielleicht seltsam, aber ich bin Christ und ich bin davon überzeugt, dass dieser Gedanke von Gott kam. Glauben Sie an den Heiligen Geist?«

»Ob ich an ihn glaube? Ich *arbeite* für ihn!«, antwortete ich.

Veranlasste der Heilige Geist diese Frau wirklich dazu, zurückzufahren? Ich weiß es nicht. Viele Menschen werden nervös, wenn ganz normale Leute davon reden, dass Gott zu ihnen gesprochen hat. Ich selbst werde auch nervös. Es wurde damit schon zu viel Missbrauch betrieben. Als ich im College war, war es nicht ganz unüblich, dass ein Student einer Studentin, die sich nicht allzu empfänglich für seine Annäherungsversuche gezeigt hatte, sagte: »Ich denke, dass es Gottes Wille ist, dass wir zusammenkommen.« Pastoren können diese Formel verwenden, um von vornherein Kritik abzuwenden oder Leute zur Teilnahme an einem Gemeindeseminar zu »ermutigen«. Eine große Versuchung besteht darin, die Autorität des »Der Herr hat gesprochen« zu missbrauchen, um andere Menschen zu manipulieren. Das sind Gründe genug, um vorsichtig zu sein und nicht zu leichtfertig zu behaupten, dass man sich von Gott direkt geführt fühlt.

Doch wir können nicht verändert werden, wenn wir uns den Hinweisen des Heiligen Geistes verschließen. Wir müssen lernen zu glauben – selbst wenn es unseren Verstand sprengt –, dass Gott sich wirklich um uns ganz persönlich kümmern kann und will. Wenn wir zu dem Gott beten, der die Schöpfung durch ein Wort ins Leben gerufen hat, der zu Propheten, Priestern und Königen – und zu ganz normalen Menschen – gesprochen hat und der von seinem Sohn sagte, dass er das »fleischgewordene Wort« sei – dann können wir auch die Möglichkeit annehmen, dass er manchmal auch ein Wörtchen oder zwei mit uns wechseln möchte.

9

Innere Freiheit gewinnen:
Die Übung der Zurückhaltung

»Wenn du also etwas spendest,
dann tu es so unauffällig, dass deine linke Hand
nicht weiß, was die rechte tut.«
(Matthäus 6,3)

Im Allgemeinen macht die Seele dann am meisten
Fortschritte, wenn man am wenigsten daran denkt ...
Am häufigsten dann, wenn sie das Gefühl hat,
sie verliert.
(Johannes vom Kreuz)

Bürgermeister Richard J. Daley war in Chicago so bekannt für seine ungeschickten Äußerungen wie Bundespräsident Lübke in Deutschland. Ganze Bücher wurden geschrieben, um seine Äußerungen aufzuzeichnen, darunter auch den klassischen Ausspruch zu den Unruhen von 1968: »Die Polizei ist nicht dazu da, um Unruhe zu stiften. Die Polizei ist dazu da, um die Unruhe aufrechtzuerhalten.«

Ab und zu trugen diese Äußerungen unbeabsichtigt so viel Wahrheit in sich, dass man innehalten und darüber nachdenken musste. Zu diesen Sätzen zählt folgende Aussage, die Daley über seine Gegner machte: »Sie haben mich diffamiert, sie haben mich gekreuzigt, ja, sie haben mich sogar kritisiert.« Als ob er sagen wollte: »Diffamierung und Kreuzigung sind okay, damit kann ich leben, aber Kritik – das ist wirklich ein Schlag unter die Gürtellinie.«

Er ist nicht der Einzige, der so dachte.

Warum reagieren wir oft so heftig auf Kritik? Ich bin davon überzeugt, dass dadurch eine ernsthafte Abhängigkeit in uns aufgedeckt wird. Diese »Sucht« hat nichts mit Drogen- oder Medikamentenmissbrauch zu tun. Es gibt keine 12-Schritte-Pläne, mit denen diese Abhängigkeit bekämpft wird, und auch keine Kliniken, in denen wir Entziehungskuren machen könnten.

Es geht um die Abhängigkeit von Anerkennung. Viele Menschen machen sich davon abhängig, was andere von ihnen denken. Diese Sucht kann viele Formen annehmen. Wenn wir merken, dass wir uns oft verletzt fühlen, wenn andere uns nicht gerade in den leuchtendsten Farben schildern, dann leiden wir vermutlich unter dieser Abhängigkeit. Wenn wir uns ständig mit anderen Menschen vergleichen, wenn wir merken, dass die gewöhnlichsten Situationen für uns Wettkampfcharakter erhalten, dann leiden wir vermutlich darunter. Wenn in uns ständig der Gedanke nagt, dass wir nicht wichtig oder besonders genug sind oder wenn wir neidisch auf den Erfolg anderer sind, dann leiden wir vermutlich darunter. Wenn wir uns bemühen, »wichtige« Menschen zu beeindrucken, dann leiden wir vermutlich darunter. Wenn wir uns Sorgen darüber machen, dass jemand schlecht von uns denken könnte, falls er herausfinden würde, dass wir von Anerkennung abhängig sind, dann sind wir vermutlich abhängig.

Wie andere Abhängige nehmen wir viel auf uns, um einen »Schuss« zu bekommen. Und wie andere Abhängige merken auch wir, dass die Wirkung nicht sehr lange anhält, also kommen wir zurück, um uns eine neue Dosis abzuholen.

Henri Nouwen betrachtet dieses Problem ganz nüchtern (in: »The Return of the Prodigal Son«, New York 1992): »Die entscheidende Frage lautet hier: ›Wem gehöre ich? Gott oder der Welt?‹ Meine täglichen Sorgen lassen mich vermuten, dass ich mehr der Welt als Gott gehöre. Die leiseste Kritik macht mich ärgerlich, die kleinste Zurückweisung macht mich depressiv. Das kleinste bisschen Lob richtet mich auf, der kleinste Erfolg regt mich an ... Ich bin oft wie ein kleines Boot im Ozean, völlig von der Barmherzigkeit der Wellen abhängig.«

Die Alternative:
In Freiheit mit unseren Kritikern leben

Die Alternative zu dieser Abhängigkeit – das, wonach Sie sich schon immer gesehnt haben – ist ein Leben in Freiheit. Lewis Smedes schreibt: »Es ist eine echte Kunst, in Freiheit mit unseren Kritikern zu leben. Wenn wir es schaffen, in der Gegenwart der Menschen frei zu sein, die über uns urteilen und uns bewerten, dann haben wir wirklich Freiheit in Christus.«

Diese Art der Freiheit beschrieb Paulus einigen seiner Kritiker: »Aber für mich zählt dabei nicht, wie ich von euch oder von irgendeinem menschlichen Gericht beurteilt werde. Auch ich selbst maße mir kein Urteil an. Mein Gewissen ist zwar rein, aber damit bin ich noch nicht freigesprochen, denn mein Richter ist der Herr« (1 Korinther 4,3).

Für Paulus war es durchaus wichtig, was die Korinther über ihn dachten, aber es zählte für ihn nicht übermäßig. Kritik konnte sein Boot nicht mehr zum Kentern bringen. Sein Gleichgewicht und sein Wohlbefinden hingen von der Zustimmung einer höheren Instanz ab: »Denn mein Richter ist der Herr.«

Stellen Sie sich vor, Kritik würde für Sie nichts zählen. Stellen Sie sich vor, Sie wären von dem Zwang befreit, andere beeindrucken zu müssen. Stellen Sie sich vor, Ihr Selbstbewusstsein würde nicht mehr davon abhängen, ob jemand bemerkt, wie clever, attraktiv oder erfolgreich Sie sind. Stellen Sie sich vor, Sie könnten einem Menschen gegenüber positive Gefühle empfinden, der Ihnen seine Missbilligung ausgedrückt hat.
Wenn wir uns von der Anerkennung anderer abhängig machen, sind wir darauf angewiesen, dass diese barmherzig mit uns umgehen.

Diese Abhängigkeit gibt es, seit Kain sich von Abel ausgestochen fühlte. Kain brachte seinen Bruder um, der sich nach Kräften darum bemühte, Gottes Zustimmung zu bekommen. (Wir sehen also, dass diese Krankheit auch dann auftreten kann, wenn wir uns bemühen, möglichst geistlich zu leben.) Das erste Symptom ist die Tendenz, unsere Leistung in irgendeinem Bereich unseres Lebens mit unserem Wert als Person zu vermischen. Das Ergebnis ist, dass wir eine Art von Bestätigung suchen, die nur dann befriedigend sein kann, wenn sie von Gott kommt.

Paulus zieht in seinem Brief an die Galater gegen diese Art von Bestätigung ins Feld: »Will ich jetzt wieder Menschen beschwatzen – oder gar Gott selbst? Oder rede ich etwa Menschen nach dem Mund? Ich gehöre Christus und diene ihm – wie kann ich da noch den Beifall der Menschen suchen« (Galater 1,10)!

Noch beunruhigender sind die Worte des Apostels Johannes. Religiöse Leiter kamen und glaubten Jesus, weil sie der Ansicht waren, dass seine Botschaft Sinn machte, aber sie bekannten ihren Glauben nicht öffentlich. Der Grund: »Der Beifall von Menschen war ihnen wichtiger als die Anerkennung von Gott« (Johannes 12,43).

Ich weiß, wie diese Droge schmeckt, und ich weiß auch, wie es sich anfühlt, wenn einem der »Stoff« verweigert wird. Wenn ich vor der Gemeinde stehe und predige, dann hören die Leute meine Stimme, aber ich höre in meinem Kopf eine andere Stimme, die viel verwirrender ist. Auch das ist meine Stimme. Manchmal behauptet sie: »So spricht der Herr.« Aber manchmal – viel öfter als mir lieb ist – ist diese Stimme weniger prophetisch.

»Was werden sie über mich denken?«, fragt diese Stimme.

Manchmal fühle ich mich weniger wie der Prophet Amos und mehr wie Sally Fields bei der Oscar-Verleihung. Dann fühle ich mich versucht, wie sie zu sagen, nachdem sie ihren zweiten Oscar gewonnen hatte: »Ihr mögt mich! Ihr mögt mich wirklich!«

Ich mag diese Sally-Fields-Stimme nicht. Ich hätte lieber mehr von einem Rhett Butler und würde auf Kommentare nach dem Gottesdienst lässig entgegnen können: »Ehrlich gesagt, mein Lieber ...«

Als Jesus sprach, war er frei von dem Bedürfnis, einen guten Eindruck zu hinterlassen. Er war frei wie ein Mensch, der von Gott geliebt wird. Doch die Stimme in uns ist nicht frei. Sie ist getrieben von unserem Ego und von unserem Stolz. Sie ist gemein zu uns, und wir würden sie am liebsten abstellen, wenn wir könnten. Aber das erweist sich als nicht so einfach. Woher kommt diese Stimme?

Unser »verallgemeinerndes zweites Ich«

Unser »verallgemeinerndes zweites Ich« besteht aus allen Meiers und Müllers in unserem Leben, deren erhobener oder gesenkter Daumen über unsere emotionale Verfassung entscheidet. Unser Selbstwertgefühl hängt zum großen Teil davon ab, dass sie unseren Wert anerkennen.

Sie können sich das als eine Art »mentale Jury« vorstellen, die aus all den Menschen besteht, die über uns urteilen, ähnlich wie die Preisrichter bei Olympischen Spielen. Ziemlich sicher sind unsere Eltern in dieser Jury. Vermutlich auch einige Lehrer, ein paar wichtige Freunde, und nicht zu vergessen unser Chef, Arbeitskollegen, Nachbarn und ein paar andere. Diese Jury ist ziemlich groß.

Natürlich wissen wir nie genau, was andere wirklich über uns denken. Unser »verallgemeinerndes Ich« besteht deshalb auch nur aus dem, von dem wir denken, dass andere Menschen es über uns denken.

Wenn man in den Zwanzigern ist, schrieb einmal jemand, dann lebt man, um anderen zu gefallen. Wenn man in den Dreißigern ist, hat man keine Lust mehr, sich zu bemühen, anderen zu gefallen; also ärgert man sich über die anderen, weil sie einen dazu bringen, sich darüber Gedanken zu machen. Und wenn man in den Vierzigern ist, dann merkt man, dass überhaupt niemand irgendetwas über einen gedacht hat.

Doch selbst wenn wir uns einreden können, dass andere überhaupt nichts über uns denken, bringt uns diese Information allein leider noch keine echte innere Freiheit. Wenn sich unsere Identität darauf gründet, inwieweit uns andere für erfolgreich oder weniger erfolgreich halten, machen wir uns von der Anerkennung anderer abhängig. Unser Selbstwertgefühl steht auf dem Spiel.

»Wer bin ich?«, fragt Henri Nouwen (in: »The Way of the

Heart«, New York 1981). »Ich bin geliebt, gelobt, bewundert, ungeliebt, gehasst oder verachtet. Egal, ob ich Pianist, Geschäftsmann oder Priester bin – was wirklich zählt ist, wie mich meine Welt wahrnimmt.«

Wenn es für andere wichtig ist, dass man sehr beschäftigt ist, dann muss ich sehr beschäftigt sein. Wenn es als Zeichen echter Freiheit gilt, viel Geld zu haben, dann muss ich mein Geld zur Schau stellen. Wenn es meine Bedeutung unterstreicht, viele Leute zu kennen, dann muss ich mich um die nötigen Kontakte bemühen.

Als ich an einem Sonntagvormittag nach dem Gottesdienst die Leute verabschiedete, drückte mir ein Besucher seine Visitenkarte in die Hand. »Ich besuche normalerweise die Hollywood-Presbyter-Gemeinde«, sagte er. »Aber heute waren wir mal hier im Gottesdienst. Rufen Sie mich an.«

Ich schaute auf seine Karte: Sprach- und Stimmbildung.

Der Pastor der Hollywood-Presbyter-Gemeinde war damals Lloyd Ogilvie, der heute Kaplan des US-Senats ist. Meiner Meinung nach kommt er so nahe an das Ideal eines Predigers heran, wie es einem Menschen nur möglich ist. Seine Frisur ist perfekt, seine Kleidung ist perfekt, sein Lächeln ist perfekt, aber vor allem ist seine Stimme perfekt. Tief wie der Ozean, reich und wohlklingend. Lloyd Ogilvie klingt so, wie meiner Vorstellung nach Gottes Stimme an einem besonders guten Tag klingt.

Im Vergleich zu Ogilvies Stimme klingt meine, als ob ich den Stimmbruch noch vor mir hätte. Es ist ziemlich schwierig, sich als Prophet zu fühlen, wenn man sich selbst mit einer Micky-Maus-Stimme piepsen hört: »Okay, dann lasst uns jetzt umkehren und Buße tun.«

Wenn ich mich dabei ertappe, wie ich mich mit anderen vergleiche oder denke, ich wäre glücklich, wenn ich das hätte, was die anderen haben, dann weiß ich, dass ich mich eine Zeit lang zurückziehen und auf eine andere Stimme hören muss. Abseits von den Erdbeben und den Feuerstürmen menschlicher Anerkennung kann ich wieder die leise, ruhige Stimme hören, die mir die Frage stellt: »Was machst du hier?«

Viel zu oft antworte ich der Stimme, indem ich ihr etwas von meinen Ahabs und Isebels vorjammere (siehe 1 Könige 16,19 – 19,18). Und die Stimme erinnert mich, wie sie Tausende von Elias vor mir erinnert hat, dass ich nur ein kleiner Teil einer viel größeren Sache bin und dass es am Ende des Tages nur einen König geben wird, dessen Anerkennung zählt: »Denn mein Richter ist der Herr.«

Die Stimme flüstert auch: »Verachte *deine* Position, deine Gaben oder deine Stimme nicht, weil du die eines anderen Menschen nicht haben kannst. Es würde dich auch nicht erfüllen, wenn du sie hättest.«

Abhängigkeit von Anerkennung und unsere Überzeugungen

Der Psychiater David Burns merkt an, dass wir uns nicht wegen der Komplimente oder der Anerkennung eines anderen Menschen gut fühlen; vielmehr fühlen wir uns gut, weil wir überzeugt sind, dass diese Komplimente voll berechtigt sind.

Stellen Sie sich vor, Sie besuchen eine psychiatrische Klinik und ein Patient kommt mit folgenden Worten auf Sie zu: »Sie sind wundervoll. Ich hatte eine Vision von Gott. Er sagte mir, dass die dreizehnte Person, die durch diese Tür kommt, der besondere Bote sein wird. Sie sind die dreizehnte Person, also weiß ich, dass Sie der Auserwählte sind, der Heilige, der Friedensbringer. Lassen Sie mich Ihre Füße küssen.«

Sehr wahrscheinlich würde das Ihr Selbstbewusstsein nicht heben.

Während meines Psychologiestudiums leistete ich ein Sommerpraktikum in einer psychiatrischen Klinik ab. Eine Frau dort erzählte mir regelmäßig, dass sie mich heiraten wollte, weil sie nicht aufhören konnte, an meinen Körper zu denken. Sie stand unter starken Medikamenten, lebte seit zwanzig Jahren in dieser Klinik und erzählte dasselbe jedem Mitarbeiter. An ihren weniger lichten Tagen erzählte sie es auch Pflanzen und unbelebten Objekten. Es war ein haarsträubendes Kompliment, dass sie

»nicht aufhören konnte, an meinen Körper zu denken«, und es beeinflusste mein Selbstwertgefühl überhaupt nicht.

Und das aus gutem Grund. Zwischen der Meinung anderer Menschen über uns und unserer Freude darüber liegt unsere Einschätzung, inwieweit ihre Anerkennung berechtigt ist.

Wir sind nicht die passiven Opfer der Meinung anderer Menschen. Ihre Meinungen sind machtlos, solange wir ihnen keinen Wert beimessen. Die Anerkennung eines Menschen wird uns nicht beeinflussen, wenn wir ihr keine Glaubwürdigkeit und Berechtigung zollen. Dasselbe gilt auch für Missbilligung.

Das erklärt, warum Menschen außergewöhnliche Dinge leisten und sich dennoch als Versager fühlen können, wie folgender Lebensrückblick zeigt: »Ich habe nichts getan. Ich kann nichts tun, das im Gedächtnis der Menschheit haften bleiben wird. Ich habe mein Leben mit eitlen und nichtigen Zielen vergeudet und mit endlosen, unerhörten Gebeten, dass von meiner Existenz etwas bleiben würde, wovon die Menschheit einen Nutzen hat.«

Diese Worte stammen von John Quincey Adams, einem früheren Präsidenten der Vereinigten Staaten, Staatssekretär, Botschafter und Kongressabgeordneten.

Gedanken gefangen nehmen

Der Apostel Paulus schreibt, dass wir in unserem geistlichen Kampf mit den Mächten der Finsternis unsere Gedanken und Überzeugungen auswerten und abschätzen müssen, ob sie uns Christus ähnlicher machen oder uns weiter von ihm wegbringen. »Jeden Gedanken, der sich gegen Gott auflehnt, nehme ich gefangen« (2 Korinther 10,5). Das bedeutet teilweise auch, dass wir der Anerkennung oder Missbilligung anderer Menschen nicht gestatten, unser Leben zu dominieren.

Natürlich unterscheidet sich Abhängigkeit von Anerkennung von einem gesunden Umgang mit Anerkennung. Bestätigung und Ermutigung ist etwas sehr Wertvolles. C. S. Lewis schreibt (in: »Mere Christianity«, New York 1960): »Das Kind, das einen Klaps bekommt, weil es etwas gut gemacht hat, die Frau, deren Liebhaber ihre Schönheit preist, die erlöste Seele, zu der Christus sagt: ›gut gemacht‹ – sie sind erfreut und sie sollten sich auch freuen. Denn hierin liegt die Freude ... in der Tatsache, dass man jemandem eine Freude gemacht hat, dem man eine Freude machen wollte (und das zu Recht).«

Wie traurig wäre die Welt, wenn Künstler nicht gefeiert, Tore nicht bejubelt, Kinder für ihre ersten Schritte nicht bestaunt und gelobt, wenn Autoren keine ermutigenden Leserbriefe oder (viel schlimmer) keine Tantiemen bekommen würden.

Ich ging kürzlich über das Gelände eines Kindergartens, wo etwa dreißig Kinder Fangen spielten, rote Gummibälle durch die Gegend kickten und so hoch schaukelten, wie sie konnten. Als sie mich, einen Erwachsenen, sahen, fingen sie alle an, dasselbe zu rufen: »Guck mal!« Sie wollten, dass jemand ihre Leistung bemerkte und bewunderte, und so riefen sie immer wieder: »Guck doch mal! Guck!« (Ich erinnere mich, von jemandem gelesen zu haben, der bei so einer Gelegenheit schließlich völlig frustriert entgegnete: »Ich guck' ja schon, so schnell ich kann!«)

Zwar schon einen Schritt von der Unschuld dieser Kinder entfernt, aber immer noch deutlich erkennbar ist etwas, was man »sich produzieren« nennen könnte. Mark Twain beschreibt in einer wunderschönen Passage die Universalität dieses Verhaltens. Die Sonntagsschule von Tom Sawyer bekommt Besuch von » ... einem wunderlichen Menschen – nicht weniger als der Landrichter – wohl das illustreste Geschöpf, das diese Kinder jemals gesehen hatten ... Mr. Walters [der Leiter der Sonntagsschule] fing sofort an, sich zu produzieren mit allen möglichen offiziellen Aktionen und Geschäftigkeit ... Der Bibliothekar produzierte sich – rannte hierhin und dorthin, mit dem Arm voller Bücher, und machte großes Aufhebens und einen Wirbel, der dieser Autorität zu gefallen schien. Und die jungen Lehrerinnen produzierten sich und beugten sich liebevoll über Schüler, die zuvor geschlagen wurden, erhoben hübsche warnende Finger gegen böse Jungen und tätschelten die guten Jungen liebevoll. Die jungen Herren Lehrer produzierten sich mit kleinen Scheltworten oder kleinen Beweisen ihrer Autorität und Disziplin ... Die kleinen Mädchen produzierten sich verschiedentlich, und die kleinen Jungen produzierten sich mit solcher Sorgfalt, dass die Luft dick war vor Papierkügelchen und dem unterdrückten Geräusch von Handgemengen. Und über allem thronte der große Mann, ließ ein majestätisch richterliches Lächeln durch das ganze Gebäude schweifen und wärmte sich in der Sonne seiner eigenen Größe – denn er produzierte sich auch.«

Ein Großteil menschlichen Verhaltens besteht einfach aus den Versuchen, sich zu produzieren, auch wenn wir diese äußerst sorgfältig verschleiern. Wir möchten andere Menschen beeindrucken, ohne sie dabei merken zu lassen, dass wir sie beeindrucken wollen. Abhängigkeit von Anerkennung ist die ausgewachsene Krankheit – die Neigung, uns zu produzieren, höchstens ein Symptom. Zur Abhängigkeit von Anerkennung gehört nicht nur, Aufmerksamkeit für das bekommen zu wollen, was wir gut machen, sondern auch nicht das zu sagen, was wir wirklich denken, wenn wir fürchten, uns dadurch Missbilligung einzuhandeln.

Die zentrale Figur in Jerzy Kosinskis Novelle »Being There« (New York 1971) stellt eine Variation zu diesem Thema dar. Sein Name – »Chance, der Gärtner« – spiegelt das ganze Wesen seiner Existenz wider. Er hat keine Meinungen, keine Überzeugungen. Er ist ein Mann ohne Persönlichkeit. Aber er wird zu einer beliebten Person des öffentlichen Lebens, er berät Präsidenten, wird im Fernsehen interviewt, wird für seine Weisheit und seinen Charme gefeiert, und zwar weil er anderen ganz einfach erlaubt, die Meinungen oder Qualitäten in ihn hinein zu projizieren, die sie gerne sehen möchten. Sein ganzes Leben – auch wenn es nach äußeren Maßstäben ziemlich erfolgreich ist – scheitert letztlich, weil er es nicht schafft, Persönlichkeit zu zeigen, »präsent zu sein«.

Anerkennung annehmen zu können, ohne sich von ihr abhängig zu machen, erfordert ein wohlgeordnetes Herz. Man muss in der Lage sein, die richtigen Dinge auf die richtige Art mit dem richtigen Maß mit der richtigen Art von Liebe zu lieben.

Es ist nicht immer leicht zu erkennen, wann wir die Grenze zur Abhängigkeit überschritten haben, aber es gibt einige Anzeichen, die dabei helfen können.

Vergleichsdenken

Wer von Anerkennung abhängig ist, merkt, dass er seine Leistungen mit denen anderer Menschen vergleicht. Ein Geschäftsmann erzählte mir, dass bei Berichten über erfolgreiche Firmenchefs oder Unternehmer immer auch deren Alter angegeben wird. »Als ich jünger war«, sagte mein Freund, »konnte ich mir immer sagen, dass es am Alter lag, wenn jemand erfolgreicher war als ich, und dass ich ihn, wenn ich sein Alter erreicht hatte, übertreffen würde. Aber inzwischen sind die Leute in diesen Berichten jünger als ich, und ich finde es immer schwerer, sie zu lesen.«

Das Paradoxe ist, dass mein Freund im Bereich der Finanzen vermutlich erfolgreicher ist als die meisten Geschäftsleute. Aber das liegt im Wesen des Vergleichsdenkens. Es ist eine Form geistiger Fresssucht – man verlangt nach immer mehr, ist aber nie zufrieden.

Betrug

Wenn wir von Anerkennung abhängig sind, veranlasst uns unsere Sorge darüber, was andere über uns denken könnten, unweigerlich dazu, die Wahrheit zu verschleiern.

Ich hatte einmal einen Termin bei einer Behörde und war zu spät dran. Unterwegs überlegte ich mir plausible Entschuldigungen für mein Zuspätkommen. In Wahrheit hatte ich einfach nicht genug Zeit für die Fahrt eingeplant. Da ich gerade zu dieser Zeit etwas über Abhängigkeit von Anerkennung schrieb, merkte ich, was ich gerade machte, schluckte und entschied mich dafür, mich einfach dafür zu entschuldigen, dass ich zu spät kam, ohne irgendeine lahme Ausrede anzubringen.

Ob Sie es glauben oder nicht: Der Beamte kam noch später als ich. Und er verbrachte die ersten fünf Minuten damit, genau die Entschuldigungen zu rezitieren, die ich mir vorher auch ausgedacht hatte und die ich unter anderen Umständen auch vorgebracht hätte.

So etwas passiert so häufig, dass Psychologen dafür einen Namen gefunden haben. Sie nennen es das »Hochstapler-Phänomen«. Wir wissen, dass die Wahrheit über uns und das Bild, das wir abgeben, nicht kompatibel sind. Viele Menschen tragen ihr ganzes Leben die lauernde Angst mit sich herum, dass eines Tages die Wahrheit über sie herauskommen könnte.

Wut

Wenn wir uns zu sehr nach Anerkennung sehnen, kommt es unausweichlich dazu, dass wir auf den Menschen wütend werden, dessen Anerkennung wir uns wünschen. Wir wollen nicht, dass unser Wohlbefinden in den Händen dieses Menschen liegt. Deshalb ärgern wir uns darüber, dass wir von seiner Anerkennung abhängig sind, selbst wenn wir uns gleichzeitig danach sehnen.

Die Übung der Zurückhaltung

Es gibt eine wirklich hilfreiche Übung, um von dieser Abhängigkeit frei zu werden. Man widmet ihr im Allgemeinen nicht viel Aufmerksamkeit, aber sie zählt zu den geistlichen Übungen und wurde sogar von Jesus selbst empfohlen. Man könnte sie die »Übung der Verschwiegenheit« nennen. Jesus sprach davon, dass man gute Werke tun und dabei darauf achten sollte, dass es niemand merkt. Er nannte Beispiele wie Fasten, Beten und Geld spenden. »Wenn ihr Geld spendet, dann engagiert nicht eine Blaskapelle, um sicherzugehen, dass es auch jeder merkt.« Natürlich engagieren die wenigsten Menschen Blaskapellen, um ihre Spenden anzukündigen. Aber Jesus geht es darum, dass wir dazu neigen, andere beeindrucken zu wollen. Wir engagieren keine Blaskapellen, weil uns das nicht effektiv genug erscheint. Aber wir drücken ständig auf die Hupe. Manchmal tut es auch eine im strategisch richtigen Moment hochgezogene Augenbraue.

Jesus sagte: »Wenn du also etwas spendest, dann tu es so unauffällig, dass deine linke Hand nicht weiß, was die rechte tut« (Matthäus 6,3). Das Gebot ist nicht ganz so leicht einzuhalten wie das, keine Blaskapelle zu engagieren. Echte geistliche Reife zeichnet sich dadurch aus, dass wir nicht ständig das Bedürfnis haben, uns selbst zu beglückwünschen, weil wir etwas gut gemacht haben. Wir sehen schließlich, dass es wirklich besser ist zu geben als zu nehmen. Geben ist irgendwann nichts Außergewöhnliches mehr für uns, sondern etwas Natürliches.

Als Jesus sagte, dass man diese Dinge im Verborgenen tun sollte, stellte er kein für alle Zeiten und alle Orte verbindliches Gesetz auf. Er selbst betete oft vor seinen Freunden. Auch König David berichtete ganz detailliert, wie viel er zum Wiederaufbau des Tempels beigetragen hatte. Das Ergebnis war, dass seine Untertanen genauso großzügig gaben. Jesus wollte den Menschen vielmehr einen Rat geben, wie sie mit einem Problem umgehen sollten, das ihren geistlichen Fortschritt hemmen konnte (nämlich der Abhängigkeit von der Anerkennung anderer).

Jesus machte bei seinen Belehrungen immer auch deutlich, wer am meisten davon profitieren würde: »Hütet euch, eure Frömmigkeit vor den Menschen zur Schau zu stellen« (Matthäus 6,1)! Diese Übung soll diejenigen frei machen, die von der Sehnsucht gefangen genommen sind, andere zu beeindrucken. »Schau mich an!«, sagen diese frommen Leute zu allen, die über ihre religiöse Spielwiese laufen. Diese Übung ist das Geschenk Jesu für alle, die von Anerkennung abhängig sind.

Und so sieht diese Übung aus: Tun Sie ab und zu etwas Gutes und bemühen Sie sich darum, dass niemand etwas davon erfährt. Willkommen im Club der »Anonymen Selbstgerechten«!

Wir können aufhören, ständig krampfhaft kontrollieren zu wollen, was andere Menschen über uns denken. Wir können aufhören zu versuchen, andere davon zu überzeugen, dass unsere Motive rein sind, dass unsere Leistung beeindruckend oder unser Leben besser in Form ist, als es scheint.

Wenn wir bewusst darauf achten, werden wir feststellen, dass ein Großteil dessen, was wir sagen, aus Imponier-Gehabe besteht. Wir erzählen beispielsweise jemandem von einer Fernsehsendung und leiten unseren Bericht mit den Worten ein: »Ich schaue ja nicht viel fern, aber gestern Abend ...«

Warum sagen wir so etwas? Wie hoch unser Fernsehkonsum ist, hat nichts damit zu tun, was wir eigentlich sagen wollen. Warum streuen wir diese Information dann ein? Wir wollen damit bei unserem Gesprächspartner lediglich einen bestimmten Eindruck erwecken. Wir machen diese Bemerkung, weil unser Zuhörer sonst denken könnte, dass wir nur herumsitzen, Bonbons essen und Komödien anschauen. Und natürlich ist es unerträglich, wenn jemand so etwas über uns denkt. Aus diesem Grund spulen wir unser Dementi ab, damit der andere auch wirklich das Richtige über uns denkt – oder, um es genauer auszudrücken, um sicherzustellen, dass der andere so über uns denkt, wie es uns passt. Wenn wir uns in Zurückhaltung üben, dann erzählen wir einfach, welche Sendung wir gesehen haben, ohne dabei unsere Fernsehgewohnheiten zu kommentieren.

Schüler spielen oft dasselbe Spiel. Der häufigste Kommentar vor einer Prüfung – oder nachdem die Prüfungsergebnisse bekannt gegeben worden sind: »Ich habe fast nichts dafür gelernt.« Warum sagen Schüler so etwas? Sie möchten sicher sein, dass die anderen nicht denken, dass eine schlechte Note ein Ausdruck mangelnder Intelligenz ist. Klar – wenn sie sich ordentlich vorbereitet hätten, dann wäre auch ihre Note besser ausgefallen.

Wenn wir auf solche Kommentare achten, werden wir merken, dass in unserer Gesellschaft Worte überwiegend dazu eingesetzt werden, um zu kontrollieren, was andere über uns denken. Menschliche Kommunikation ist ein endloser Versuch, andere davon zu überzeugen, dass wir schlauer, netter oder erfolgreicher sind, als sie denken würden, wenn wir es ihnen nicht immer wieder sorgfältig eintrichtern würden.

Gute Taten im Verborgenen tun

Es gibt unzählige Gelegenheiten, etwas im Verborgenen zu tun. Beten Sie ausdauernd für einen Menschen – und erzählen Sie niemandem etwas davon. Lassen Sie einer Organisation oder einem Menschen in Not eine großzügige Spende zukommen – aber bleiben Sie dabei anonym. Beschäftigen Sie sich so intensiv mit einem Bibelabschnitt, dass er sich in Ihrem Verstand und in Ihrem Herzen festsetzt – aber erzählen Sie niemandem, dass Sie ihn auswendig gelernt haben. Mähen Sie den Rasen Ihres Nachbarn. Halten Sie sich an das Motto: »Vollbringen Sie wahllos Dinge voller Freundlichkeit und sinnloser Schönheit.«

Der Lohn der Zurückhaltung

Wie ich oben schon erwähnt habe, praktiziere ich die Übung der Zurückhaltung, indem ich mir ab und zu einen ganzen Tag lang vornehme, zu Hause einfach zur Verfügung zu stehen. Die Absicht dahinter ist, selbst keine Pläne zu haben, sondern zu Hause zu sein, zu tun, was zu tun ist, mit den Kindern zu spielen, worauf sie Lust haben, aber ihnen dabei nicht zu erzählen, dass das alles Teil eines »Projekts« ist.

Ich bin jedes Mal wieder gedemütigt, wenn ich merke, wie schnell ich anfange, meinen eigenen Zeitplan zu konstruieren, selbst wenn ich versuche, den Tag komplett meiner Familie zu widmen. Einmal mähte ich freiwillig den Rasen – und war den ganzen Tag damit beschäftigt, die Versuchung zu bekämpfen, irgendjemandem – egal wem – zu erzählen, was für einen großartigen Dienst ich damit geleistet hatte.

Jesus sagte, dass wir uns um eine Belohnung bringen, wenn wir die Übung der Zurückhaltung nicht praktizieren: »Hütet euch, eure Frömmigkeit vor den Menschen zur Schau zu stellen! Denn dann habt ihr keinen Lohn mehr von eurem Vater im Himmel zu erwarten« (Matthäus 6,1).

Natürlich können wir nur vermuten, an welchen Lohn Jesus hier gedacht hat. Aber sicher gehört dazu, dass wir eines Tages im Himmel hören werden: »Gut gemacht, du guter und treuer

Diener!« Diese Worte stellen das höchste Lob hier auf der Erde völlig in den Schatten.

Aber ich bin davon überzeugt, dass uns auch hier und heute ein Aspekt von Gottes Belohnung entgeht, wenn wir gute Dinge nur tun, um andere zu beeindrucken. Dienste, die ausschließlich erwiesen werden, um andere Menschen zu beeindrucken, verlieren ihre Kraft, uns dem Reich Gottes näher zu bringen. Erinnern Sie sich an den Unterschied zwischen Trainieren und Probieren? Dinge wie Gebet, Fasten und Geben können gute Übungen sein. Wenn wir beispielsweise Geld spenden, machen wir uns weniger zum Sklaven unseres Geldes und erleben Freiheit und Freude. Wenn wir es im Verborgenen geben, lernen wir, dass es möglich ist weiterzuleben, ohne zu sagen: »Guck mal!« Wenn wir es oft genug machen, werden wir schrittweise frei von dem inneren Bedürfnis, es andere Menschen wissen zu lassen. Und eines Tages merken wir dann vielleicht, dass gute Werke zu tun die befreiendste und freudigste Art zu leben ist.

Aber wenn wir Menschen beeindrucken wollen, indem wir sie über unsere Großzügigkeit informieren, dann verändert sich das Wesen unseres Handelns. Wir geben uns mit der Droge Anerkennung statt mit wahrem Leben zufrieden. Statt etwas freier zu werden, werden wir etwas abhängiger. Wer Gutes tut, um andere zu beeindrucken, trainiert nicht für das Leben im Reich Gottes.

Wenn wir beten, haben wir vielleicht manchmal das intensive Gefühl, von Gott gehalten zu sein, oder wir spüren ganz deutlich, dass er zu uns spricht. Es könnte ganz gut sein, solche Erfahrungen für uns zu behalten – so etwas geht nur Gott und uns etwas an. Darüber zu reden verändert das Wesen dieser Erfahrungen zu stark. Statt ein Geschenk von Gott zu sein, werden sie zu einer weiteren Waffe in unserem Arsenal, mit dem wir andere beeindrucken wollen.

Die Glaubensväter hatten eine Redensart, um den Zusammenhang zwischen Verschwiegenheit und einem Herzen, das für Gott brennt, auszudrücken. »Wenn man das Feuer heiß halten will«, sagten sie, »dann sollte man die Ofentür nicht zu oft aufmachen.«

Es kann bestimmte Gelegenheiten oder bestimmte Personen geben, bei denen wir uns besonders in Zurückhaltung üben sollten. Als ich mit einem Freund über dieses Thema sprach, fiel uns beiden auf, dass wir bei einem bestimmten Treffen, an dem sogenannte »wichtige« Leute teilnahmen, besonders dazu neigten, über all die »wichtigen« Dinge zu reden, die wir geleistet hatten – in der Hoffnung, diese Leute dadurch zu beeindrucken. Mein Freund und ich beschlossen, dass wir künftig bei diesen Treffen die Übung der Zurückhaltung praktizieren wollten. Das heißt, dass wir während dieser Treffen nichts über unsere Leistungen oder die guten Dinge, die wir erreicht hatten, sagen würden.

Einer der Vorteile dieser Übung ist, dass man erkennt, wie dumm diese ganzen Bemühungen sind, andere beeindrucken zu wollen. Winston Churchill beschrieb seinen politischen Rivalen Clement Atlee einmal als »einen bescheidenen kleinen Mann, der viel Anlass zur Bescheidenheit hat«. Den zweiten Teil der Beschreibung habe ich schon verinnerlicht. Die Übung der Zurückhaltung lässt mich hoffen, dass auch der erste Teil der Beschreibung erreichbar ist.

Ein ungeteiltes Leben:
Die Übung, über die Bibel nachzudenken

Wehe den schwachen und ängstlichen Seelen,
die zwischen Gott und ihrer Welt geteilt sind!
Sie wollen und wollen doch nicht. Sie sind zwischen
Sehnsucht und Bedauern hin- und hergerissen ...
Sie haben Angst vor dem Bösen und schämen sich
für das Gute. Sie erleiden den Schmerz der Tugend,
ohne ihren süßen Trost zu erleben.
Was für arme Schlucker sie doch sind!
(Francois Fénelon)

Reinheit des Herzens ist, eine Sache zu wollen.
(Sören Kierkegaard)

Reinheit ist etwas Wunderbares. Wenn etwas rein ist, dann ist es natürlich – nicht verunreinigt, nicht beeinträchtigt, nicht vergiftet.

In unserer Gesellschaft nehmen wir es mit manchen Formen der Reinheit sehr ernst. Ganze Heerscharen von Forschern und Biologen sind dafür zuständig, die Reinheit unserer Nahrung zu überwachen und zu schützen. Doch leider entsprechen die Reinheitsanforderungen nicht immer unseren Erwartungen. Hier die Reinheitsanforderungen für ein paar bekannte Produkte:

Butter: Wenn der Schimmelanteil bei 12 Prozent oder mehr liegt, wenn sich 4 oder mehr Haare von Nagetieren in 100 Gramm finden, wenn 100 Gramm durchschnittlich 5 oder mehr ganze Insekten (ausgenommen Milben und Blattläuse) enthalten, dann ist der Supermarkt verpflichtet, die Butter aus den Regalen zu entfernen. Ansonsten wird sie sich auf Ihren Frühstücksbrötchen wiederfinden.

Kaffeebohnen: Kaffeebohnen werden vom Markt genommen, wenn durchschnittlich 10 Prozent oder mehr von Insekten befallen sind oder wenn sich ein lebendes Insekt in zwei oder mehr Kaffeepäckchen einer Ladung befindet.

Pilze: Pilze dürfen nicht mehr verkauft werden, wenn sich durchschnittlich 20 oder mehr Maden, egal welcher Größe, in 15 Gramm getrockneten Pilzen finden.

Feigen-Marmelade: Wenn sich in zwei oder mehr Packungen mehr als 13 Insektenköpfe pro 100 Gramm finden, konfisziert der Staat rücksichtslos die ganze Ladung. (Offensichtlich sind andere Insektenteile tolerierbar, aber wir wollen uns schließlich nicht von zu vielen Insektenköpfen anstarren lassen.)

Wiener Würstchen: Sie würden es nicht wirklich wissen wollen.

Wenn etwas wirklich gut ist, möchten wir es am liebsten in seiner reinsten Form haben: Sauerstoff ohne Abgase, Schnee ohne Matsch.

Das gilt auch für die Menschen, die wir kennen. Reinheit ist ein Wort, das im Neuen Testament hoch gepriesen wird. Leider ist es in unseren Tagen zum großen Teil verloren gegangen. Es klingt kurios, viktorianisch, prüde, blutleer. Es klingt, als ob ein Mensch kein ganzer Mensch ist. Doch bedeutet Gottes Aufforderung zur Reinheit gerade, voll und ganz Mensch zu sein – nicht von Sünde vergiftet. Das Gegenteil dieses unvergifteten Zustandes ist das, was der Apostel Jakobus »Unbeständigkeit« nennt (Jakobus 1,8).

Unbeständigkeit

Man könnte ein unbeständiges Leben auch als ein Leben bezeichnen, dessen Loyalität geteilt ist. Jakobus verwendet das Bild eines Menschen, der »den Meereswogen gleicht, die vom

Wind gepeitscht und hin und her getrieben werden« (Jakobus 1,6).

Ab und zu treffen wir einen Menschen, dessen ganzes Leben sich nur um eine einzige Sache dreht. Dieser Mensch geht so vollkommen in dieser Sache auf, dass seine Entscheidungen und Verpflichtungen sich ihr völlig unterordnen.

Manche Personen des öffentlichen Lebens werden so eng mit einer bestimmten Sache assoziiert – zumindest entspricht es ihrem Image, wenn auch nicht immer der Realität –, dass ihre Namen bei uns sofort einen bestimmten Begriff auslösen: Donald Trump (Geld), Napoleon (Macht), Imelda Marcos (Schuhe).

In dem Film »City Slickers« spielt Billy Crystal einen chaotischen, unzufriedenen Mittdreißiger, der das undeutliche Gefühl hat, dass sein Leben an ihm vorbeigeht. Jack Palance – alt, lederhäutig und weise (»eine Satteltasche mit Augen«) – fragt Crystal, ob er das Geheimnis des Lebens kennen lernen möchte.

»Das ist es«, sagt Palance und hält einen einzelnen Finger hoch.

»Das Geheimnis des Lebens ist dein Finger?«, fragt Crystal.

»Es ist eine Sache«, antwortet Palance. »Das Geheimnis des Lebens besteht darin, eine einzige Sache zu verfolgen.«

Das hallt tief in Billy Crystal wider. Sein Leben läuft auseinander. Er ist zerrissen zwischen den Verpflichtungen gegenüber seiner Familie und seinem Wunsch, Karriere zu machen; zwischen seinem Sicherheitsbedürfnis und seiner Lust auf aufregende Erfahrungen. Er ist innerlich geteilt. Sein Leben besteht aus vielen Dingen, und so bleibt seinem Empfinden nach letztlich nichts.

Und was ist diese eine Sache? Jack Palance kann es ihm nicht sagen. »Das musst du selbst für dich herausfinden.«

Für Sören Kierkegaard war diese Unbeständigkeit das Hauptübel des menschlichen Geistes. Sein Buch »Purity of Heart Is to Will One Thing« (New York 1938) ist eine Reflexion über Jakobus 4,8: »Gebt eure Herzen Gott hin, ihr Zwiespältigen!« Diese von Kierkegaard diagnostizierte Krankheit ist das Unvermögen, Einfachheit zu leben – ein Leben zu führen, das einheitlich ist und sich auf eine Sache konzentriert. Es ist das Unvermögen, sich dem »Guten«, wie Kierkegaard es nennt, zu verpflichten. Das Unvermögen, um es in den Worten Jesu zu sagen, sich zuerst um das Reich Gottes zu bemühen.

Zerrissenheit

Die Feinde von Einfachheit sind Multiplizität und Duplizität. Ein von Multiplizität bestimmtes Leben ist durch Zerrissenheit gekennzeichnet – getrieben und gezogen. Das drückt sich in der berühmten Bitte des Augustinus aus, als er sich nach sexueller Reinheit und Unschuld sehnte, aber noch nicht bereit war, seinen Lebensstil zu ändern, weil er fürchtete, dann Freude und Vergnügen zu verlieren: »Herr, gib mir die Kraft zur Keuschheit, aber noch nicht jetzt gleich.«

Wenn unser Leben von Multiplizität bestimmt wird, sehnen wir uns nach Vertrautheit mit Gott und fliehen gleichzeitig vor ihr. Wir sehnen uns danach, großzügig zu sein, horten und sammeln aber gleichzeitig. Wir versuchen manchmal, anderen zu dienen, werden aber manchmal von Arroganz und Eigennutz getrieben. Auch der Apostel Paulus hatte damit Probleme: »Wir tun nämlich nicht, was wir eigentlich wollen, sondern das, was wir verabscheuen« (Römer 7,15).

Duplizität, die Zweigeteiltheit, fügt noch einen falschen Beigeschmack hinzu. Es zeigt sich eine Kluft zwischen den Gründen, die wir für unser Verhalten angeben, und den wahren Gründen dafür. Wir verbreiten Klatsch über jemanden, damit wir uns ihm überlegen fühlen können, aber offiziell geben wir es als »Gebetsanliegen« weiter. Wir sagen etwas, das sehr demütig klingt, aber insgeheim wissen wir, dass wir es nur sagen, um die anderen mit unserer vermeintlichen Demut zu beeindrucken. Verlogenheit könnte man das auch nennen. Jeder von uns ist ein Stück weit verlogen. Keiner ist wirklich, was er zu sein scheint.

Vor ein paar Jahren stand in einer kleinen Gemeinde ein Mann an einem Sonntagmorgen gegen Ende des Gottesdienstes auf. Dieser Mann, den ich mein ganzes Leben lang kannte, war immer ein treues Gemeindeglied gewesen. Er brachte seine ganze Familie mit in die Gemeinde, unterrichtete in der Sonntagsschule, diente als Diakon, kochte Kaffee für die Gemeinde und machte hinterher die Küche sauber. Als er an diesem Sonntagmorgen da stand, begann er zu weinen. Unter Tränen erzählte er der Gemeinde, die ihn kannte, seit er ein Teenager war, dass er seine Kinder sexuell missbraucht hatte. Es begann, als sie noch sehr klein waren, und jetzt waren fast alle erwachsen. Als seine Frau es herausfand, zog er aus und begab sich in Therapie. Er wusste nicht, was weiter geschehen würde. Dieser Mann – den wir alle als sehr netten Menschen kannten – musste seiner Gemeinde bekennen, dass er ein Kinderschänder war.

Diese ganzen Jahre ging er weiterhin in die Gemeinde, und diese ganzen Jahre tat er seinen Kindern Gewalt an. Er war eine Welle, die auf dem Meer hin und her getrieben wird. Warum? Was dachte er, wenn er Predigten hörte, Lieder sang und Sonntagsschulunterricht gab? Was dachte er, wenn er seinen Kindern in die Augen schaute?

Es ist erschütternd, wie groß die Fähigkeit des Menschen zu Duplizität ist. Normalerweise nimmt sie andere, weniger dramatische Formen an als bei diesem Mann, aber deswegen bleibt es doch Duplizität.

Duplizität kann sich gegen andere Menschen richten, aber auch gegen uns selbst. Menschen haben eine bemerkenswert hohe Fähigkeit zur Selbsttäuschung.

Einfachheit

Die Alternative zu Duplizität und Multiplizität ist ein Leben, das von Einfachheit geprägt ist. Clifford Williams schreibt (in: »Singleness of Heart«, Grand Rapids 1994): »Wir sind dann zielstrebig, wenn wir nicht in entgegengesetzte Richtungen gezogen werden und wenn wir handeln, ohne uns selbst fördern zu wollen. Unsere inneren Motivationen liegen nicht im Konflikt miteinander; sie sind in eine Richtung ausgerichtet. Die Motive, die wir zu haben scheinen, entsprechen unseren wahren Motiven. Unser inneres Ziel ist einheitlich und korrespondiert mit unserem äußeren Verhalten. Wir sind nicht, um es in einem Wort auszudrücken, geteilt.«

Jesus hätte die Worte von Jack Palance verwenden können. Er sagte: »Sorgt euch zuerst darum, dass ihr euch seiner Herrschaft unterstellt und tut, was er verlangt« (Matthäus 6,33). Dieser Gedanke findet sich auch in den Worten Jesu an eine Freundin namens Martha wieder. Sie war »überbeschäftigt« mit vielen Dingen und war ärgerlich auf ihre Schwester, die einfach die Anwesenheit Jesu genoss. »Martha, Martha, du machst dir so viele Sorgen und verlierst dich an vielerlei, aber nur eines ist notwendig« (Lukas 10, 40). Das ist das Geheimnis des Lebens – *eine* Sache.

Es ist unheimlich erleichternd, von dieser inneren Teilung befreit zu werden und sich stattdessen auf das Wesentliche zu konzentrieren. Mit einem zwiespältig veranlagten Menschen in ein Restaurant zu gehen, kann zur Tortur werden: Suppe oder Salat, Kartoffeln oder Reis, Kaffee oder Tee, bar oder Kreditkarte? Vielleicht kämpfen Sie gerade mit Ihrer Zwiespältigkeit, wenn Sie diese Worte lesen. Oder vielleicht können Sie sich nicht entscheiden, ob Sie zwiegespalten sind oder nicht.

Die meisten von uns wissen, wie es sich anfühlt, eine Welle im Ozean zu sein, sich zu diesem Leben mit Christus angezogen zu fühlen und gleichzeitig von einer verborgenen Sünde zurückgehalten zu werden, die wir noch nicht zu bekennen bereit waren oder für die wir Hilfe in Anspruch nehmen müssten. Wir sehnen uns danach, anderen zu dienen, aber wir sind nicht bereit, den Komfort unseres Lehnstuhls aufzugeben. Wir möchten gerne demütig sein – aber was ist, wenn es keiner merkt? Also gehen wir einen Schritt vor und wieder einen zurück.

Das ist ein armseliges Leben, sagt Jesus. »Das Geheimnis des Lebens besteht darin, *eine* Sache zu verfolgen.«

Veränderung und die Bibel

Wenn wir von unserer Zerrissenheit frei werden wollen, müssen wir verändert werden: »Lasst euch vielmehr von Gott umwandeln, damit euer ganzes Denken erneuert wird« (Römer 12,2). Um unser Denken verändern zu können, ist es unbedingt erforderlich, es mit den Gedanken der Bibel vertraut zu machen. Der Psalmist spricht davon, dass er Gottes Wort in seinem Herzen bewahrt (Psalm 119,11), damit er nicht sündigt. Wie können wir so in der Bibel lesen, dass unser Herz gereinigt wird und wir so leben können, wie Jesus an unserer Stelle gelebt hätte? Dazu hilft uns ein Bild weiter, das die Bibel selbst verwendet.

Als Paulus an die Gemeinde in Ephesus schrieb, dass Ehemänner ihre Frauen lieben sollen, verwendete er folgende Analogie: »Ihr Männer, liebt eure Frauen so, wie Christus die Gemeinde geliebt hat! Er hat sein Leben für sie gegeben, um sie rein und heilig zu machen im Wasser der Taufe und durch das dabei gesprochene Wort. Denn er wollte sie als seine Braut in makelloser Schönheit vor sich stellen, ohne Flecken und Falten oder einen anderen Fehler, heilig und vollkommen« (Epheser 5,25-27).

Wir – die neue Gemeinde, die Braut – sollen durch das Wort im Wasser reingewaschen werden. Was bedeutet das?

Überlegen Sie, was passiert, wenn sich jemand nicht so wäscht, wie er sich waschen sollte. Zwei Mitarbeiter unserer Gemeinde wohnten während ihres Studiums zusammen in einem Zimmer. Damals schlossen sie Wetten ab, wer von ihnen es länger schaffen würde, seine Bettwäsche nicht zu waschen. Nach einem Jahr entschieden sie, dass es unentschieden stand. Die Folgen können Sie sich selbst ausmalen.

Zum Kontrast stellen Sie sich nun vor, was passiert, wenn etwas gewaschen wird. Seife und Wasser dringen tief in die Fasern des schmutzigen Materials ein und entfernen allen Schmutz. Nur nach dem Waschen können wir den Stoff in dem Zustand sehen, in dem er ursprünglich gemacht war. Wenn wir zu Gott kommen, sieht unser Herz und unser Denken genauso aus, vollgestopft mit »falschen Überzeugungen und Haltungen, tödlichen Gefühlen, fehlgeleiteten Plänen, Hoffnungen und

Ängsten« (zitiert bei Dallas Willard: »In Search of Guidance«, San Francisco 1993).

Ich erinnere mich leicht an ein paar »tödliche Gefühle«, die ich im Lauf eines Tages empfand. Als ich in die Stadt lief, saß ein Obdachloser genau da, wo ich gehen wollte und hielt ein Schild hoch, auf dem er um Geld bat. Und schon dachte ich: »Er ist schmutzig. Ich ärgere mich, dass er da sitzt. Ich werde ihm nicht nur kein Geld geben, sondern auch jeden Augenkontakt vermeiden – ich will mich nicht schuldig fühlen müssen. Und ich will mein Geld behalten.«

Ein bisschen später stand ich in einem Laden an der Kasse. Ich hatte es eilig und es ging mir nicht schnell genug voran. Der Mann an der Kasse sprach nur gebrochen Englisch und redete langsam mit der ersten Person in der Schlange. Ich dachte: »Warum können die keine Leute anstellen, die Englisch können? Gebt mir einfach mein Wechselgeld und lasst mich hier raus!« Ich spürte in mir keinerlei Liebe für diesen Mann. Er war anders als ich, und ich wünschte, er wäre nicht da.

Am selben Tag begegnete ich einem anderen Menschen und dachte ganz anders: »Das ist eine wichtige Person. Was könnte ich sagen, damit ich von dieser Person profitieren kann? Wie kann ich eine strategische Verbindung knüpfen?«

Auf dem Rückweg in mein Büro wollte ich durch den Gottesdienstraum gehen, aber ich hatte keine Schlüssel dabei, und das Auditorium war verschlossen. Also musste ich die Treppe nehmen und einen Umweg machen. »Das ist frustrierend«, jammerte ich. »So viel verschwendete Zeit.« Ich hätte auch anders denken können. Ich hätte dankbar sein können, dass ich Beine habe und laufen kann. Ich hätte mich mit Gott über meinen Tag unterhalten können. Stattdessen war ich wütend über eine verschlossene Tür und ein paar Treppenstufen.

Als ich früh am Morgen in meiner Bibel las, wurde mir etwas an diesem Bibelabschnitt klar. Dann drifteten meine Gedanken sofort zu einer Mitarbeiterbesprechung, die später an diesem Tag stattfinden sollte. »Ich kann ihnen davon erzählen, was mir gerade klar geworden ist. Sie werden davon beeindruckt sein, vor allem, wenn sie erfahren, dass mir dieser Gedanke in meiner Zeit mit Gott gekommen ist. Sie werden mich für einen geistlich reifen Menschen halten.« Natürlich artikulierte sich dieser Gedanke nicht so deutlich und so schamlos. Aber das war die Essenz meiner Gedanken, wie ich diesen Moment nutzen könnte, um andere zu beeindrucken. Ironischerweise ging es bei meiner Erkenntnis um das Wesen der Demut.

Solche Abläufe sind typisch für die Gedanken, die meinen Verstand von Zeit zu Zeit befallen. Mein Verstand ist – um ein wunderschönes Bild von Henri Nouwen zu gebrauchen – ein Bananenbaum voller Affen, die ständig hinauf- und wieder hinunterspringen. Er ist selten still oder ruhig. Alle diese Gedanken fordern meine Aufmerksamkeit: »Wie kann ich vorwärts kommen? Versucht jemand gerade, mich zu verletzen? Wie gehe ich mit diesem Problem um?«

Diese Gedanken sind nur ein bisschen verschmutzt. Aber ich habe andere, weit dunklere Gedanken, die durch dicke Schmutzklumpen nach unten gezogen werden. Die Bibel hat dafür ein Wort: »logismoi«. Dieses griechische Wort beschreibt die falschen Gedanken und Wünsche in uns, die uns zu Sünde und Verzweiflung verleiten. Sie sind subtil und rücksichtslos. John Climacus verglich »logismoi« mit Madeneiern, die im Schmutz unseres Gefallenseins reifen (zitiert in James Houston: »The Heart's Desire«, Colorado Springs 1996).

Was mir fehlt, ist»Reinheit des Herzens«. Ich verfolge nicht eine Sache allein. Im einen Augenblick möchte ich etwas von Gott hören, im nächsten möchte ich das Gehörte verwenden, um andere Menschen damit zu beeindrucken, wie geistlich ich bin.

Diese »logismoi« sind die teuflischen Gegenspieler der Bibel. Sie befähigen uns zum Schlechten. Sie korrumpieren unsere Worte und unser Handeln unausweichlich. Sie machen es für uns auch schwer, über die Bibel nachzudenken oder uns damit auseinanderzusetzen. Dietrich Bonhoeffer bekannte (in: »Life Together«, New York 1956): »Wir sind oft so überladen und belastet mit anderen Gedanken, Bildern und Sorgen, dass es lange dauern kann, bevor Gottes Wort alles andere beiseite fegen und durchdringen kann ... Das ist der Grund, warum wir unser Gebet damit beginnen, Gott darum zu bitten, uns durch sein Wort den Heiligen Geist zu senden, uns sein Wort zu offenbaren und uns zu erklären.«

Eine neue Gesinnung

Es ist erschreckend, wenn man die Wahrheit über sich selbst erkennt und merkt, wie sehr man Veränderung nötig hat. Aus diesem Grund verbrachte Martin Luther so viel Zeit im Beichtstuhl, manchmal mehrere Stunden an mehreren Tagen hintereinander. Die anderen Mönche fragten ihn, was er da bloß machte. (Schließlich lebte er in einem Kloster. Was hatte er zu bekennen? Dass er den anderen Mönchen die Bettdecke wegzog? Dass er falsch sang?) Aber Luther war einfach schockiert von seiner Fähigkeit, sich selbst zu rechtfertigen. Er wusste, dass das erste Gebot lautete, Gott mit ganzem Herzen, ganzer Seele und ganzem Verstand zu lieben – und er konnte dieses Gebot nicht einmal fünf Minuten einhalten.

Stellen Sie sich vor, Ihr Verstand wäre von all dem Schrott gereinigt, der Ihre besten Absichten blockiert. Stellen Sie sich vor, dass Sie immer, wenn Sie einen anderen Menschen sehen, zuerst daran denken, für ihn zu beten und ihn zu segnen. Stellen Sie sich vor, wie es wäre, wenn Sie sich jedes Mal, wenn Sie sich herausgefordert oder ängstlich fühlen, wie im Reflex an Gott wenden und ihn um Kraft bitten. Stellen Sie sich vor, dass Sie, wenn Sie ein verheirateter Mann sind, jede andere Frau so betrachten könnten, als ob sie Ihre Schwester oder Tochter wäre. Stellen Sie sich vor, Sie könnten Ihren »Feinden« aus ganzem Herzen Gutes wünschen.

Das bedeutet es, wenn unser Denken »durch das Wort rein gewaschen« wird. So sieht es aus, wenn »die gute Nachricht von Christus ihren ganzen Reichtum entfaltet« (Kolosser 3,16). So sollen wir verändert werden. Die Bibel will uns helfen, hier und jetzt im Reich Gottes zu leben. Sie lehrt uns, wie wir verwandelt werden können. Sie ist in dieser Hinsicht unverzichtbar. Ich kenne keinen Menschen, der ein in diesem Sinne verändertes Leben führt und nicht tief in der Bibel verwurzelt ist.

Paulus schreibt über die Rolle der Bibel: »Jede von Gott eingegebene Schrift ist auch nützlich zur Belehrung, zur Widerlegung, zur Besserung, zur Erziehung in der Gerechtigkeit. So wird der Mensch Gottes zu jedem guten Werk bereit und gerüstet sein« (2 Timotheus 3,16-17, Einheitsübersetzung).

Paulus schreibt nicht, dass wir uns mit der Bibel vertraut machen sollen, damit wir hundert Punkte bei der Aufnahmeprüfung im Himmel schaffen. Sondern, so schreibt er, das Ziel ist es, »zu jedem guten Werk bereit und gerüstet« zu sein. In anderen Worten: Wir sollen zu Menschen werden, von denen Freundlichkeit fließt wie ein nie versiegender Strom.

Vorbereitet für »gute Werke«

Zu wie vielen guten Werken sollen wir bereit sein? Zu allen. Uns wird nichts entgehen. Der Gedanke dahinter ist nicht, dass wir versuchen sollen, jeden Tag einen Berg von »guten Taten« anzuhäufen, wie die Pfadfinder, die immer nach älteren Menschen Ausschau halten, denen sie über die Straße helfen können. Es geht darum, dass jeder Augenblick unseres Lebens eine Gelegenheit sein kann, ganz äußerlich und sichtbar den Reichtum unserer Beziehung zu Gott, dem Vater, widerzuspiegeln.

Wenn die Bibel ihren Auftrag vollständig erfüllen könnte, dann würde sich unser Denken so verändern – so mit Wahrheit, Liebe, Freude und Demut angefüllt sein –, dass unser Leben zu einer ununterbrochenen Serie guter Werke wird, die sich durch ihre Güte und Schönheit auszeichnen. Jeder Augenblick würde im Kleinen das Leben im Reich Gottes widerspiegeln.

Deshalb müssen wir uns darin üben, über der Bibel zu meditieren. Das ist nicht dasselbe wie die Bibel zu studieren, auch wenn das sehr wichtig ist. Das Ziel von Meditation ist, unser Denken »durch das Wort reinwaschen zu lassen«. Im Folgenden finden Sie einige Vorschläge, wie Sie über der Bibel meditieren können.

1. Bitten Sie Gott, Ihnen in der Bibel zu begegnen

Bevor Sie anfangen, in der Bibel zu lesen, bitten Sie Gott, zu Ihnen zu reden. Während Sie dann lesen, erwarten Sie, dass er auch zu Ihnen sprechen wird.

Im Lauf der Jahrhunderte haben Christen immer wieder erzählt, wie ihnen Gott durch die Bibel begegnet ist. Augustinus berichtet in seinen »Bekenntnissen«, wie er unter einem Feigenbaum saß und wiederholt eine Stimme hörte, die ihm sagte: »Nimm es und lies es, nimm es und lies es.« Ihm schien klar, das dies die Stimme Gottes war, die ihn dazu aufforderte, die Bibel in die Hand zu nehmen. Und als er einen kurzen Abschnitt aus dem Brief von Paulus an die Römer las, schrieb Augustinus: »Ich hatte kein Bedürfnis, weiter zu lesen; es bestand keine Notwendigkeit ... Es war, als ob mein Herz mit dem Licht der Zuversicht gefüllt wäre und alle Schatten meiner Zweifel weggefegt wären.«

Gott begegnet Menschen immer wieder auf diese Weise. Eileen, eine Freundin unserer Familie, war eines Tages völlig entsetzt, als ihre Tochter ihr erzählte, dass jemand mit ihr über Gott gesprochen hatte. Eileen war enttäuscht von ihrem Leben und wollte mit Gott nichts zu tun haben. In dieser Nacht konnte Eileen nicht schlafen. Um Mitternacht ging sie hinunter und nahm die Bibel in die Hand. Sie konnte sich nicht erinnern, wann sie das letzte Mal in einer Kirche gewesen war, geschweige denn jemals selbst eine Bibel aufgeschlagen hatte. Als sie sie jetzt öffnete, stellte sie fest, dass die Bibel in einen »alten« Teil und in einen »neuen« Teil gegliedert war. In der Annahme, dass das Buch vermutlich irgendwie überarbeitet worden war, beschloss sie, mit dem »neuen« Teil anzufangen.

So saß sie in der Stille der Nacht auf dem Fußboden ihres Wohnzimmers und begann, das Matthäusevangelium zu lesen. Um drei Uhr morgens war sie mitten im Johannesevangelium und stellte fest, dass sie sich, wie sie es formulierte, irgendwie in den Charakter Jesu verliebt hatte. »Ich weiß nicht, was ich tun soll«, betete sie zu Gott, »aber ich weiß, dass du hast, was ich mir wünsche.«

Wir begegnen Jesus in der Bibel auf ganz besondere Weise.

Die Botschaft der Bibel lautet nicht nur, dass Hilfe kommt, sondern dass die Hilfe schon da ist: »Das Himmelreich ist nahe« (Matthäus 3,2, Einheitsübersetzung), sagte Jesus. Bevor Sie also beginnen zu lesen, sollten Sie die Anwesenheit Jesu zur Kenntnis nehmen. Bitten Sie ihn, Ihr Denken reinzuwaschen – auch wenn das Waschmittel etwas brennt.

Während Sie lesen, werden Ihnen bestimmte Gedanken kommen. Vielleicht sind Sie bewegt von der Liebe Gottes, spüren, wie Sie einer Sünde überführt oder zum Handeln veranlasst werden. Seien Sie offen für die Möglichkeit, dass Gott durch sein Wort zu Ihnen sprechen kann.

2. Lesen Sie die Bibel in einer nachgiebigen Haltung

Lesen Sie die Bibel mit der Bereitschaft, alles aufzugeben. Lesen Sie mit einem empfänglichen Herzen. Lesen Sie weise, aber machen Sie sich bewusst, dass lesen mit dem Ziel der Veränderung etwas anderes ist als lesen, um Informationen zu finden oder einen Punkt beweisen zu können. Entscheiden Sie sich dafür, der Bibel zu gehorchen.

Menschen, die die Bibel auf die falsche Weise und mit den falschen Motiven lesen, können sogar Schaden von ihrer Lektüre davontragen. Philipp Spener gab Ratschläge, wie man die Bibel *nicht* lesen sollte (zitiert in »Pietists – Selected Writings«, New York 1983):

»Wie können sich Bibelleser am besten selbst schaden?

Wenn sie die Bibel lesen ohne ernsthaftes Gebet und die Bereitschaft, Gott zu gehorchen, sondern nur ihr Wissen vergrößern, sich produzieren und ihre Neugier befriedigen wollen ... Wenn sie nicht sehen, was für ihre Auferbauung nützlich ist, sondern nur, was sie für ihren Ruf und gegen andere verwenden können ... Wenn sie verachten, was die Bibel einfach ausdrückt und was leicht zu verstehen ist ... Wenn sie sich im Gegenteil nur die schwierigen Passagen vornehmen, über die viel diskutiert wird, um in ihnen etwas Ungewöhnliches zu entdecken und sich damit vor anderen produzieren zu können ... Wenn sie das, was sie gelernt haben, voller Stolz und zu ihrem eigenen Ruhm verwenden ... Wenn sie denken, dass nur sie weise sind, bessere Unterweisung entschieden ablehnen, Auseinandersetzungen lieben und von anderen nichts in Bescheidenheit annehmen können.«

Sich mit Wissen über die Bibel vollzustopfen, sich aber nicht von ihr reinwaschen zu lassen, ist schlimmer, als überhaupt nichts über die Bibel zu wissen. An einem Sonntag nach dem Gottesdienst wurde ich von einem Mann angesprochen, der allgemein wegen seines profunden Bibelwissens bewundert wurde. Er betrachtete sich mehr oder weniger als Wachhund über die Reinheit der Lehre. Für ihn war es extrem wichtig, dass alle Leute wussten, wie gut er sich in der Bibel auskannte. Er liebte theologische Debatten, weil sie ihm die Gelegenheit gaben, sein Wissen unters Volk zu streuen.

Dieser Mann trug mir eine lange Litanei von Beschwerden vor. Er sagte, dass er darüber gebetet habe und dass Gott mit ihm in so vielem einer Meinung sei: Die Jugendlichen in unserer Gemeinde seien nicht so hingegeben, wie sie sein sollten; die Leiter der Bibelstunden für Erwachsene seien nicht ganz auf der Linie seines Lieblings-Radiopredigers; er habe kleine Kinder (einschließlich meinen) gesehen, die völlig pietätlos durch den Gottesdienstraum gerannt waren. Und er war auch mit meinen Predigten nicht so richtig einverstanden.

»Aber denken Sie daran«, sagte er zum Abschluss. »Ich mag vieles nicht, was Sie tun, doch ich liebe Sie im Herrn.«

Dieser Mann wusste so viel darüber, was die Bibel zum Thema Liebe lehrte. Er vergaß nur, es in die Praxis umzusetzen.

Ich begann über diesen biblischen Ausdruck nachzudenken, »jemanden im Herrn zu lieben«. Dabei fiel mir auf, wie oft wir ihn missbrauchen. Ich mag jemanden nicht und hoffe nicht das Beste für ihn, aber ich bin Christ, und natürlich lieben Christen jeden, also bedeutet das, dass wir diese Menschen »im Herrn lieben«. Mit dieser Phrase geben wir unserem Mangel an Liebe ein geistliches Deckmäntelchen. Dabei bedeutet jemanden »im Herrn zu lieben«, jemanden so zu lieben, wie Jesus ihn lieben würde, wenn er an unserer Stelle wäre. Dieser Mann liebte mich also gerade nicht »im Herrn«.

Ich musste nicht lange nachdenken, um auf die traurige Wahrheit zu stoßen, dass auch ich diesen Mann nicht liebte. Ich wünschte ihm nicht das Beste. Ich hörte am liebsten negative Dinge über ihn. Und was noch demütigender ist: Ich mochte ihn einfach nicht, weil er mich nicht mochte. Wenn er dieselbe Veranlagung hätte, aber gleichzeitig ein begeisterter Fan von mir wäre, dann hätte ich mich vermutlich bereit gefunden, ihm fast alles nachzusehen. Ich merkte mal wieder, wie sehr ich es nötig habe, reingewaschen zu werden.

Wenn jemand reingewaschen wird – sich mit den Gedanken Gottes füllen lässt –, ist das ein Geschenk für die Welt. Als ich vor ein paar Jahren in Äthiopien war, lernte ich eine Frau kennen, die sich so hatte reinwaschen lassen. Sie war 99 Jahre alt und lebte zwei Stunden von Addis Abeba, der Hauptstadt, entfernt. Diese Frau hatte sich in ihren mittleren Jahren entschieden, Jesus nachzufolgen. Sie war blind und konnte weder lesen noch schreiben. Sie lebte in einer kleinen Hütte, wo sie zwei Bibeln auf dem Tisch liegen hatte – eine in Amharisch, der Landessprache, und eine in Englisch. Immer wenn sie Besuch bekam, bat sie ihn, ihr etwas vorzulesen. Im Lauf der Zeit wurden ihr ihre Lieblingsabschnitte so vertraut, dass sie sie auswendig aus dem Gedächtnis aufsagen konnte. Und wenn ihr Besuch nicht lesen konnte, rezitierte sie ihm gewissermaßen als Gastgeschenk Bibelabschnitte.

Leute kamen von weit her, nur um sie zu besuchen. Warum unternahmen sie eine aufwendige Reise, nur um eine ältere, blinde Witwe zu besuchen, die nicht lesen und schreiben konnte? Weil in ihrer Gegenwart und durch ihre Stimme die Worte: »Der Herr ist mein Hirte« nicht mehr bloß Worte waren. Gottes Gedanken hatten ihr Denken so gründlich und so oft reingewaschen, dass andere Gedanken einfach keine Chance hatten zu überleben. Mit reinem Herzen bemühte sie sich um eine einzige Sache. Die Menschen kamen zu ihr, weil es unmöglich war, sie diese Worte sagen zu hören, ohne mit der Hoffnung erfüllt zu werden, dass diese Worte eines Tages für die Zuhörer genauso real werden würden, wie sie es für diese Frau waren.

Warum hatte die Bibellektüre auf diese äthiopische Frau eine völlig andere Wirkung als auf den Mann aus meiner Gemeinde? Weil die Schlüsselfrage für die Bibellektüre nicht lautet »Wie viel?« sondern »Wie?«

Man kann die Bibel lesen, ohne dabei innerlich reingewaschen zu werden. Die Bibel selbst spricht davon. Jesus sagte zu den geistlichen Leitern seiner Zeit, die so stolz darauf waren, wie gut sie sich in den religiösen Schriften auskannten: »Ihr forscht doch in den Heiligen Schriften und seid überzeugt, in ihnen das ewige Leben zu finden – und gerade sie weisen auf mich hin. Aber ihr seid nicht bereit, zu mir zu kommen und so das ewige Leben zu haben« (Johannes 5,39-40). Die religiösen Leiter dachten, dass ihre umfangreiche Kenntnis der religiösen Schriften ein Beweis für ihre geistliche Größe war. Aber sie erlaubten den Lehren der Bibel über Demut nie, ihre stolze Haltung zu korrigieren, sie erlaubten den Lehren über Liebe nie, ihre verurteilende Haltung zu reinigen – und so erkannten sie nie die Wahrheit der Lehren Jesu.

3. Meditieren Sie über einen kurzen Abschnitt

Es ist wichtig, mit der ganzen Bibel vertraut zu sein. Wenn wir Bibelstudien betreiben, müssen wir große Abschnitte lesen und viel Material verarbeiten. Aber wenn wir lesen, um uns verändern zu lassen, müssen wir ein langsameres Tempo vorlegen.

Madame Guyon schrieb (in: »Experiencing the Depth of Jesus Christ«, Goleta 1975):

»Wenn Sie schnell lesen, werden Sie nur wenig profitieren. Sie werden wie eine Biene sein, die lediglich über die Oberfläche einer Blume streicht. Wenn Sie aber unter Gebet lesen, werden Sie zu einer Biene, die in die Tiefen der Blume vordringt. Sie tauchen tief ein, um den Nektar aus der Tiefe zu holen.«

Vertiefen Sie sich also in einen kurzen Bibelabschnitt, vielleicht nur in ein paar Verse. Lesen Sie sie langsam. Lesen Sie sie, wie Sie einen Liebesbrief lesen würden. Manche Worte fallen Ihnen vielleicht besonders auf; lassen Sie sie ins Herz sinken. Fragen Sie, ob Gott vielleicht durch diese Worte zu Ihnen sprechen möchte. Die Frage, die hinter allem steht, lautet immer: »Herr, was möchtest du mir in diesem Augenblick sagen?«

Wenn Sie eine Geschichte in der Bibel lesen, möchten Sie

vielleicht Ihre Vorstellungskraft einsetzen und versuchen, die Situation und die Geschehnisse nachzuvollziehen. Wie fühlten sich die Arme des alten Vaters an, als sie den verlorenen Sohn umfassten? Wie schmeckten Fisch und Brot, die Jesus vermehrte, um die fünftausend Menschen satt zu machen?

Wenn Sie wie ich sind, dann bedeutet diese Art des Lesens, dass Sie Ihre Haltung korrigieren müssen. Erfolg wird nicht an der Zahl der bewältigten Seiten gemessen. Vor einiger Zeit steckte ich mir das Ziel, die Psalmen durchzubeten, einen Psalm pro Tag. Das ist eine althergebrachte Übung, weil die Psalmen schon immer das große Gebetbuch des Volkes Gottes waren. Sie decken das ganze Spektrum menschlicher Emotionen Gott gegenüber ab: ehrfürchtige Anbetung, bittere Beschwerde, die Seele erschütternde Verwirrung, überschwängliche Dankbarkeit.

Aber dann passierte etwas Seltsames. Jeden Tag, wenn ich einen Psalm gelesen hatte, konnte ich ihn von meiner Liste streichen und war meinem Ziel ein Stück näher. Das bedeutete natürlich, dass ich nicht an zwei Tagen hintereinander mit demselben Psalm da sitzen wollte; das hätte mich ja von meinem Ziel abgehalten.

Irgendwie hatte sich in mir die Vorstellung eingeschlichen, dass Gott über mein Leseverhalten Buch führte und ich für jeden »abgearbeiteten« Psalm einen Fleißpunkt bekam. Natürlich sabotierte diese Vorstellung Gottes ursprüngliche Absicht mit den Psalmen völlig. Gott gab uns die Psalmen, um zu uns zu sprechen, um uns zu erfrischen. Und wenn er dazu einen Psalm verwendet, oder auch nur ein einziges Wort, dann ist es an uns, uns so lange damit zu beschäftigen, bis wir gelernt haben, was wir lernen sollten.

Das Ziel besteht nicht darin, dass wir möglichst schnell durch die Bibel kommen. Das Ziel ist, dass die Bibel uns durchdringt.

Manche Gemeinden vermitteln den Eindruck, dass der einzige Weg zur Veränderung über die Wissensschiene führt. Sie gehen davon aus, dass die geistliche Reife eines Menschen in dem Maß ansteigt, wie sein Bibelwissen zunimmt.

Ein Freund, der noch nicht allzu lange in unsere Gemeinde kommt, stellte mir folgende wunderschöne Frage: »Also, sehe ich das richtig, dass die Leute unter anderem so viel Zeit darauf verwenden, Predigten und Lehren zu hören, damit sie die Bibel besser verstehen?«

»Ja, das stimmt.«

»Und aus welchem Grund wollen die Leute die Bibel besser verstehen?«

Wir müssen nicht sonderlich intensiv über diese Frage nachdenken, um ihre Tragweite zu verstehen. Nehmen Sie irgendeinen Menschen, den Sie kennen, dessen Bibelwissen, sagen wir, zehnmal größer ist als das des durchschnittlichen Nichtchristen. Dann fragen Sie sich, ob dieser Mensch auch zehnmal liebevoller, zehnmal geduldiger und zehnmal fröhlicher ist als der durchschnittliche Nichtchrist!

Bibelwissen ist unverzichtbar. Aber Wissen an sich führt nicht zu geistlichem Wachstum. Als Paulus die Gemeinde in Rom ermunterte, sich »im Innersten von Gott umwandeln zu lassen«, dachte er an mehr als nur an die Aneignung von Wissen. Er dachte an das ganze Spektrum unserer Wahrnehmung, unseres Verstehens, unserer Werte und Gefühle, das uns beeinflusst. Diese Erneuerung wird sich nur vollziehen, wenn wir »uns selbst als lebendiges Opfer Gott zur Verfügung stellen«, wie Paulus es formuliert (Römer 12,1), wenn wir unser Leben um die Übungen, Beziehungen und Erfahrungen aufbauen, durch die Gott in uns Veränderung schaffen kann.

So lebenswichtig und lobenswert Wissen ist, so birgt es auch einige Gefahren. Es kann alle Demut zunichte machen. Der Spitzname »Alleswisser« ist nie als Kompliment zu verstehen. Selbst in der Bibel finden sich Warnungen: »Aber Erkenntnis allein macht überheblich. Nur Liebe baut die Gemeinde auf« (1 Korinther 8,1).

Sowohl die menschliche Erfahrung als auch die Bibel lehren uns, dass Wissen – selbst Bibelwissen – nicht automatisch Herzen verändert.

4. Nehmen Sie sich einen Vers oder einen Gedanken mit in den Tag

Der Psalmist schreibt, dass glücklich ist, wer »Tag und Nacht« über das Gesetz Gottes nachdenkt. Das scheint jeden Augenblick des Tages zu betreffen.

Wir können nicht »schnell mal« meditieren. De Gedanke des Meditierens kommt aus einer weniger aufgeregten Zeit als der unseren. In den Tagen des Psalmisten gab es keine Kurse in »Speed-Meditation«: »Ich kann 700 Worte pro Minute meditieren, und das bei einer Aufnahmerate von 90 Prozent.«

Meditation geht so langsam wie der Prozess, in dem Wurzeln Feuchtigkeit aus dem Boden aufnehmen und einem großen Baum Nährstoffe zuführen. Meditation ist wichtig genug, um im Alten Testament über fünfzig Mal erwähnt zu werden. Es bedeutet nicht nur, über Gottes Wort nachzudenken, sondern es auch laut zu lesen. Die Bibel laut zu lesen steigert die Konzentration des Lesers und hat den Vorteil, dass er mit Augen und Ohren gleichzeitig lernt. Meditation wird in der Bibel verglichen mit einem jungen Löwen, der nach Beute brüllt, mit dem leisen Gurren der Tauben oder mit einer Kuh, die gemächlich ihr Futter kaut.

Meditation ist nicht esoterisch, irgendwie sonderbar oder für Gurus reserviert, die Mantras im Lotussitz rezitieren. Es geht vielmehr um gespannte Aufmerksamkeit. Meditation hält sich an das einfache Prinzip: »Was der Verstand wiederholt, merkt er sich.«

Wählen Sie sich für den Anfang einen Bibelabschnitt – einen »Gedanken« Gottes – aus, mit dem Sie einen Tag lang leben wollen. Suchen Sie sich diesen Vers oder diesen Begriff aus, bevor Sie am Abend zu Bett gehen oder gleich nachdem Sie am Morgen aufgestanden sind.

Nehmen Sie beispielsweise diesen Gedanken aus Psalm 46,11: »Erkennt, dass ich Gott bin!« Leben Sie einen Tag lang mit diesen Worten. Beschäftigen Sie sich in Gedanken immer wieder mit diesem Geheimnis.

»Heute will ich, so gut ich kann, zur Ruhe kommen. Ich will nicht gedankenlos plappern. Ich will mich daran erinnern, dass ich mich nicht verteidigen muss, um sicher zu sein, dass die Leute so über mich denken, wie ich es gerne hätte. Heute muss ich nicht meinen Weg gehen. Bevor ich heute Entscheidungen treffe, will ich mich bemühen, auf die Stimme Gottes zu hören. Ich will mich heute nicht von Angst oder Ärger hin und her werfen lassen. Ich will diese Gefühle als Hinweis nehmen, zuerst auf den Heiligen Geist zu hören. In jeder dieser Situationen will ich Gott fragen, wie ich reagieren soll. Ich will zur Ruhe kommen.«

Wissen Sie, wie es ist, zur Ruhe zu kommen? Wissen Sie, wie sehr es die Menschen um Sie herum schätzen würden, wenn Sie einen Tag lang wirklich zur Ruhe kommen würden?

Sie werden erleben, dass dann erstaunliche Dinge passieren. Sie werden entdecken, dass Sie wirklich zur Ruhe kommen wollen. Sie werden wirklich erkennen *wollen,* dass der Herr Gott ist.

5. Lernen Sie diesen Gedanken auswendig

Bibelabschnitte auswendig zu lernen ist eines der wirkungsvollsten Mittel, um unsere innere Haltung zu verändern. Wie der Psalmist schrieb: »Was du gesagt hast, präge ich mir ein, weil ich vor dir nicht schuldig werden will« (Psalm 119,11).

Auswendig gelernte Bibelverse werden Ihnen in den Bereichen helfen, in denen Sie es am meisten brauchen. Wenn Sie beispielsweise mit Furcht zu kämpfen haben, könnten Sie Psalm 27,1 auswendig lernen: »Der Herr ist mein Licht, er befreit mich und hilft mir; darum habe ich keine Angst.« Wenn Stolz für Sie ein Problem darstellt, dann könnten Sie es mit Philipper 2,3 versuchen: »Handelt nicht aus Selbstsucht oder Eitelkeit! Seid bescheiden und achtet den Bruder oder die Schwester mehr als euch selbst.«

Und wenn Sie Bedenken haben, dass Ihr Gedächtnis wie ein Sieb ist, sollten Sie diese Bedenken über Bord werfen. Wichtig ist nicht, wie viele Verse Sie auswendig lernen, sondern was in Ihnen passiert, wenn Sie sich den Aussagen der Bibel aussetzen.

Wie jede andere »geistliche Übung« ist auch das Auswendiglernen nur ein Mittel zum Zweck.

Zu meinen frühesten Erinnerungen an das Gemeindeleben zählt ein Wettbewerb, bei dem es darum ging, wer am meisten Bibelverse auswendig aufsagen konnte. Jeder von uns hatte ein Poster an der Wand mit seinem Namen. Auf dem Poster war eine Villa abgebildet, und für jeden Vers bekamen wir einen Aufkleber – ein kleines Zimmer, mit dem wir unsere Villa erweitern konnten. Wer die meisten Zimmer in seiner Villa hatte, bekam einen Preis: Eine weiße Bibel mit Goldschnitt, auf der unser Name eingeprägt war.

Der Wettbewerb konzentrierte sich schließlich auf mich und ein anderes Kind – ein sommersprossiges kleines Mädchen mit großer Brille. Sie hieß Louise. Wochenlang war es äußerst knapp, aber im letzten Monat zog sie davon. In der letzten Woche war schließlich klar, dass sie gewinnen würde.

Ich fragte mich, was ich wegen Louise unternehmen könnte.

Also brachte ich sie um.

Zumindest in meinen Gedanken. Ich mochte sie nicht. Ich hätte so ziemlich alles gemacht, um schließlich zu hören, wie ich als Gewinner ausgerufen wurde, und diese Bibel zu kriegen. Die Gemeinde wurde zum Ort, an dem ich glänzen und beweisen konnte, wie schlau ich war. Und so freute ich mich kein bisschen, als Louise als Gewinnerin ausgerufen wurde.

Das war nicht das einzige Mal, dass ich die Gemeinde zum Austragungsort für Wettbewerbe umfunktioniert habe. Manchmal versuche ich immer noch, eine große weiße Bibel zu gewinnen.

Bibelverse auswendig zu lernen kann eine große Hilfe sein, aber nur, wenn es dem göttlichen Ziel dient, »nicht vor Gott schuldig zu werden«.

Seien Sie ein »Mensch dieses einen Buches«

Wenn Sie auf eine einsame Insel verbannt würden und dürften nur ein Buch mitnehmen, welches würden Sie sich aussuchen?

Diese Frage stellte einmal jemand G. K. Chesterton. Da man Chesterton als einen der gebildetsten und kreativsten christlichen Schriftsteller der ersten Hälfte des zwanzigsten Jahrhunderts kennt, würde man annehmen, dass er die Bibel nennen würde. Aber er nannte sie nicht. Chesterton wählte »Thomas' Praxis-Ratgeber für den Schiffsbau«.

Das macht natürlich Sinn. Wenn wir auf einer Insel festsitzen, dann brauchen wir ein Buch, das uns hilft, nach Hause zu kommen. Wir wollen nicht unterhalten oder informiert werden. Wir brauchen ein Buch, das uns zeigt, wie wir gerettet werden können.

Wir sitzen fest – gefangen in Gedanken- und Verhaltensmustern, die zum Tod führen. Chesterton selbst sagte einmal, dass die Doktrin des Sündenfalls die einzige christliche Lehre ist, die empirisch beweisbar ist. Wir sitzen alle auf einer Insel fest, auf der wir weder uns noch Gott kennen und nach einer Botschaft Ausschau halten, die uns weiterhilft.

Aus diesem Grund waren Nachfolger Christi schon immer Menschen, die sich sehr stark mit der Bibel beschäftigt haben. John Wesley sagte, dass der zentrale Augenblick seines Lebens der war, in dem er darum betete, ein »homo unius libri«, ein Mensch dieses einen Buches zu werden.

Vergessen Sie nicht, dass das Geheimnis des Lebens darin besteht, eine einzige Sache zu verfolgen. Die Worte, die uns Tag für Tag von Reklametafeln und aus Zeitschriften und Talkshows bombardieren, ziehen uns in tausend Richtungen. Aber das Wort, das Gott zu uns durch die Bibel spricht, kann unser Denken erneuern. Was Gott zu Augustinus gesagt hat, gilt auch für uns: »Nimm es und lies es. Nimm es und lies es.«

11

Ein wohlgeordnetes Herz:

Entwickeln Sie Ihre eigene »Lebensregel«

Mehr als auf alles andere achte auf deine Gedanken,
denn sie entscheiden über dein Leben.
(Sprichwörter 4,23)

In der Artussage widmeten einige Ritter ihr ganzes Leben der
Suche nach dem Heiligen Gral. Sie setzten ihren Körper ein, rei-
nigten ihr Herz und gaben alles auf, was sie hatten – aber wofür?
Um einen Abglanz des höchsten Symbols der Gemeinschaft mit
Christus zu erhaschen. Natürlich ging es in dieser Suche um
mehr als einen kurzen Blick auf diese Reliquie. Es ging um das
Streben nach Gemeinschaft mit Gott. Es ging um die Verwirkli-
chung des Lebens im Reich Gottes. Camelot war nur ein fernes
Echo dieses Reiches.

Diese Suche war keine Nebenbeschäftigung. Sie erforderte –
und bestand im Wesentlichen aus – Vorbereitung des Geistes.
Diese Suche konnte nur von einem Menschen erfolgreich abge-
schlossen werden, dessen Herz demütig, echt und rein war.

Und doch, egal wie schwierig die Aufgabe war, stellte kein
echter Ritter jemals in Frage, ob sie den ganzen Aufwand wert
war. Schließlich ging es um die Suche schlechthin, gegen die
alle anderen Abenteuer – der Kampf gegen mächtige Feinde, das
Sammeln von Reichtümern oder der Aufbau großer Reiche –
verblassen mussten.

Um eine der Metaphern Jesu zu verwenden, war die Suche
nach dem Heiligen Gral »die Perle von großem Wert« (Matthäus

13,45-46), für die ein vernünftig denkender Mensch bereitwillig alles andere aufgeben würde.

In unserer Zeit dreht sich die Suche der Menschen um einen »ausgewogenen Lebensstil«. Fragen Sie beliebige Menschen, worum sie sich heute am meisten bemühen, und in der Antwort wird in irgendeiner Form das Bedürfnis nach Ausgewogenheit vorkommen. Die Merlins unserer Zeit sind Zeitmanagementberater; Bücher mit Zaubersprüchen wurden durch Terminplaner ersetzt.

Doch ist Ausgewogenheit nicht der Heilige Gral. Ein ausgewogener Lebensstil ist kein angemessenes Ziel, für das wir unser ganzes Leben investieren sollten. Das Problem bei diesem Ziel ist nicht, dass es zu schwierig ist, sondern dass es zu ungenügend ist. Ausgewogenheit ist kein Leitstern für ein ideales Leben.

Mehr als Ausgewogenheit

Das Streben nach Ausgewogenheit kann die Tendenz verstärken, unseren Glauben in eine Schublade zu stecken. Ein ausgewogenes Leben sieht oft aus wie ein Kuchen, der das Leben in sieben oder acht Kuchenstücke aufteilt. Eines mit dem Etikett »Finanzen«, eines mit dem Etikett »Beruf«, und so weiter, wobei ein Stück für unser »geistliches Leben« reserviert ist. Diese Sichtweise verführt uns dazu, Bereiche wie Finanzen oder Arbeit als »ungeistlich« zu betrachten. Es macht uns blind für die Tatsache, dass Gott an jedem Augenblick unseres Lebens interessiert ist.

Ein ausgewogenes Leben

Ein weiteres Problem besteht darin, dass dieses Modell nicht viel Raum für Menschen in verzweifelten Situationen lässt – für Menschen in Krisen, für arme oder unterdrückte Menschen. Was bedeutet es für einen Menschen mit einer lebensbedrohlichen Krankheit im Endstadium oder für einen Obdachlosen oder für eine allein erziehende Mutter mit einem verhaltensauffälligen Kind, »mehr Ausgewogenheit« zu brauchen?

»Ausgewogenheit« hat tendenziell die Bedeutung, dass wir versuchen, unser Leben besser in den Griff zu bekommen, zweckmäßiger und angenehmer einzurichten. Und schließlich entscheiden wir für uns selbst, wie Ausgewogenheit aussieht. In einem Urlaub entdeckten wir in einem Restaurant den besten »Peach Cobbler« der Welt (ein Longdrink). Den Rest des Urlaubs verbrachten wir damit, drei- oder viermal täglich in diesem Lokal vorbeizuschauen. Wir entschieden, dass in dieser Woche ein ausgewogenes Leben folgendermaßen aussah:

Ein ausgewogenes Leben

Beziehungen
Finanzen
geistliches Leben
Beruf
Körper
Intellekt
Freizeit

Peach
Cobbler
konsumieren

Auf einer tieferen Ebene erfasst dieses Bild der Ausgewogenheit einfach nicht dieses Gefühl motivierender Dringlichkeit, die echte Hingabe wert ist. Es kann höchstens ein Mittelklasseziel sein. Ihm fehlt die Ahnung, dass ich mein Leben für etwas Höheres investieren kann als in mich selbst.

Wie George Bernard Shaw schrieb (in der Einführung in sein Stück »Man and Superman«): »Die wahre Freude im Leben ist zu erkennen, wie man für ein Ziel eingesetzt wird, das man selbst als mächtig anerkennt; wie man völlig erschöpft wird, bevor man ausrangiert wird; zu erleben, dass man eine Naturgewalt ist statt nur ein fiebernder, egoistischer kleiner Trottel voller Gebrechen und Klagen, der sich beschwert, dass die Welt sich nicht darum bemüht, einen glücklich zu machen.«

Der Suche nach Ausgewogenheit fehlt das Bewusstsein, dass ich mein Leben für etwas Größeres geben kann als für mich selbst. Ihr fehlt die Aufforderung zu Opfer und Selbstverleugnung, die wilde, risikoreiche, kostenintensive, abenteuerliche Aufgabe der Nachfolge Jesu. Fragen Sie hungernde Kinder in Somalia, ob Sie ihnen helfen sollen, ein ausgewogeneres Leben zu führen, und Sie werden merken, dass diese Kinder etwas mehr von Ihnen erwarten. Und ich vermute, dass Sie selbst, tief in Ihrem Innersten, auch etwas mehr von sich erwarten.

Auch Gott erwartet mehr. Jesus sagte niemals: »Wer mein

Jünger werden will, der verleugne sich selbst, nehme sein Kreuz auf sich und führe ein ausgewogenes Leben.« Er sprach von Nachfolge. Er wollte, dass wir so handelten, als ob er an unserer Stelle wäre.

Ich versuche manchmal, mir eine Unterhaltung zwischen dem Apostel Paulus und einem Zeitmanagementberater (ZMB) des zwanzigsten Jahrhunderts vorzustellen. Sie fängt ungefähr folgendermaßen an:

ZMB: »Paulus, wenn Sie dieses Kuchendiagramm anschauen, werden Sie mit mir übereinstimmen, dass Ihr geistliches Leben ganz gut aussieht. Aber was den beruflichen Bereich betrifft, hat Ihr Engagement fürs Zeltemachen ganz schön nachgelassen. Dies führte zu einem Loch in Ihren Finanzen. Werfen wir nun einen Blick auf Ihr Zeittagebuch, das Sie seit unserem letzten Treffen führen sollten.«

Paulus: »Fünfmal habe ich vierzig Stockhiebe minus einen bekommen. Dreimal wurde ich mit der Rute geschlagen. Einmal wurde ich gesteinigt. Dreimal geriet ich in Schiffbruch; eine Nacht und einen Tag lang trieb ich im Meer; ich war häufig auf Reisen und geriet dabei in Gefahr durch Flüsse, durch Banditen, durch meine eigenen Leute, durch die Heiden, geriet in der Stadt, in der Wildnis und auf See in Gefahr, durch falsche Brüder und Schwestern; erlebte Mühe und Elend, viele schlaflose Nächte, Hunger und Durst, hatte oft nichts zu essen, fror und hatte nichts anzuziehen.«

Ich kann mir nicht vorstellen, was der ZMB als Nächstes sagen könnte. Paulus' höchstes Ziel im Leben ging weit über Ausgewogenheit hinaus.

Unausgewogenes Leben ist nicht die Lösung!

Ich will damit nicht sagen, dass wir deshalb unausgewogen leben sollten. Als unser Sohn John drei Jahre alt war, war er völlig fasziniert von einem alten Disneyfilm um den VW Käfer »Herbie«. Die Figur, mit der er sich identifizierte, war nicht der Held und auch nicht der komische Handlanger. Es war Herbie selbst, das Rennauto. (Es gab insgesamt vier Herbie-Filme, das Original und drei Fortsetzungen. Wir sahen alle oft genug, um den Text auswendig zu kennen.)

Die Faszination wurde zur Obsession. Johnny trug ein T-Shirt mit Herbies Namen und der Nummer 53. Jedes Mal, wenn wir ins Auto stiegen, wollte Johnny neben mir sitzen; unser Auto wurde dann zu Herbie, und wir befanden uns in einem Rennen gegen alle anderen Autos, jedes gefahren von Herbies fiesem Gegner Thorndike. Es war undenkbar, dass uns ein anderes Auto überholte. Wir lebten für die Geschwindigkeit. Jeder Augenblick war ein Rennen.

Einmal, als wir eine andere Gemeinde besuchten und Johnny nach dem Gottesdienst aus der Kinderbetreuung wieder abholten, hatte er eine Schramme. Die Mitarbeiter hatten für ihn einen »Autsch-Bericht« ausgefüllt, und unter »Name« konnte man lesen: »Herbie Ortberg«. Er *war* Herbie.

Das Leben ist hart, wenn wir leben wie Herbie. Das Rennen kann uns eine Zeit lang in Hochstimmung versetzen, aber schließlich wird es anstrengend.

Vor Jahren reiste der Gründer eines mittlerweile sehr großen übergemeindlichen Dienstes durch die ganze Welt und vernachlässigte dabei seine Frau, seine Kinder und seine eigene Seele. Er lebte wie Herbie auf der Überholspur. Sein ständiges Gebet war: »Okay, Gott, ich werde mich um deine Lämmer kümmern; du kümmerst dich um meine.« In anderen Worten: »Ich werde die Menschen vernachlässigen, denen ich in meinem Leben am meisten verpflichtet bin. Aber da dies im Namen meines Dienstes geschieht, kümmerst du dich um sie.« Seine Frau und seine Kinder bezahlten einen hohen Preis dafür.

Es gab eine Redensart unter hyperaktiven Predigern: »Ich möchte lieber in Flammen aufgehen als verrosten.« Das Problem ist, dass es so oder so mit ihnen vorbei ist. Und wenn es erst einmal mit ihnen vorbei ist, dann ist es völlig egal, wie sie an diesen Punkt gelangt sind.

Das Streben nach einem wohlgeordneten Herzen

Doch es gibt etwas, wonach es sich zu streben lohnt, was unsere ganze Hingabe wert ist. Es gibt ein Ziel, das auch in den aussichtslosesten Situationen erreichbar ist. Ein Ziel, das Auswirkungen weit über unseren bescheidenen Wirkungskreis hinaus hat. Etwas, wonach sich unsere Seele sehnt: Das Leben, nach dem wir uns schon immer gesehnt haben.

Es ist das Bemühen um ein wohlgeordnetes Herz. Das Bild eines ausgewogenen Lebens geht davon aus, dass es um ein äußerliches Problem geht – um Unordnung in unserem Terminplan, unserem Beruf oder unserem jeweiligen Lebensabschnitt. Aber die eigentliche Unordnung liegt in uns.

Was bedeutet es, ein wohlgeordnetes Herz zu haben? Für Augustinus bedeutete es:

- das Richtige zu lieben
- im richtigen Maß
- auf die richtige Weise
- mit der richtigen Art von Liebe.

Als Folge des Sündenfalls sind unsere Gefühle aus den Fugen geraten. Schönheit beispielsweise ist das Werk Gottes und deshalb etwas Gutes. Aber wenn wir die Schönheit so sehr lieben, dass wir Supermodels anbeten und die ignorieren, die die Gesellschaft als »durchschnittlich« bezeichnet, dann lieben wir Schönheit nicht auf die angemessene Weise. Augustinus schrieb: »Wenn ein armer Mensch Gold der Gerechtigkeit vorzieht, so ist das nicht die Schuld des Goldes. Auch wenn es etwas Gutes ist, kann man es sowohl auf schlechte als auch auf gute Art lieben.« Geld an sich ist etwas Gutes, aber das entschuldigt nicht diejenigen, die es so sehr lieben, dass sie andere unterdrücken, es horten oder betrügen, um es zu besitzen.

Augustinus schrieb weiter: »Mir scheint, dass eine kurze, aber wahre Definition von Tugend lautet: ›Tugend ist wohlgeordnete Liebe.‹«

Etwa tausend Jahre vor ihm drückte ein anderer Autor diesen Gedanken folgendermaßen aus: »Mehr als auf alles andere achte auf deine Gedanken, denn sie entscheiden über dein Leben« (Sprichwörter 4,23).

Wenn unser Herz wohlgeordnet ist, werden wir nicht nur immer freier von Sünde, sondern auch freier von dem Wunsch zu sündigen. Wenn unser Herz wohlgeordnet ist, werden wir Menschen so sehr lieben, dass wir sie nicht mehr betrügen, manipulieren oder beneiden wollen. Wir werden von innen nach außen verwandelt.

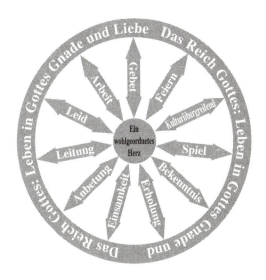

Stellen Sie sich vor, wie die Welt aussehen würde, wenn in ihr nur Menschen mit einem wohlgeordneten Herzen leben würden. Fernsehberichte und Zeitschriften wären voll von Berichten über großzügige Spenden und spontane Opfer von Menschen, von denen wir noch nie etwas gehört haben. Die Talkshows wären voll von Männern, denen es viel Spaß macht, sich wie Männer zu kleiden, ihren Frauen treu zu sein und ihre Kinder zu lieben.

Wir würden nachts den ungestörten Schlaf der Unschuldigen schlafen und nicht vor lauter Gewissensbissen wach liegen und an die Decke starren. Wir hätten es nicht nötig, Dinge wieder gut zu machen.

Ein Aktionsplan für Veränderung

Wie schaffen wir es, normale, gefallene Herzen in Herzen zu verwandeln, die die richtigen Dinge auf die richtige Art und Weise im richtigen Maß mit der richtigen Art von Liebe lieben? Dazu ist ein Aktionsplan nötig; sonst werden wir es nie schaffen. William Paulsell rät uns (in: »Ways of Prayer: Designing a Personal Rule«, Weaving 2, Nr. 5): »Es ist unwahrscheinlich, dass wir unsere Beziehung zu Gott zufällig oder auf gut Glück vertiefen. Wir müssen uns bewusst etwas vornehmen und unser Leben neu organisieren. Doch es gibt nichts, was unser Leben mehr bereichert als eine tiefere und deutlichere Wahrnehmung von Gottes Gegenwart in der Routine unseres Alltags.«

Der Direktor eines Unternehmens würde nie versuchen, sein Unternehmen ohne strategische Planung zu vergrößern. Ein Trainer, der gewinnen will, wird keine Spielsaison beginnen, indem er alles einfach dem Zufall oder dem Glück überlässt. Uns ist die Bedeutung von weiser und flexibler Planung in anderen Bereichen wie Finanzen begreiflich. Und genauso wichtig ist sie für unser geistliches Leben.

Geistliche Veränderung kann man nicht inszenieren oder kontrollieren, aber sie ist auch kein Glücksspiel. Wir brauchen eine Struktur, die uns unterstützt, genauso wie junger Wein ein Rankgerüst braucht. Wir brauchen Segel, mit deren Hilfe wir den Wind des Heiligen Geistes einfangen können. Jeder von uns weiß, wie frustrierend gelegentliche, alles dem Zufall überlassende Bemühungen sind, die unserem geistlichen Leben nichts bringen. Wir brauchen einen Plan für die Veränderung.

Für die Jünger Jesu bestand dieser Plan einfach darin, dem Meister zu folgen und von ihm zu lernen, wie man lebt. In Gruppen wie den Anonymen Alkoholikern besteht der Plan darin, die Zwölf Schritte so oft wie nötig zu wiederholen.

Ich bin davon überzeugt, dass genau an diesem Punkt Menschen, die Christus nachfolgen wollen, frustriert werden. »Woher weiß ich, dass ich als Nachfolger Jesu lebe? Was genau zeichnet Nachfolger Jesu aus?«

Es gibt einen Namen für diesen Prozess. Wenn Christen früher die Ereignisse des normalen Lebens so ordnen wollten, dass sie ihnen dazu verhelfen konnten, Christus ähnlicher zu werden, entwickelten sie eine sogenannte »Lebensregel«. Verschiedene Ordensgemeinschaften hatten ihre eigene Regel. Diese Regel bestand nicht einfach aus einer Reihe von Gesetzen. Eine Regel ist etwas, was man regelmäßig macht.

Eine Regel bringt einen bestimmten Lebensrhythmus mit sich, in dem wir in engerer Beziehung zu Gott leben können. Wenn man eine Strategie zur persönlichen Veränderung finden will, sollte man sich konkret folgende Fragen stellen:

- Wie und wann will ich beten?
- Wie kann mich mein Umgang mit Geld näher zu Gott bringen?
- Wie kann ich meiner Arbeit so nachgehen, dass Christus in mir Raum gewinnen kann?
- Wie bin ich in christliche Gemeinschaft eingebunden (wie Gottesdienst, Gemeinschaft und Bekenntnis)?
- Wie kann ich meine täglichen Verpflichtungen mit einem Gefühl für die Gegenwart Gottes erfüllen?

Leben »im Namen Jesu«

Überlegen Sie, wie Sie Ihren Tag so einteilen können, dass es Ihnen dabei hilft, ein wohlgeordnetes Herz zu entwickeln. Paulus schreibt an die Gemeinde in Kolossä als Abschluss seiner Anweisungen für einen veränderten Lebensstil: »Alles, was ihr in Worten und Werken tut, geschehe im Namen Jesu, des Herrn.

Durch ihn dankt Gott, dem Vater« (Kolosser 3,17, Einheitsübersetzung).

Was bedeutet es, etwas »im Namen Jesu« zu tun? Ganz allgemein hat ein Name in der Bibel immer etwas mit dem Charakter
seines Trägers zu tun. Es bedeutet also, etwas so zu tun, wie
Jesus es tun würde, wenn er an Ihrer Stelle wäre. Dies entspringt
geradewegs unserem Verständnis von Nachfolge und Jünger-
schaft.

Aber was hier wirklich ins Auge fällt, ist die umfassende Bedeutung der Aussage Paulus': »*Alles,* was ihr tut ...« Das umfasst
schon alles. Doch für den Fall, dass wir trotzdem nach einem
Hintertürchen suchen, sagt Paulus ganz deutlich: »Alles, was ihr
in Worten oder Werken tut ...«

Wir neigen dazu, über Aussagen wie diese schnell hinwegzu-
lesen. Doch sollten wir hier ein wenig verweilen.

Als nächsten Schritt sollten wir uns konkrete Aktionen vornehmen, um unser Ziel zu erreichen. In diesem Fall müssen wir
zunächst verstehen, was es bedeutet, diese Dinge im Namen Jesu
zu tun, und dann herausfinden, wie wir unser Leben entspre-
chend organisieren können.

Was würde es bedeuten, »im Namen Jesu aufzuwachen«?
Manche von uns wachen aufgrund genetischer Verwicklungen
anders auf als andere Menschen. Man könnte die Menschen in
zwei Gruppen einteilen: Die Leute, die es geradezu lieben, früh
aufzustehen, und die Leute, die Leute hassen, die gerne früh aufstehen. (Meine Frau wurde einmal gefragt, ob sie morgens mit
schlechter Laune aufwacht. »Nein«, antwortete sie, »ich lasse
ihn schlafen.«)

Wenn Jesus ungehinderte Macht in dem Augenblick hätte,
in dem der Wecker klingelt, welche Gedanken würden uns
dann durch den Kopf gehen? Wäre unser Kopf voller Ängste vor
dem Tag und voller Bedauern über den vergangenen Tag? Oder
würden sich unsere ersten Gedanken darum drehen, dass wir sicher darin sein können, wer den Tag und uns in seiner Hand
hält?

Ich habe mir seit kurzem zur Gewohnheit gemacht, mir
ein paar Augenblicke Zeit zu nehmen und Gott zu begrüßen,
bevor ich morgens aufstehe. Ich sage ihm, dass der Tag ihm

gehört. Ich lade ihn ein, mit mir durch den Tag zu gehen. Ich glaube, dass dies eine Möglichkeit ist, »im Namen« Jesu aufzuwachen.

Es ist absolut entscheidend, wie wir die Menschen begrüßen, die uns am nächsten sind. Die ersten fünfzehn Sekunden, die wir mit ihnen verbringen, entscheiden die Atmosphäre des ganzen Tages. Wie würde Jesus unseren Ehepartner, unsere Kinder oder unseren Mitbewohner begrüßen? Welche Worte würde er verwenden, in welcher Tonlage würde er sprechen, wie würde sein Gesichtsausdruck aussehen?

Mein Sohn kam einmal vor der Morgendämmerung in unser Schlafzimmer gestürmt, weil in der Nacht der erste Schnee des Jahres gefallen war. »Ist das toll!«, sprudelte er heraus. »Ich kann mich gar nicht entscheiden, ob ich raus und im Schnee spielen oder lieber den Wetterbericht anschauen will.« Ich möchte meine Antwort hier nicht wiedergeben, aber ich bin davon überzeugt, dass es nicht das war, was Jesus gesagt hätte. Das heißt nicht, dass Kinder immer und zu jeder Zeit ins Schlafzimmer stürmen dürfen. Aber ich denke, dass Jesus den ersten Augenblicken eines Tages im Allgemeinen großen Wert beimisst. Ich denke, dass er die anderen Mitglieder seines Haushalts mit Worten begrüßen würde, die Freude über ihre Existenz ausdrücken. Wenn wir Menschen im Namen Jesu begrüßen wollen, erfordert das so radikale Dinge, wie ihnen in die Augen zu schauen und von ihnen überhaupt Kenntnis zu nehmen.

Was würde es bedeuten, im Namen Jesu Auto zu fahren? Wenn Jesus am Steuer unseres Autos sitzen würde, würde sich das Auto dann anders als sonst benehmen? In solchen Bereichen neigen die Menschen dazu, über den Vorschlag zu lachen, im Namen Jesu zu handeln. Aber gerade in solchen gewöhnlichen, scheinbar »ungeistlichen« Bereichen muss dieses »alles im Namen Jesu tun« einen Unterschied machen, sonst verliert es völlig an Bedeutung. Würde Jesus beim Fahren Anbetungslieder auf Kassette hören? Würde er manchmal Countrymusik hören? Ich könnte mir vorstellen, dass er manchmal auch Nachrichten hören würde – und dabei für die Situation der Welt beten. Ich vermute, dass er manchmal auch einfach fahren würde, ohne sich mit etwas zuzududeln.

Das führt uns zu einem wichtigen Punkt. Etwas zu tun, wie Jesus es tun würde, bedeutet nicht, es immer genau auf die gleiche Weise zu tun. Wir sollten deshalb ein kritisches Urteilsvermögen entwickeln.

Wie schaue ich in Jesu Namen fern? Fast jeder, den ich kenne, schaut fern, und viele von uns fragen sich, ob sie nicht zu viel Zeit damit verbringen. Würde Jesus überhaupt fernsehen? Würde er vielleicht manchmal eine Show anschauen, die einfach lustig ist, und den Spaß, den sie verbreitet, als Geschenk betrachten? Als meine Kinder und ich einmal Teile eines Tennisturniers anschauten, staunten wir über das Können der Spieler und wurden dazu inspiriert, nach draußen zu gehen und selbst eine Runde zu spielen. Und doch bleibt die harte Frage: Wie viel und was kann ich im Fernsehen anschauen, ohne dass mein Herz in Unordnung gerät?

Was bedeutet es, im Namen Jesu Hausarbeit zu erledigen? Wie wasche ich Wäsche, reche Laub zusammen oder spüle ab, als ob Jesus an meiner Stelle wäre?

Kurz nachdem wir in unser Haus eingezogen waren, lagen Nancy und ich nachts im Bett, als wir ein schreckliches Dröhnen hörten, als ob ein Hubschrauber auf dem Dach landen würde. »Was ist das für ein Lärm?«, fragte Nancy.

Ich wusste, dass ich aufstehen und nachschauen musste, wenn ich zugab, dass der Lärm existent war. »Welcher Lärm?«, sagte ich also, auch wenn ich sehr laut sprechen musste, um das Geräusch zu übertönen.

»Dieses schreckliche Dröhnen«, schrie sie.

»Ach, das!«, brüllte ich zurück. »Vielleicht ist das nur ein tief fliegendes Flugzeug, das Warteschleifen vor der Landung dreht.«

Schließlich stand ich doch auf, um dem Lärm auf die Spur zu kommen. Es stellte sich heraus, dass es ein Teil der Klimaanlage war, das ich nicht dazu bringen konnte, sich auszuschalten. Ich wollte es erschießen. Im Allgemeinen bin ich in solchen Situationen schnell frustriert und neige dazu, andere Leute anzufahren, selbst wenn sie mir helfen wollen. Aber im Namen Jesu zu reagieren würde bedeuten, darüber nachzudenken, wie glücklich ich mich schätzen kann, an so einem schönen Ort zu leben. Es würde bedeuten, darüber nachzudenken, dass die Erledigung dieser Aufgabe mich daran erinnern könnte, dass ich nicht der Messias bin und dass die Erde nicht aufhört, sich zu drehen, wenn ich einmal etwas reparieren muss.

Wie arbeite ich in Jesu Namen? Unser Beruf kann uns im Lauf des Tages in Kontakt mit vielen Menschen bringen, egal ob als Kunden oder Kollegen. In Jesu Namen zu arbeiten, würde bedeuten, diese Menschen nicht nur als Kunden oder Kollegen oder Produktionseinheiten zu sehen, sondern als Menschen. Wir können für jeden Menschen, dem wir begegnen, ein kurzes Gebet sprechen. Wir können ehrliches Interesse an seinem Leben zeigen. Hat er Familie? Welche Hobbys hat er? Wie geht es ihm?

Wenn wir mit unseren Händen arbeiten, können wir darüber nachdenken, dass schon Adam Gärtner war. Wenn wir körperliche Energie aufwenden, um etwas zu schaffen, dann tun wir etwas Gutes. Wir können am Ende jeder Aufgabe ein kurzes Gebet sprechen und sie Gott als Geschenk geben. Wir können darüber nachdenken, dass Jesus den größten Teil seines Lebens als Zimmermann verbrachte. Wir können davon ausgehen, dass er dabei seinen Charakter genauso zum Ausdruck brachte – seinen Vater verherrlichte – wie bei seinen Reisen als Lehrer.

Wie geben wir Geld im Namen Jesu aus? Wenn wir in ein Kaufhaus gehen, wie kaufen wir dann im Namen Jesu ein? Dazu gehört natürlich, freundlich zu den Menschen zu sein, die dort arbeiten. Dazu kann auch gehören, uns an Farben und Materialien zu freuen und ein Gespür für Schönheit und Kunstfertigkeit zu entwickeln. Wir könnten hier etwas durcheinanderbringen und denken, dass sich »im Namen Jesu« zu kleiden bedeutet, hässliche Kleidung zu tragen. Das ist ein völlig verdrehtes Verständnis von geistlichem Umgang mit Kleidung. Schönheit ist etwas Gutes; man sollte sie schätzen und sich daran freuen. Jesus machte deutlich, dass auch Gott selbst ein Auge für Schönheit hat, dass er gewöhnliche Blumen besser »kleidet« als Salomo, den bestgekleideten Mann in der Geschichte Israels. Die Entwürfe von Karl Lagerfeld und Yves St. Laurent werden von Gottes Schöpfung völlig in den Schatten gestellt.

Im Namen Jesu einzukaufen bedeutet aber sicher, zu einigen Dingen Nein zu sagen. Es bedeutet zu realisieren, dass wir nicht immer nach dem neuesten Schrei gekleidet sein müssen. Mit einem wohlgeordneten Herzen zu leben bedeutet zu realisieren, dass Schönheit etwas Gutes ist, aber nicht das höchste Gut.

Langsam bekommen wir ein Gespür für die Radikalität der Worte des Paulus: »Alles, was ihr in Worten und Werken tut, geschehe im Namen Jesu, des Herrn.« Wir schießen manchmal am Ziel vorbei, weil wir dazu neigen, unser Leben wie einen Kuchen in Einzelstücke aufzuteilen. Aber ich bin davon überzeugt, dass es Paulus hier sehr ernst meint. Er verwendet nicht einfach geistlich klingende Sprache. Er *meint* es so: Wir sind dazu aufgefordert, ein Leben im Namen Jesu zu leben.

Entscheiden Sie sich für einen »Plan für Veränderung«

In gewisser Weise entscheidet sich jeder von uns für eine »geistliche Strategie«, wenn auch nicht unbedingt bewusst. Wir können uns auch durch »Nichterscheinen« entscheiden. Wie oft und wann wir beten, wie wir mit Geld umgehen, wie und wann wir Gott anbeten – das alles sind Elemente im Prozess der Veränderung.

Menschen, die Jesus nachfolgen, bemühen sich, ihr Leben bewusst am Ziel der geistlichen Veränderung auszurichten. Wir können lernen, zielgerichtet zu leben. Vielleicht möchten Sie Ihre eigene »Lebensregel« auf ein Blatt Papier oder in Ihr Tagebuch schreiben. Sie muss nicht besonders ausgefeilt sein. So eine Regel funktioniert am besten, wenn wir sie möglichst einfach und praxisorientiert halten.

Papst Johannes XXIII., der großen Einfluss auf die Kirche im zwanzigsten Jahrhundert hatte, folgte seiner persönlichen Lebensregel schon, als er noch sehr jung war:

Fünfzehn Minuten stilles Gebet gleich nach dem Aufstehen

Fünfzehn Minuten Lektüre von geistlicher Literatur

Vor dem Zubettgehen ein paar Minuten zur Gewissensprüfung und Bekenntnis vor Gott; danach Überlegen von Anliegen für das Gebet am nächsten Morgen

Festlegen bestimmter Zeiten für Gebet, Studium, Erholung und Schlaf

Entwickeln der Gewohnheit, im Lauf des Tages die Gedanken durch Gebet auf Gott auszurichten

Leben im Namen Jesu

»Alles, was ihr in Worten und Werken tut, geschehe im Namen Jesu, des Herrn.«
In der Bibel reflektieren Namen oft den Charakter ihres Trägers. Etwas im Namen Jesu zu tun, bedeutet also, so zu handeln, dass es dem Charakter Jesu entspricht – so zu handeln, wie Jesus selbst handeln würde.
Jeder Augenblick ist eine Chance, im Namen Jesu zu leben. Die alltäglichsten Dinge können mit der Gegenwart Jesu erfüllt werden – wenn Sie von ihr erfüllt sind.
Denken Sie darüber nach, was es bedeuten würde, folgende Dinge im Namen Jesu zu tun:

Aufwachen
Die Menschen begrüßen, die Sie als erste am Morgen sehen
Essen
Auto fahren
Arbeiten
Für die Kinder sorgen
Einkaufen
Fernsehen
Haushaltpflichten erledigen
Lesen
Zu Bett gehen

Halten Sie es einfach. Konzentrieren Sie sich auf die Gegenwart Jesu, wenn Sie diese scheinbar unwichtigen Augenblicke des Tages durchleben. Lenken Sie Ihre Gedanken zurück auf ihn. Bitten Sie ihn um seine Hilfe oder Leitung, oder teilen Sie einfach mit ihm, was Sie gerade bewegt.
Lernen Sie als Hilfe für diese Übung Kolosser 3,17 auswendig. Bitten Sie Gott, Sie ständig an diese Worte zu erinnern.
Werten Sie diese Übung aus. Sprechen Sie mit Ihrem geistlichen Mentor oder einem Freund darüber.

Jeder Tag ein Abenteuer mit Gott

Sie und ich sind dazu eingeladen, jeden Augenblick jeden Tages als Gelegenheit zu betrachten, von Jesus zu lernen, wie wir im Reich Gottes leben können. Jede Minute zählt, wie Frank Laubach so schön erklärt (in: »Letters from a Modern Mystic«, Syracuse 1990): »Merken Sie nicht, dass Gott Experimente mit Menschenleben anstellt? Deshalb gibt es so viele davon. Er hat in diesem Augenblick eine Billion und 700 Millionen Experimente auf der ganzen Welt laufen. Und seine Frage ist: ›Wie weit werden dieser Mann und diese Frau mir erlauben, diese Stunde zu gestalten? (...) Ich, der ich das Leben von der Ebene der Protozoen weiterentwickelt und das Gras, den Fisch, den Vogel, den Hund, den Gorilla und den Menschen geschaffen habe ... Ich bin noch nicht zufrieden. Ich will diese Stunde nicht nur fantastisch machen. Ich plage mich damit, dich diesem Christus-Ding ähnlich zu machen, das keinen Namen hat. Wie kannst du völlig kapitulieren und doch keine Angst haben?‹«

12

Durchhalten lernen:
Die Erfahrung des Leidens

Man sagt von Gott, dass niemand
sein Gesicht sehen und weiterleben kann.
Ich dachte immer, dies bedeutet, dass niemand
seine Großartigkeit sehen und weiterleben kann.
Ein Freund sagte, es bedeutet vielleicht, dass niemand
seinen Schmerz sehen und weiterleben kann.
Oder vielleicht ist sein Schmerz seine Großartigkeit.
(Nicholas Wolterstorff)

Ein Freund von mir lief beim Los-Angeles-Marathon mit, deshalb verfolgte ich dieses sportliche Ereignis voller Interesse. Der Lauf hatte 18000 Teilnehmer – 18000 unerschrockene, motivierte, dünne, leistungsorientierte, masochistische Menschen.

Da das Ereignis in Kalifornien stattfand, konnte man davon ausgehen, dass einige der Läufer etwas aus dem normalen Rahmen fielen. Einer lief mit kompletter Zirkusschminke und nannte sich »T-Bone, der Clown«. Ein anderer Teilnehmer lief als »Flower-Man«. Dreizehn Leute hatten sich ein spezielles Kostüm zugelegt und liefen als menschlicher Tausendfüßler.

Das Startfeld bot einen Anblick, den man nicht so schnell vergaß. Dann begann der Lauf. Die erste Phase so eines Rennens kann man Vergnügungsphase nennen. In diesem Stadium macht das Laufen noch Spaß. Der Körper ist locker, das Herz schlägt gleichmäßig, man ist sozusagen »eins mit dem Kosmos«. Das Blut fließt, der Kopf ist klar, die Lungen atmen tief, die Vögel singen, die Sonne scheint, die Fische springen, die Baumwolle steht hoch, Papa ist reich und Mama hübsch. Man funktioniert wie eine gut geölte Maschine.

Wie lange diese Phase anhält, hängt von der Kondition eines Läufers ab. Bei mir dauert sie in der Regel zwölf oder dreizehn Schritte.

Nach der anfänglichen Begeisterung wird das Laufen zur stumpfsinnigen Plackerei. Nach der Plackerei wird es beschwerlich. Und wenn man lange genug durchhält, wird die Versuchung, einfach stehen zu bleiben, überwältigend. Die Füße protestieren heftig, die Waden stechen, die Lungen sind mit glühenden Kohlen gefüllt.

Diese Phase des Rennens ist der ultimative Test für jeden Läufer. Man kommt an seine Grenzen. Hier werden Rennen gewonnen oder verloren, zu Ende gelaufen oder aufgegeben.

In diesem Stadium wurde auch der L.-A.-Marathon richtig interessant. Der Clown lachte nicht mehr. Der menschliche Tausendfüßler hing über der Absperrung. Alle dreizehn Mägen revoltierten in kollektiver Einheit.

An der Ziellinie schließlich tröpfelten die Läufer einer nach dem anderen langsam ein. Manche schafften es gar nicht.

Der Start eines Wettrennens macht immer Spaß. Es zu Ende zu laufen ist harte Arbeit. Und gut ins Ziel zu kommen – das ist Ruhm. Was zählt, ist ein guter Abschluss.

Wie werden wir das Rennen unseres Lebens bestehen? Werden wir gut ins Ziel kommen?

Das Neue Testament nennt die Eigenschaft, die es möglich macht, gut zum Ende zu kommen, Ausdauer oder Durchhaltevermögen. Diese Tugend macht es uns möglich, Verpflichtungen einzuhalten, die ein Leben lang anhalten sollten. Sie macht es uns vor allem dann möglich, diese Verpflichtungen einzuhalten, wenn es schwierig wird.

Eine Ehefrau sagt nach 50-jähriger Ehe eines Abends im Bett zu ihrem Mann: »Als wir jung waren, hast du jede Nacht meine Hand gehalten.«

Langsam streckt er seine Hand aus, bis er ihre findet.

»Und als wir jung waren«, redet sie weiter, »hast du dich im Bett immer an mich gekuschelt.« Noch etwas langsamer dreht sich der Körper des Mannes, bis er ihren Körper berührt.

»Und als wir jung waren, hast du immer an meinem Ohr geknabbert.« Abrupt schlägt der Mann die Decke zurück und steigt aus dem Bett.

»Wohin gehst du?«, fragt sie ihn etwas verletzt.

»Meine Zähne holen«, sagt er.

An einem Ohr zu knabbern, wenn man jung und voller Romantik ist, wenn die Hormone blubbern und das Schlafzimmer nach Eau de sonstwas duftet, ist eine Sache. Aber immer noch an einem Ohr zu knabbern, wenn an diesem Ohr ein Hörgerät hängt, der Raum nach Franzbranntwein riecht und man erst aufstehen muss, um seine Zähne zu holen, ist etwas ganz anderes.

Ausdauer ist kein Allheilmittel. Wir haben Grenzen, die auch der Wunsch durchzuhalten nicht überwinden wird. Jeder von uns hat ein paar Faktoren, die ihm vieles möglich machen, ihn aber auch einschränken. Und diese Faktoren können wir mit Ausdauer alleine nicht überwinden.

Doch jede echte menschliche Leistung erfordert Ausdauer. Gaben, Talente, IQ – diese Faktoren liegen außerhalb unserer Kontrolle. Ausdauer ist die Gabe, die wir zu bieten haben. Und geistliche Veränderung wird ohne Ausdauer nicht geschehen.

»Darum lasst uns durchhalten in dem Wettlauf, zu dem wir angetreten sind«, schreibt der Autor des Hebräerbriefes (12,1). In anderen Worten: Bloß nicht aufgeben.

Ausdauer durch Leiden

Wie entwickelt man Ausdauer? Es gibt mehr als einen Weg, aber eine Möglichkeit wird von den Autoren des Neuen Testamentes und anderen weisen Menschen immer wieder betont: Durchhalten inmitten von Leid. Jakobus schreibt: »Seid voll Freude, meine Brüder, wenn ihr in mancherlei Versuchungen geratet. Ihr wisst, dass die Prüfung eures Glaubens Ausdauer bewirkt. Die Ausdauer aber soll zu einem vollendeten Werk führen; denn so werdet ihr vollendet und untadelig sein, es wird euch nichts mehr fehlen« (Jakobus 1,2-4, Einheitsübersetzung).

Vor kurzem führten wir eine Umfrage durch, in der mehrere hundert Menschen befragt wurden, welche Faktoren ihr geistliches Leben am meisten prägten. Die meisten nannten Zeiten von Leid und Schmerz als Hauptfaktor. Paradoxerweise wird die Rolle von Leid im Zusammenhang mit geistlichem Wachstum meistens vernachlässigt, da wir so etwas nicht planen, anders als Bibelstudium oder Gebet. Stattdessen arrangiert es das Leben unausweichlich für uns. Wenn wir also verändert werden wollen, sollten wir überlegen, inwiefern wir von unserem Leid profitieren können, oder zumindest, wie wir darauf reagieren können.

Leid verändert uns immer, aber nicht unbedingt zum Besseren. In seinem Buch »A Grace Disguised« (Grand Rapids 1996) beschreibt Gerald L. Sittser, der durch einen Unfall seine Frau, seine Mutter und seine Tochter verloren hat, wie er versucht, den Sinn dieser Tragödie zu verstehen: »Verlust schafft eine öde Leere, etwa so, als ob man auf einem riesigen Meer des Nichts segelt. Wer Verlust erleidet, lebt zwischen einer Vergangenheit, nach der man sich sehnt, und einer Zukunft, auf die man hofft. Man möchte zurückkehren in den Hafen der vertrauten Vergangenheit und das Verlorene wiederbeleben ... Oder man möchte weitersegeln und eine Zukunft entdecken, die verspricht, das Verlorene wieder zum Leben zu erwecken ... Stattdessen findet man sich selbst in einer öden Leere wieder, die völlig ohne Sinn ist.«

Deshalb hält uns der Autor des Hebräerbriefes dazu an, uns von der »Wolke der Zeugen« (Hebräer 12,1) leiten zu lassen – von der großen Zahl der Menschen, die schon vor uns Leid erduldet haben. Der Champion – derjenige, der in der Wolke den größten Raum einnimmt – ist Abraham. Lassen Sie uns gemeinsam darüber nachdenken, wie dieser alttestamentliche Heilige den schwierigsten Teil seines Rennens bestand.

Der Weg nach Morija

Gott sagte zu Abraham: »Nimm deinen Sohn, deinen einzigen, der dir ans Herz gewachsen ist, den Isaak! Geh mit ihm ins Land Morija auf einen Berg, den ich dir nennen werde, und opfere ihn mir dort als Brandopfer« (Genesis 22,2). Der Weg nach Morija ist dunkel. Er ist dunkel, weil Abraham das aufgeben muss, was er am meisten auf der Welt liebt. Aber es ist mehr als das. Isaak ist nicht nur Abrahams einziges Kind, sondern auch die Erfüllung der Verheißung Gottes: »Ich habe dich zum ›Vater vieler Völker‹ bestimmt« (Genesis 17,5). Isaak ist Abrahams Hoffnung auf die Zukunft.

Für Abraham ist die Zeit gekommen, eine Weile durch die Dunkelheit zu laufen.

Was machen wir, wenn wir durch die Dunkelheit laufen und Gott weit entfernt scheint und sich in Schweigen hüllt? Gerhard von Rad (in: »Genesis: A Commentary«, Philadelphia 1972) schreibt, dass Abraham sich auf der Straße der »Gottverlassenheit« befindet. An einem Punkt, an dem Gott sich selbst zu widersprechen und die Erlösung, die er selbst in der Geschichte der Menschheit initiiert hat, zu widerrufen scheint.

Vielleicht wissen Sie, wie es ist, wenn man durch die Dunkelheit geht. Manchmal bedeutet Glaube, durch die Dunkelheit zu laufen und sich zu weigern aufzugeben. Manchmal bedeutet Glaube, einfach weiterzumachen. Glaube, der uns es möglich macht, uns durch Leid und Dunkelheit verändern zu lassen, ist nicht zu verwechseln mit zweifelsfreier Sicherheit. Es ist nur hartnäckiger Gehorsam.

Die Rolle von Prüfungen

»Nach diesen Ereignissen stellte Gott Abraham auf die Probe.« So beginnt die ganze Geschichte. Der Autor stellt gleich zu Beginn klar, dass Isaak nie wirklich in Gefahr ist. Wir haben eine Perspektive, die Abraham nicht hat. Wir wissen etwas, was er nicht weiß.

Hatten Sie schon einmal eine wirklich schwere Prüfung abzulegen?

Ein Collegestudent schwitzt ein Semester lang in Erwartung der bekanntermaßen schwierigen Abschlussprüfung seines Ornithologiekurses. Er hat getan, was er seiner Meinung nach für die Prüfung tun konnte, aber er ist fassungslos, als er den Prüfungsraum betritt. Kein Buch, keine Multiple-Choice-Fragen, überhaupt keine Fragen – nur 25 Abbildungen an der Wand. Und zwar keine farbigen Abbildungen von Vögeln, sondern Abbildungen von Vogelfüßen. Die Prüfung besteht darin, die dazugehörigen Vögel zu identifizieren.

»Das ist unfair«, protestiert der Student. »Das ist nicht zu schaffen.«

»Es muss zu schaffen sein«, antwortet der Professor. »Immerhin handelt es sich hier um die Abschlussprüfung.«

»Ich weigere mich«, sagt der Student frustriert. »Ich gehe.«

»Wenn Sie gehen, sind Sie durch die Prüfung gefallen.«

»Gut, dann lassen Sie mich durch die Prüfung fallen«, sagt der Student und geht zur Tür.

»Sie sind durchgefallen. Wie heißen Sie?«, will der Professor wissen.

Daraufhin rollt der Student seine Hosenbeine hoch, zieht seine Schuhe aus und zeigt dem Professor seine Füße. »Das sagen Sie mir!«

Eine Prüfung ist eine schwierige Erfahrung, die die wahren Werte und Überzeugungen eines Menschen offenbart. »Prüfung« wurde im Alten Testament zum wichtigen Begriff. Die Art und Weise, wie er verwendet wird, zeigt uns etwas darüber, wie sich Ausdauer entwickelt.

1. Der Begriff wird nur in Zusammenhang mit dem Volk Gottes erwähnt, nie gegenüber heidnischen Völkern.

2. Er wird nur auf gläubige Menschen angewendet, nie auf gottlose.

Auf die Probe gestellt werden nur Menschen, die in einer Bundesbeziehung zu Gott stehen. Auch wenn sie schmerzhaft sind, sind Prüfungen doch ein Ausdruck der Liebe Gottes. Leid dient dazu, unseren Glauben unter Beweis zu stellen. Jakobus schrieb: »Denn ihr wisst: Wenn euer Glaube erprobt wird, führt euch das zur Standhaftigkeit; die Standhaftigkeit aber soll zum Tun des Rechten und Guten führen, damit ihr in jeder Hinsicht untadelig seid und euch zur Vollkommenheit nichts mehr fehlt« (Jakobus 1,3-4).

Eine Stimme ruft: »Abraham!«

Und Abraham antwortet: »Hier bin ich.« Abraham sagt nicht, wo er ist. Er hatte diese Stimme schon früher gehört. Diese Stimme hatte ihm wundervolle Versprechungen über seine Bestimmung gemacht. Sie hatte von ihm die schwierigsten Dinge verlangt, die er jemals getan hatte.

Die Stimme hatte von ihm verlangt, seine Heimat zu verlassen, seine gewohnte und vertraute Umgebung – und er war ihr gefolgt.

Die Stimme hatte ihm erklärt, dass er und Gott in einem Bund standen, untrennbar miteinander verbunden, und dass er ein Zeichen für diese Beziehung bekommen sollte. Abraham sollte sich beschneiden lassen. Und er ließ sich beschneiden. (Vielleicht wunderte er sich, warum das Zeichen nicht auch ein geheimer Handschlag oder ein Geheimcode sein konnte, aber er gehorchte.)

Die Stimme hatte ihm versprochen, dass er und seine Frau Söhne haben würden, auch wenn ihr Alter zusammengenommen 190 Jahre betrug. Aber offensichtlich gehorchte er der Stimme auch hier – und Sarah gebar einen Sohn.

Und nun kam die Stimme wieder. Soweit wir wissen, war dies das letzte Mal, dass Abraham die Stimme auf der Erde hörte. Die Stimme hatte schon einmal von ihm verlangt, alles zugunsten einer Verheißung aufzugeben. Nun verlangte sie noch etwas von ihm. Sie verlangte, die Verheißung aufzugeben.

Abrahams Antwort ist ein Opfer an sich: »Hier bin ich.« Damit sagt er kurz und knapp: »Ich werde nicht weglaufen, fliehen oder mich verstecken. Ich stehe ganz zu deiner Verfügung. Ich stehe dir zu Diensten.«

»Abraham, nimm deinen Sohn, deinen einzigen, der dir ans Herz gewachsen ist ...«

Nimm dieses Kind, dessen Name bedeutet: »Er wird lachen«. Abraham und Sarah lachten zunächst, weil sie es nicht glaubten; sie lachten, weil es schlichtweg unmöglich war. Sie lachten, weil man ihnen erzählte, dass sie einen Sohn haben würden, obwohl sie beide schon in einem Alter waren, in dem sie nicht einmal wagten, grüne Bananen zu kaufen, weil sie nicht wussten, ob sie noch leben würden, bis sie reif waren. Und nachdem dieses Kind geboren war, lachten sie, weil sie geglaubt hatten. Sie lachten darüber, dass sie als Eltern denselben Gemüsebrei essen mussten wie ihr Kind, weil niemand in dieser Familie auch nur einen einzigen Zahn hatte.

Durchhalten in Verwirrung

Aber jetzt hatte die Stimme ein letztes Mal gesprochen, und Abraham lacht nicht mehr. Das Lachen verschwindet aus seinem Leben.

Denn mit seinem Sohn verliert er einen Traum. Gott hatte verheißen, dass mit Isaak eine neue Gemeinschaft entstehen sollte. Das sollte Gottes großes Experiment sein – eine letzte Chance für die Menschheit, in einer Familie geeint zu werden.

Stellen Sie sich vor, Sie würden eine Gemeinde gründen als Reaktion auf etwas, was Sie als Gottes klare Berufung werten. Sie wollen eigentlich nicht, tun es aber aus reinem Gehorsam. Sie verbringen 24 Jahre allein – wie Abraham nach der Verheißung Gottes noch 24 Jahre lang ohne Kinder lebte. Kein Mensch kommt in Ihre neu gegründete Gemeinde. Sie gehen weiterhin zu Konferenzen, auf denen Sie immer wieder gefragt werden: »Wie viele Mitglieder hat denn Ihre Gemeinde?«

»Nur mich.« Diese Antwort bringt Ihnen nicht viele Einladungen ein, in anderen Gemeinden zu sprechen.

Dann kommt ein neues Gemeindemitglied. Ein Mitglied. Ihre ganzen Zukunftsträume, Gottes ganze Verheißung, ruhen auf diesem einen Menschen. Und dann sagt die Stimme: »Geh mit ihm auf den Parkplatz und schmeiß ihn raus.«

Das einzige Gemeindemitglied?

Stellen Sie sich vor, Sie würden Ihren Traum verlieren. Können Sie das aufgeben, was Sie am meisten lieben?

Abraham lebte drei Tage lang mit dieser quälenden Frage. Wir möchten ihm zurufen: »Es ist in Ordnung. Es wird alles gut werden. Gott ist nicht so. Er wird dafür Sorge tragen.«

Aber das Leben funktioniert nicht so. Wir können nur ein Kapitel nach dem anderen erleben. Jede Reise hat einen Beginn, eine Mitte und ein Ende. Und wenn wir uns in der Mitte befinden, kann uns keiner sagen, welches Ende uns erwarten wird.

Der Weg nach Morija ist sehr dunkel. Viel zu dunkel, um mehr als nur ein paar Schritte weit zu sehen. Aber im Glauben voranzugehen bedeutet nicht unbedingt, heiter oder ohne Zweifel zu sein. Glaube kann sehr schwierig sein.

Durchhalten in Zweifel

Zweifel kann etwas sehr Gutes sein. Ich bin zum Beispiel sehr skeptisch, wenn ich Berichte höre, dass Elvis lebt und als Küchenhilfe bei McDonald's arbeitet. Ich glaube nicht, dass Außerirdische von Zeit zu Zeit auf der Erde landen und Menschen zu Testflügen einladen – warum nehmen sie nie einen Physikprofessor mit? Und ich würde nicht unbedingt jeder Fernsehwerbung alles glauben.

Aber Zweifel ist nicht immer etwas Gutes. Zweifel kann unserem Gebet im Weg stehen. Zweifel kann uns verwirren, wenn wir Leid sehen, das wir nicht verstehen. Zweifel kann uns in Versuchung führen, sicherer zu klingen als wir in Wirklichkeit sind.

Deshalb tröstet mich Abraham, weil er als großes Glaubensvorbild des Alten Testamentes auch nicht ohne Zweifel ist. Abraham lachte ungläubig. Abraham verleugnete seine Frau, um seine Haut zu retten. Er schlief mit seiner Sklavin, weil er um jeden Preis ein Kind zeugen wollte. Er machte eine Menge falsch. Aber er machte etwas Entscheidendes richtig: Er hielt durch.

Auf dem Weg zum Berg Morija nimmt Abraham Isaak und lässt die Diener zurück. Er sagt zu ihnen: »Wir werden zurückkommen.« Warum sagt er »wir«? Möchte er sie bewusst täuschen oder verschleiern, was er wirklich vorhat? Schließlich hatte er auch zuvor schon gelogen. Denkt er, dass er es vielleicht in der letzten Minute doch nicht schafft, dass es zu schrecklich ist, um darüber nachzudenken? Denkt er, dass trotz allem irgendwie Gottes Verheißung wahr werden wird – »die Nachkommen Isaaks sollen als deine rechtmäßigen Nachkommen gelten« (Genesis 21,12)? Wir wissen es nicht. Wir wissen nur, dass Abraham Gott gehorchte, auch wenn er ihn nicht verstand.

Glauben zu haben bedeutet nicht, keine Zweifel oder Fragen zu haben. Glauben zu haben bedeutet, gehorsam zu bleiben.

Durchhalten in Einsamkeit

Als Isaak und sein Vater allein weitergehen, trägt Abraham das Messer und das Feuer. Die Ironie hierbei ist, dass Abraham Messer und Feuer trägt, damit sein Sohn sich nicht damit verletzen kann. »Schließlich ist es die Aufgabe eines Vaters, seinen Sohn zu schützen«, betrachtet er es ganz vernünftig.

Er lässt Isaak das Holz tragen, das für das Opfer verwendet werden soll.

Jetzt sind sie nur noch zu zweit. »So gingen die beiden miteinander weiter.«

Und wieder ruft eine Stimme Abraham. Diesmal ist es Isaak: »Vater!«

Und dieses Mal wollte Abraham sich sicher vor der Stimme verstecken oder ihr entfliehen. Aber er stellt sich ihr: »Ja, mein Sohn.«

Isaak ist alt genug um zu merken, dass sein Vater zwar gesagt hatte, dass sie ein Opfer bringen wollten, aber dass das Opfertier fehlt. Sein Vater ist so ungewohnt schweigsam. Also stellt Isaak die Frage: »Feuer und Holz haben wir, aber wo ist das Lamm für das Opfer?«

Und wieder gibt Abraham eine mehrdeutige Antwort – aus Furcht oder Hoffnung oder Bitterkeit oder vielleicht aus einer Mischung von allen dreien: »Gott wird schon für ein Opferlamm sorgen.«

Und die beiden gingen miteinander weiter. Abraham ist mit seinem Sohn zusammen, und doch ist er allein. Sie sind durch eine unaussprechliche Barriere voneinander getrennt und gehen deshalb schweigend nebeneinander her.

Einer der schmerzhaftesten Aspekte von Leid ist die damit verbundene Einsamkeit. Andere Menschen können ihre Unterstützung oder ihr Mitgefühl anbieten, aber keiner kann an unserer Stelle den Weg nach Morija gehen.

Dann kommen Vater und Sohn an den Opferplatz. Der Erzähler berichtet von Abrahams Gehorsam: Abraham baut einen Altar, nimmt Isaak das Holz vom Rücken und legt seinen Sohn auf den Holz- und Steinhaufen.

Nun ist die Zeit gekommen. Dies ist Isaak, sein Sohn, die Verheißung einer neuen Gemeinschaft, der Grund, warum er alles andere aufgegeben hat, seine einzige Hoffnung. Dieser Junge verkörpert all das, aber nicht nur das. Und Abraham bindet seinen Sohn an Armen und Beinen fest, damit es am Ende keine Probleme gibt. Dann nimmt er seinen Sohn – Fleisch von seinem Fleisch – und hält diesen Körper, den er gebadet und gefüttert und in den Schlaf gewiegt hatte, dem er Geschichten von einer Heimat erzählt hatte, die weit hinter ihm lag, und von einer Heimat irgendwo in der Zukunft, die Abraham vielleicht nie sehen würde, aber vielleicht Isaak, diesen kleinen Körper, bei dem er sich nachts manchmal vergewissert hatte, dass er noch atmete und den er manchmal einfach festgehalten und über die schlichte Unmöglichkeit des Ganzen gelacht hatte. Er hält diesen Körper ein letztes Mal, dann legt er ihn auf das Holz. Er fasst nach seinem Messer, um mit einer einzigen Bewegung das Leben zu zerstören, das er gezeugt hat, und mit diesem Leben seine ganze Hoffnung, seine Freude und seine Zukunft.

Unerhörtes Gebet aushalten

An dieser Stelle müssen wir etwas verweilen. Wir möchten am liebsten schnell weiterlesen und zum Happyend kommen. Wir möchten die Bestätigung bekommen, dass Leiden immer einem höheren Ziel dient – nämlich Veränderung schafft und uns fähig zur Ausdauer macht.

Aber wenn Schmerz, wie es C. S. Lewis in seiner bekannten Metapher ausdrückt, »Gottes Megaphon« ist, »mit dem er die taube Welt aufweckt«, dann ist das nicht die ganze Wahrheit. Wie Abraham haben wir noch nicht das Ende der Geschichte erreicht, und wir müssen ehrlich zugeben, wie es im Land Morija ist.

Ein Ehepaar kommt in die Seelsorge. Sie wünschen sich verzweifelt ein Baby. Zwölf lange Jahre haben sie voller Zweifel und Angst gebetet und gewartet. Sie sehen andere Paare mit Kinderwagen und fragen sich, warum sie keine Kinder bekommen. Sie trotten Jahr um Jahr durch die Wüste wie Abraham und Sarah.

Doch eines Tages, als sie alle Hoffnung auf die moderne Medizin aufgegeben haben, passiert es: Der Teststreifen verfärbt sich, ihre Gebete sind erhört und sie bekommen ein gesundes Baby – einen kleinen Sohn. Und sie glauben.

Als es drei Jahre alt ist, spielt dieses beantwortete Gebet mit einem orangen Fußball. Der Ball landet auf einem Spalt im Gehweg und springt nach links. Es hätte nicht so kommen müssen – ein bisschen mehr Wind, ein kleiner Schubser von Gott, und der Ball hätte den Spalt nicht getroffen. Der Ball hätte auch nach rechts wegspringen können, aber er macht es nicht. Gott hilft nicht nach und so springt der Ball nach links. Und das bedeutet, er springt auf die Straße, und der Junge rennt dem Ball nach und sieht das Auto nicht kommen.

Und nun sind sie wieder allein, sein Vater und seine Mutter. Ihre Welt ist auf einem Spalt im Gehsteig gelandet und zu Bruch gegangen. Und nun schmerzt ihr beantwortetes Gebet mehr als zuvor ihr unbeantwortetes Gebet. Ihr Lachen ist gestorben.

Dies ist eine Geschichte für Menschen, die manchmal zweifeln. Für Menschen, deren Lachen gestorben ist. Für Menschen, die sich manchmal fragen, ob Gott uninteressiert und weit weg ist.

Was bedeutet es, im dunklen Land von Morija Glauben zu haben?

Durchhalten, wenn alles verloren scheint

Abraham hebt seine Hand, um sein Leben zu zerstören. Doch sogar in diesem Augenblick glaubt er irgendwie. Nicht vollkommen – er hatte nie in seinem Leben den vollkommenen Glauben. Er hatte gelogen, er hatte Angst, er hatte Hagar geschwängert und er hatte gelacht. Seine Glaubensreise war Schritt für Schritt von Zweifeln durchlöchert gewesen.

Aber Abraham lief nicht weg oder versteckte sich, sondern

ging Schritt für Schritt weiter, weil er gegen alle Hoffnung hoffte, dass dieser seltsame und distanzierte Gott, der so weit entfernt und schrecklich zu sein schien, sich doch als der Gott herausstellen würde, der vor so vielen Jahren zu ihm gesprochen hatte. Er hoffte, dass in dieser Geschichte voller Blutvergießen und Tod dieser Gott auftauchen würde, der solche unglaublichen Verheißungen gab, sie einhielt und sie »Er wird lachen« nannte. Abraham hoffte, auch wenn die Situation aus menschlicher Sicht völlig hoffnungslos schien.

Dieser Glaube jenseits aller Vernunft trägt Abraham bei Sören Kierkegaard den Titel »Ritter des Absurden« ein (in: »Fear and Trembling«, Princeton 1974). Abraham war kein Stoiker; er hatte sich nie damit abgefunden, die Situation ruhig hinzunehmen. Als Sokrates den Schierlingsbecher nahm, der seinem Leben ein Ende setzte, trank er ihn ruhig, heldenhaft. Er war ein Muster an Resignation. Abraham aber war nicht Sokrates. Abraham war gehorsam bis zum Ende und hoffte doch immer noch, selbst wenn es absurd schien, dass Gott ihn erlösen würde.

Abraham hat nicht den vollkommenen Glauben. Er geht weiter. Er gibt sich in Gottes Hand. Er läuft einfach weiter.

Gottes Stimme mitten im Leid

Dann wird Abraham zum dritten Mal gerufen. Der Erzähler berichtet, dass ein Engel des Herrn vom Himmel herabruft. Der Engel ruft Abraham zweimal beim Namen, als ob er sicherstellen wollte, dass es nicht zu spät ist: »Abraham! Abraham!«

Und zum dritten Mal antwortet Abraham: »Ja, ich höre.« Er hätte hinzufügen können: »Ich werde nicht weglaufen, denn ich habe keinen Ort mehr, an dem ich mich verstecken kann. Ich habe nichts mehr zu geben. Es gibt nichts mehr, womit du mir Schmerz zufügen kannst. Hier bin ich.«

Und schließlich spricht die Stimme: »Halt ein! Tu dem Jungen nichts zuleide!« Und in einem einzigen Augenblick wird Abraham sein Lachen, sein Traum, sein Sohn zurückgegeben.

Er bekommt nicht alles. Er sieht die Erfüllung seines Traumes nicht – nicht einmal annäherungsweise. Abraham wird vom

Autor des Hebräerbriefes zu den Menschen gerechnet, die nicht bekommen, was ihnen verheißen wurde (Hebräer 11,39).

Er macht einfach weiter. Leid alleine produziert kein Durchhaltevermögen. Nur Leid, das irgendwie im Glauben ertragen wird.

Beginnen Sie mit kleinen Widrigkeiten

Wenn Sie durch Widrigkeiten geformt und verändert werden möchten, sollten Sie mit kleinen Prüfungen beginnen. Beginnen Sie bei den »mancherlei Versuchungen«, von denen Jakobus schreibt (Jakobus 1,2, Einheitsübersetzung).

Ich fühle mich oft sehr demütig, weil es mir nicht gelingt, auch nur die kleinsten Widrigkeiten auszuhalten. Während ich diese Worte schreibe, sitze ich in einem überfüllten Flugzeug. Als ich an meinen Sitzplatz kam, merkte ich zu meinem Verdruss, dass ich in einer Dreierreihe den Mittelplatz hatte. Mein Verdruss steigerte sich zu Ärger, als ich sah, wer die Plätze neben mir hatte. Auf der einen Seite eine Mutter mit einem drei Monate alten, quengeligen Säugling auf dem Arm und auf meiner anderen Seite ihre kleine Tochter. Auf den beiden Plätzen vor mir saßen ihre beiden kleinen Söhne. »Ich hoffe, das Baby stört Sie nicht«, sagte die Mutter.

Und wie mich das Baby störte! Ich wünschte das Baby weit weg, in eine andere Reihe, am besten in ein anderes Flugzeug. Ich dachte nicht daran, was es für eine Mutter bedeutete, allein mit drei kleinen Kindern und einem Säugling zu reisen. Ich dachte nur daran, dass mich diese Situation davon abhalten würde, den Flug so zu nutzen, wie ich es vorgehabt hatte, nämlich an diesem Buch weiterzuschreiben und anderen Leuten zu erzählen, dass sie so leben sollten, als ob Jesus an ihrer Stelle leben würde.

Ich bemühte mich mit allen Mitteln darum, durch meine Körpersprache zu signalisieren, dass ich für keine Unterhaltung offen war. Ich vertiefte mich völlig in mein Laptop. Doch vergebens. Das kleine Mädchen zu meiner Rechten fragte mich: »Was machen Sie da?«

»Schreiben«, antwortete ich in einer bewundernswert knappen Zusammenfassung.

»Was schreiben Sie denn?«

»Ein Buch.«

»Und wovon handelt das Buch?«

Autsch!

Hier war eine winzige Widrigkeit. Für einen reiferen Menschen wäre es nicht einmal eine Widrigkeit gewesen, sondern eine Gelegenheit, jemandem zu dienen. Aber davon bin ich noch weit entfernt. Aber so hatte ich plötzlich eine Gelegenheit, mich in einer Situation, in der ich nicht sein wollte, in Geduld zu üben.

Das Leben besteht aus lauter kleinen Versuchungen und Prüfungen. Wenn mich jemand unterbricht, kann ich lernen, meinen Mund zu halten. Wenn mein Arbeitskollege etwas von mir ausleiht und nicht gleich wieder zurückgibt, kann ich Geduld lernen. Wenn ich Kopfschmerzen habe, kann ich lernen, still zu leiden und nicht jedem zu erzählen, wie schlecht es mir geht. So simpel das klingen mag: Wer sich von den Widrigkeiten des Lebens formen lassen möchte, muss mit denen im Miniformat anfangen.

Aber wir brauchen auch Durchhaltevermögen für die großen Prüfungen des Lebens. Vielleicht stehen Sie gerade jetzt vor einer großen Herausforderung oder Sie befinden sich in einer Situation, in der Sie am liebsten aufgeben wollen. Nehmen Sie sich vor, im Gebet durchzuhalten.

Vielleicht stehen Sie vor einer Herausforderung im Beziehungsbereich. Ist jemand, den Sie sehr gerne haben, weit von Gott entfernt, und Sie sind dabei, die Hoffnung für ihn aufzugeben? Gibt es eine Sünde in Ihrem Leben, deren Wirkung Sie bis jetzt nicht brechen konnten, und Sie haben das Gefühl, dass Sie immer und ewig in ihrer Gewalt sein werden? Ist es eine neue Gewohnheit, die Sie sich antrainieren sollten? Oder ein Bruch in der Familie, der schon seit Jahren besteht?

Befinden wir uns auf dem Weg nach Morija? Sicher werden wir das eine oder andere Leid erleben. Doch die Frage bleibt:

»Wie werden wir das Rennen laufen? Werden wir gut ans Ziel kommen? Werden wir am Glauben festhalten?«

Es wird uns nicht mit reiner Willensanstrengung gelingen. Wir können Gott vertrauen, weil er weiß, was es bedeutet, im Dunkeln zu laufen. Die Botschaft vom Kreuz lautet unter anderem, dass Gott nicht außerhalb unseres Leids stehen will. Er wird von dem Schmerz der Geschöpfe, die er liebt, zutiefst bewegt. Er macht sich unseren Schmerz zu eigen und leidet mit uns. Karl Barth schrieb, dass Gott lieber unheilig zusammen mit seinen Geschöpfen ist, als der heilige Gott von unheiligen Geschöpfen zu sein.

Auch Jesus ging zum Opferplatz und trug dabei das Holz auf dem Rücken, auf dem er sterben sollte. Wie Abraham ging auch Jesus auf der Straße der »Gottverlassenheit«. Er schrie auf: »Mein Gott, mein Gott, warum hast du mich verlassen?« (Markus 15,34)

Als Jesus ans Kreuz geschlagen wurde, kam keine Stimme vom Himmel und gebot Einhalt. Als das Schwert seinen Körper durchbohrte, hielt es keine Macht zurück. Dieses Mal stand kein anderes Opfertier bereit. Dieses Mal starb der Sohn. Dieses Mal trauerte der Vater.

Aber dann kam der dritte Tag. Er wird auch eines Tages für Sie und mich kommen. In der Zwischenzeit sollten Sie auf keinen Fall aufgeben.

Es ist Zeit zur Verwandlung.

Wie ist Gott wirklich?
Entdecken Sie ihn neu!

Suchen Sie nach Gott? Nach einem Gott, der in Ihrem Leben wirklich etwas bewegt? Oder sind Sie von dem Gott, den Sie kennen, enttäuscht?

Dieses Buch handelt von dem Gott, den Sie suchen. Von dem Gott, der wirklich existiert und dessen Wesen kein wohlgehütetes Geheimnis ist. Von dem Gott, der sich leidenschaftlich danach sehnt, Ihnen zu begegnen, der jeden Ihrer Gedanken und Wünsche kennt und Ihr Leben in seinen liebevollen Händen hält. Lassen Sie sich mit all Ihren Fragen, Verletzungen und Zweifeln auf dieses Buch ein. Sie werden es nicht bereuen ...

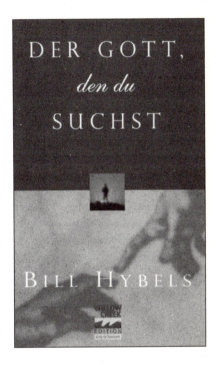

Bill Hybels
Der Gott, den du suchst
Hardcover, 220 Seiten
Bestell-Nr. 657 165

Im Spannungsfeld von
Theologie und Glauben

Jack Deere erzählt erfrischend lebendig und mit entwaffnender Ehrlichkeit von seiner »Umkehr« heraus aus der Sackgasse eines korrekten, aber leblosen Theorieglaubens hinein in die lebendige, farbige Welt des Erfahrungsglaubens. Aber er wäre nicht Theologieprofessor, würde er nicht im selben Moment seine Erfahrungen im Lichte der Bibel hinterfragen. Eine ganze Reihe weit verbreiteter bibel-theologischer Behauptungen wird dabei überzeugend als unbiblisch entlarvt.

Jack Deere
Überrascht von der
Kraft des Heiligen Geistes
Paperback, 240 Seiten
Bestell-Nr. 657 053

Träume, Visionen und Prophetie
Wie Gott auch heute noch zu uns spricht

Ob Gott auch heute noch zu uns spricht? Früher hätte Jack Deere diese Frage verneint. Doch heute weiß er, dass mit keinem Wort der Bibel belegt werden kann, dass uns Gott außerhalb der Heiligen Schrift nichts mehr zu sagen hätte.

Die Konsequenzen aus dieser Erkenntnis sind bewegend: Der Gott der Bibel kommt uns in völlig neuer, lebendiger Weise nah.

Das Buch besitzt nicht nur hohe theologische Qualität, sondern ist vor allem ein entwaffnend ehrliches und ungemein begeisterndes Zeugnis eines Mannes, der seine theologischen und menschlichen Barrieren niederriss, um Gottes Stimme hören zu können.

Jack Deere
Überrascht von der
Stimme Gottes
Paperback, 384 Seiten
Bestell-Nr. 657 140

Hilfe! Die »Gnadenkiller« lauern überall! Wir begegnen ihnen am Arbeitsplatz. In der Nachbarschaft. Vielleicht sogar zu Hause. Und leider auch manchmal in unseren Gemeinden. Nirgends sind wir vor Menschen sicher, die kritisieren, verurteilen und jede Hoffnung auf echte Lebensfreude im Keim ersticken.

»Zeit der Gnade« ist ein mutiges Buch und nennt die Dinge beim Namen. Doch das Bezeichnendste an diesem Buch ist die Hoffnung, die es uns anbietet: An dem Punkt, wo wir verzweifelt und vergeblich versucht haben, anderen alles recht zu machen, holt es uns ab und führt uns in die überwältigende, befreiende Gnade Gottes hinein.

Charles R. Swindoll
Zeit der Gnade
Hardcover, 328 Seiten
Bestell-Nr. 657 031